应用型本科市场营销专业精品系列教材

广告原理与实务

主　编　曹云明　秦晓庆
副主编　阙　娜　杨　涛

北京理工大学出版社
BEIJING INSTITUTE OF TECHNOLOGY PRESS

内 容 简 介

本书根据高等教育应用型人才培养的特点和规律,以"理论必需、够用"为原则,详细地描述了广告活动的整个过程,介绍了广告业务的相关知识。本书共十二章,分别为:广告概述、广告的起源与发展、广告调查与分析、广告战略、广告创意、广告文案、广告设计与制作、广告媒介、广告策略、广告效果、新媒体广告和数字化时代广告观念的变革。每章开始都设置了"导入语""知识目标""技能目标"和"任务导入",每章节后面设置了"案例分析""实训演练"环节,力求实现理论与实践的结合、教与学的互动。另外每章还加入了"广告巨擘",介绍著名的广告大师、广告学者、广告经营者的实践历程与思想精华,以期让学生能在一个更高层次上理解广告。

本书主要面向普通高等院校和高等职业技术院校,可以作为广告学、市场营销学、公共关系学、广告设计等学科的专业基础课教材,也可作为企业管理、工商管理、电子商务等学科的专业选修课教材,同时也可作为广告、市场营销等从业人员的参考用书。

图书在版编目(CIP)数据

广告原理与实务 / 曹云明,秦晓庆主编. —北京:北京理工大学出版社,2020.10 (2020.11 重印)

ISBN 978-7-5682-9182-8

Ⅰ. ①广… Ⅱ. ①曹… ②秦… Ⅲ. ①广告学-高等学校-教材 Ⅳ. ①F713.80

中国版本图书馆 CIP 数据核字(2020)第 207262 号

出版发行 / 北京理工大学出版社有限责任公司	
社　　址 / 北京市海淀区中关村南大街 5 号	
邮　　编 / 100081	
电　　话 / (010)68914775(总编室)	
(010)82562903(教材售后服务热线)	
(010)68948351(其他图书服务热线)	
网　　址 / http://www.bitpress.com.cn	
经　　销 / 全国各地新华书店	
印　　刷 / 河北盛世彩捷印刷有限公司	
开　　本 / 787 毫米×1092 毫米　1/16	
印　　张 / 18	责任编辑 / 王晓莉
字　　数 / 423 千字	文案编辑 / 王晓莉
版　　次 / 2020 年 10 月第 1 版　2020 年 11 月第 2 次印刷	责任校对 / 刘亚男
定　　价 / 49.80 元	责任印制 / 李志强

前 言

随着我国经济的飞速发展，我国的广告业已经成为令人瞩目的产业，在国民经济中发挥着重要的作用。在社会生活中，广告已经无处不在，它越来越明显地影响着人们的生活。广告引导着消费，影响了人们的消费习惯，改变了人们的消费观念。

为了适应现代社会经济发展的需要，本书从应用型人才知识和技能培养的需求出发，结合我国对应用型人才教育发展提出的新要求，贯彻应用型人才培养的教育理念，以"理论必需、够用"为原则，注意吸收广告实务界的新理念和新方法，力求符合应用型人才的认知特点和学习需求，注重培养学生的综合素质和实践技能。

本书的编写充分体现了广告原理与实务的综合性与实用性、前瞻性与实操性。全书结构层次清晰，每章前设有"导入语""知识目标""技能目标"和"任务导入"，每章后设有"本章小结""复习思考题""实训演练""案例分析"和"广告巨擎"。课前、课后的体例设计可以形成良好的互动，体现了原理与案例相结合、理论与实践相结合的特点。

本书重点阐述了广告调查与分析，广告创意的原则和技巧，广告文案的写作，不同类型媒体广告的制作，广告媒体的特点及媒体选择的原则和组合策略，以及广告效果评估的意义和方法等。

本教材由山东英才学院商学院曹云明和山东管理学院工商学院秦晓庆任主编，山东英才学院商学院阚娜、杨涛任副主编。全书共十二章，其中曹云明编写第一章、第九章、第十一章；秦晓庆编写第三章、第五章、第六章、第七章、第十二章；阚娜编写第二章、第四章；杨涛编写第八章、第十章；秦晓庆负责统稿，曹云明和秦晓庆共同定稿。

本书在编写过程中，借鉴了国内外大量的出版物和网上资料，由于编写体例的限制没有在文中一一注明，只在参考文献中列出。在此表示由衷的敬意和感谢。

由于编者水平有限，书中难免存在疏漏和不足之处，敬请读者批评指正，以便修订时改进。

编 者

2020 年 5 月

第一章

广告概述

■■\ 导入语 ----

　　广告完全与人有关。广告是如何使用文字与图片去说服人们做事，去感受事物与相信事物的。而人又是不可思议的、疯狂的、理性的和非理性的各色杂陈。广告也涉及人们的欲求、人们的希望、人们的口味、人们的癖好、人们的渴望，以及风俗与禁忌。用学术的语言讲，广告涉及哲学、人类学、社会学、心理学及经济学。

——美国著名广告大师詹姆斯·韦伯·扬

■■\ 知识目标 ----

- 理解广告的概念及特征；
- 掌握广告的构成；
- 了解广告的分类；
- 理解广告的功能。

■■\ 技能目标 ----

- 通过对广告基础知识的学习和理解，能分析出企业及商家在不同时期选择不同广告形式和广告创意的原因；
- 通过对广告功能的学习和理解，能对经济和社会生活中的广告现象、广告作品进行分析。

■■\ 关键词 ----

　　广告　广告要素　广告功能　广告主　广告受众

▰\ 任务导入 ▰▰▰▰

《第五届全国大学生广告设计大赛》平面广告一等奖评析

品牌名称：新贝儿克® (Sunbeck)。

品牌简介：贝克国际控股有限公司（Beck International Share Limited）是一家总部设于中国香港，品质源于欧洲的集团化企业，在药品研究、药物制造、药品经营、植物药筛选方面具有雄厚的实力。

新贝儿克® (Sunbeck) 是贝克国际控股有限公司最具广泛知名度及美誉度的系列儿科药品。

广告主题："安全用药贝儿克，细心妈妈新选择"——"新贝儿克"全系列儿科药品。

主题解析："新贝儿克"儿科系列药品，新、精、全、专。

"新"——以适合儿童使用的新药产品为主导，寻求新技术、新工艺、新配方的好产品。

"精"——以配方经典、质量可靠、生产精细、产品附加值高为产品标准。

"全"——产品类别全：涉及小儿感冒、抗菌消炎、止咳清肺、健胃消食、营养补充等类别；剂型全：有适合儿童服用的颗粒剂、混悬剂、散剂、贴剂、糖浆剂、滴剂等。

"专"——专注做儿童药品，专心研发与引进儿童药品，凭借专业的儿童剂型、专业的儿童口味、专业的儿童剂量来造就专业的儿童产品。

新贝尔克的广告，如图1-1所示。

图1-1　新贝尔克广告

任务要求：请根据企业命题要求，结合所学理论，评析《第五届全国大学生广告设计大赛》平面类一等奖作品。

（案例来源：《第五届全国大学生广告设计大赛》平面类一等奖作品）

第一节　广告的含义

人们的工作和生活无处不受到广告的影响，谈到广告几乎人人都可以发表几句观点。广告作为一种特殊的信息传播现象，已成为现代社会不可缺少的一部分。特别是对与人们的生产生活、商业组织、大众传媒等有关的个人和组织机构，产生了广泛而深刻的影响。对于广告，除了简单地评论，大部分人还不能准确地评价一则广告的好坏，不能客观地认识到广告在整个社会经济中扮演的角色。因此，需要大家重新认识广告。

一、广告的概念

"广告"一词源于拉丁语"Advertere"，其意思是"吸引人们注意"，后演变为"Advertise"，其含义也演变为"使某人注意某件事"。

美国市场营销协会（American Marketing Association，AMA）对广告的定义是：广告是由明确的广告主在付费的基础上，采用非人际传播的方式，对观念、商品或服务进行介绍宣传的活动。

2018年修订通过的《中华人民共和国广告法》第二条指出：本法所称广告，是指商品经营者或者服务提供者承担费用，通过一定媒介和形式直接或者间接地介绍自己所推销的商品或者所提供的服务的商业广告。

广告的定义有很多，本书认为：广告是由广告主承担费用，通过一定的媒介和形式向广告受众传播广告信息的一种劝说活动。可以从以下几个方面来理解广告的概念。

（一）广告必须有明确的广告主

广告主是指广告的发布者，它是广告行为的主体，可以是个人也可以是团体。只有明确广告主，才能使广告受众了解广告信息的来源，检查并约束广告主的行为，广告主对他发出的信息的真伪要负法律责任。这是广告与新闻等其他传播活动的不同之处。

（二）广告是付费宣传活动

广告活动的报刊策划、制作、媒体传播、效果调查等每个环节，都需要付出费用。广告主花了钱，也就购买了对广告信息传播的控制权，在法律和道德准许的情况下，有权决定广告传播的内容、表现形式等。而且在广告的活动过程中，广告主、媒体、消费者是广告的三大核心要素。广告主是广告活动的主体，消费者是活动的对象，媒体是传递信息和沟通主客体的工具，它们互为条件，共同组成一个有机整体。

（三）广告是一种信息传播活动

信息传播的手段很多，而广告是其中之一。广告传播的不仅仅是商品信息，还包括观念和服务信息、企业形象、企业文化、企业理念。广告主的信息通过广告向广大受众传播，以达到影响大众行为的目的。

（四）广告活动是通过媒体传播的，而不仅仅是面对面的宣传

商业广告是非人员的商品推销活动。由人员提示、说明商品，并竭力说服对方购买的推销方法称为人员推销；而商业广告是靠传播媒介来说明商品、说服对方购买商品的。因此，商业广告与人员推销相比，有自己独特的说服艺术和规律。

（五）广告活动的最终目的是促进商品的销售，并使广告主从中获得利益

不管商业广告所传播的信息内容是什么（商品、劳务，甚至是某种商品的需求），最终

目的都是让广告主的企业或个人盈利。即使是非直接推销产品的广告，如形象广告，最终也是为了盈利。

（六）商业广告是一种劝说的行为

商业广告把信息传播给消费者的目的在于影响消费者的行动，所以商业广告要利用特殊的艺术表现技巧，吸引对方，潜移默化地影响对方，在不知不觉中将对方说服，进而改变其心理，影响其行动。

另外，根据广告活动的目的，一般把广告分为营利性广告和非营利性广告，即商业广告和非商业广告。本书如不做特别说明，所讲的广告为商业广告。

★案例

华为以奋斗者为本的故事和灵魂

2015 年，华为有一支优秀广告作品被热议，内容是这样的：一只脚穿着舞鞋，优雅光鲜，旁边的另一只脚却伤痕累累，显得有些触目惊心。这幅构图对比鲜明、充满冲击力的画面，是美国摄影艺术家亨利·路特威勒（Henry Leutwyler）的摄影作品"芭蕾脚"。2015 年 3 月 18 日，《人民日报》刊登了华为的这则广告，广告语是"我们的人生　痛，并快乐着"，如图 1-2 所示。这则广告在海外也进行了投放，英文文案是："The journey is hard. And joyful."

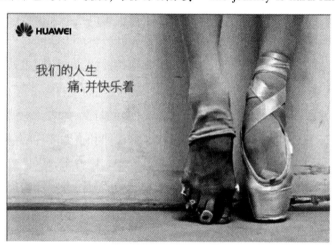

图 1-2　华为广告"芭蕾脚"

华为创始人任正非第一次看到这张照片时，不禁惊呼：这不就是华为吗？也许在人们看来，华为是如此的成功，是中国企业的绝佳标杆。但用任正非的话说，华为却是"一双变形了的脚"。一直以来，华为铆劲往前冲，华丽转身的背后，却是不为人知的伤痕累累。除了说华为自己，这则广告还可以看出另外一层含义，就是为客户带来价值。

路特威勒说，芭蕾舞"不仅仅是舞蹈"，它"表达了人类情感的各种形态：爱、绝望、热情、希望，还有最重要的快乐"。当演员们在舞台上尽情表演的时候，她们优美的舞姿让观众享受到了艺术的美，享受到了快乐。此刻的美和观众的快乐，让当初的汗水实现了价值对等。

案例分析：芭蕾舞之于观众，企业之于客户，都是只有用辛勤的汗水和付出，才能为观众带来美的享受和快乐，为客户带来价值。这则广告同时传达了华为"以客户为中心，以奋斗者为本，长期坚持艰苦奋斗"的核心价值观。

二、广告的构成要素

（一）以广告活动的参与者为出发点

广告构成要素主要有广告主、广告经营者（广告代理商）、广告发布者（广告媒介）、广告的目标受众、广告文本等要素。其中广告主、广告经营者、广告发布者是广告运作的主体。

1. 广告主

广告主是指发布广告的企业团体或个人，如工厂、商店、宾馆、酒店、公司、剧院、农场、个体生产者、个体商贩等。

广告主是广告活动的发起者，对广告活动起主导作用。广告主根据自身的需要或依托所在市场的营销环境及自身实力来确定对广告的投资，广告主是广告信息传播费用的实际支付者。

2. 广告经营者

广告经营者指由一些创作人员和经营管理人员所组成的，能够为广告客户制订广告计划、进行商业宣传、制作广告和提供其他促销工具的一个独立性机构。

3. 广告发布者

广告发布者指在广告活动中具有广告发布职能的法人或其他经营者，既包括专门的大众传播机构，也包括具有自营媒介的一般广告经营者。而狭义的广告发布者的概念，仅仅包括报社、电视台、电台和杂志社这四种新闻媒介机构，不包括专门提供其他媒介类型的广告发布业务服务的企业和事业单位，以及自行发布广告作品的广告主和在自营媒介上发布广告作品的广告经营者。

4. 广告的目标受众

广告的目标受众指广告信息所要传达的对象和目的地。受众是广告信息传播活动取得成功的决定因素。传播活动的真正开始是受众将广告信息解码成对自己有意义的信息之时，由于整个解码过程会受到受众所处的信息背景、社会、文化、经济、心理等多种因素的影响，以及受到他们以往的生活经验、阅历的支配，他们对广告信息的解码具有各种不确定性。

5. 广告文本

广告文本也称广告信息，是广告经营者结合广告主的委托，对广告的内容和表现形式进行专业加工后的产物。

（二）以大众传播理论为出发点

广告信息传播过程中的广告构成要素主要包括广告信源、广告信息、广告媒介、广告信宿等要素。

1. 广告信源

在广告传播活动中，广告信源也就是广告信息的传播者，它主要指广告的制作者和经营者，如广告客户（广告主）、广告代理公司、广告制作公司、广告设计公司等。

2. 广告信息

广告信息也称广告文本，是信源对某一观念或思想进行编码的结果，是对观念或思想的符号创造，是广告传播的核心。每条广告信息都包含着符号的能指和所指，即内容（说什么）和表现形式（怎么说）构成了内涵丰富的广告信息。

3. 广告媒介

广告媒介是广告信息的传输渠道或通道，是将经过编码的信息传达给受众的载体，是广告的发布者。

4. 广告信宿

广告信宿即广告的目标受众，也就是广告信息所要达到的对象和目的地。

三、广告与其他促销手段的区别

（一）广告与推销

在传播方式上，广告属于非个体传播，推销属于个体传播；在传播过程中，广告不但可以宣传商品，还可以树立形象，而推销仅仅推销商品。

（二）广告与促销

促销是通过鼓励人们对产品和服务进行尝试或购买所组织的各种短期激励活动。促销活动的种类很多，如送赠品和优惠券、竞赛与抽奖、加量不加价、以旧换新、联合促销等。

从功能来看，广告为消费者提供一种购买的理由；而促销是促进消费的诱因，以额外利益的刺激来促进销售。从持续时间来看，广告的持续时间较长；促销的作用时间较短。从作用的程度来看，广告不仅对促进销售有实际的作用，对品牌的建立和维护也有着十分重要的意义；而促销对产品的销售有直接作用，对其他长远的利益作用甚微。

（三）广告与新闻报道

在本质上，广告属于有偿宣传，新闻报道属于无偿宣传；在频率上，广告反复传播，新闻报道是一次性报道；在态度上，广告是自我宣传，新闻报道是客观宣传。

（四）广告与公共关系

（1）目标和原则不同。广告的目标是推销某种产品或服务；公共关系的目标是要树立整个组织的良好形象，从而使组织的事业获得成功。广告的首要原则是引人注目，追求的是与众不同的轰动效应；公共关系以公众利益为原则，追求的是真实可信，向公众提供全面的事实真相，而非片面的局部消息。

（2）主体不同。从主体上看，广告范围小，公共关系范围大。广告在绝大多数情况下是为营利性组织服务的；公共关系的主体可以是任何组织，既可以是营利性组织，也可以是非营利性组织。

（3）传播手段和周期不同。广告传播手段少，公共关系传播手段多。广告为了引人注目，可以借助新闻、文学、艺术、虚构形式，采用广播、电视、报纸、杂志、路牌、灯箱等手段进行传播，常有明显的季节性、阶段性，传播周期较短；而公共关系可以利用人类传播的一切手段，如人际传播、组织传播、大众传播等，由于公共关系的重点是树立组织形象，因此需要进行长期的努力，其传播周期较长。

（4）评价维度不同。广告倾向于短期的、具体的、易于界定的，重具体效果；公共关系倾向于长期的、整体的、宏观的、不易界定的，重整体效果。

第二节　广告的功能和分类

一、广告的功能

广告是广告主通过媒介向公众进行的一种信息传播活动。这种活动是有目的的，而目的的实现就是广告产生的作用和效率，这种作用和效率是广告功能的体现。广告有着很多种功能和作用：从市场营销学角度来看，广告有市场营销的部分功能；从传播学的角度来看，广告有传播功能。

（一）广告的传播功能

广告作为传播的一种工具，向目标受众传递有关产品或服务方面的信息，并说服目标受众购买产品或服务，因而广告是连接广告主与目标受众的桥梁。但是，这其中大部分传播是有缺陷的传播，是单向的传播，即广告通过传统的大众媒体，只能实现广告主对目标受众的信息传输，而反过来却不能实现，这是传统媒体广告的不足之处。即使如此，广告在商品信息传递中的作用是不可替代的，如政府可以通过这一形式宣传政法信息或社会规范；社会团体可以通过这一形式倡导健康、环保等观念（常见于公益广告）；工商企业通过广告传递信息，实现产品销售，维持企业的生存和发展，为社会提供就业机会。广告还促进了全社会范围内的商品流通，加强人与人的交流，同时也促进了经济的发展和人们生活水平的提高。随着信息技术的进一步普及和发展，广告的信息传递功能将进一步发展和强化。

★案　例

飞利浦电器的广告

以生产和销售小型家用电器及照明设备著称的飞利浦采用的广告形式是系列广告文案，例如下面的几则广告文案。

1. 标题：请把握时机，表达您对家人的细心关怀。

广告语：让我们做得更好。

正文：飞利浦 TLD 高效荧光灯管，色调与自然光极为相近，有利于您和家人的眼睛。我们采用特殊氩气及高质量荧光粉，令飞利浦高效荧光灯管比普通荧光灯管节电10%，亮度却高出 20%；特殊的螺旋灯丝，可令灯管寿命延长。

2. 标题：如履平地般轻松，全靠飞利浦蒸汽熨斗。

广告语：让我们做得更好。

正文：无论是丝绸、棉布还是牛仔布……飞利浦蒸汽熨斗都能轻易使之熨帖平整。飞利浦蒸汽熨斗特有先进的自动清洗装置，能有效地清除熨斗内的水垢，防止蒸汽通道阻塞，使电熨斗更长久耐用。

3. 标题：既温暖又安全，除了妈妈的呵护，还有飞利浦电暖炉。

广告语：让我们做得更好。

正文：与家人一起，纵是凛凛寒冬，也备感温馨，再有飞利浦充油式电暖炉及暖风机相伴，这个冬天更加温暖。飞利浦充油式电暖炉及暖风机，均有符合国家安全标准的电源线，安全可靠，兼有两年免费保修服务，质量备受信赖，让您和家人在安全舒适的环境中度过寒冬。

案例分析：这三则广告分别对飞利浦三种不同的小型家用电器进行了宣传，能让消费者对其产品的性能优点及服务具有充分的了解。

（资料来源：孔祥宇. 成功广告案例评析 [M]. 北京：中国商业出版社，2001.）

（二）广告的经济功能

广告是市场经济的产物，它因经济需要而产生，又反过来为经济服务，成为经济活动中的重要组成部分。在新技术革命和高度信息化、全球化的当代社会，广告的经济功能显得更为突出和重要。

广告的经济功能主要指其在商品营销、促进流通、扩大再生产等经济活动过程中所发挥的作用。这种作用主要体现为以下几个方面。

1. 提供市场信息，有利于企业竞争

我国有"好酒不怕巷子深"的古训，西方也有"好酒无须青藤枝"的民谚，认为只要自身产品过硬，就可以不需要广告，甚至将广告看成是"王婆卖瓜、自卖自夸"的低层次推销手段。在生产力低下、经济不发达、商品交易范围狭小的年代，这种情况也许行得通。但是，在现代社会，不善于做广告的企业无疑会坐以待毙。现代化的社会大生产足以提供丰富的商品，而且在质量、性能上也有保障，市场竞争也异常激烈。同时，由于现代运输技术的发展和国际的广泛合作，流通领域不断扩大，商品市场变得更加广阔。庞大的市场造成了生产和消费之间的重重阻隔，企业需要传播信息、沟通产销的渠道，把各种商品、劳务、观念等信息传达到消费领域，而广告正是一种应运而生的最广泛、最迅速、最经济的工具与手段。从世界范围来看，没有不做广告的商人。因此，有人比喻：一个企业不善于做广告，就好像是在黑暗中向情人送"秋波"一样，是难以获得成功的。

2. 刺激需求，促进消费

广告通过描述、展示、表演等各种表现手段，介绍商品的特点、性能、品牌等信息，可以对消费者产生一种诱惑，使其有购买欲望。比如，"开米力净厨房清洗剂"广告，运用对比手法，让一位又高又大的相扑运动员去擦洗厨房墙壁上的污垢，他费尽九牛二虎之力，却

怎么也擦不掉。然而，一个小顽童喷上"开米力净厨房清洗剂"后，轻轻一抹就把污垢擦掉了。这一"大"一"小"的强烈对比，使"开米力净厨房清洗剂"的神奇功效不言而喻，使观众产生了试一试的购买欲望。

广告不仅可以给企业带来效益，而且也为消费者提供了选择品牌的指南，从而促进了广告产品的销售。广告通过不同的诉求方式、表现手段和产品定位所提供的商品信息，不仅有利于企业形象和品牌形象的树立，给企业带来效益，也为消费者提供了方便，成为消费者认识商品、选择商品的好参谋（但必须以广告的真实性为前提）。而且广告提供的不同档次的商品信息，可以满足人们不同的消费心理，满足人们生活需要、精神需要、社交需要、自我实现的需要，等等。

★ 案　例

加多宝 V 罐持续引领消费热潮

2014 年 10 月 7 日晚，第三季加多宝中国好声音巅峰之夜唱响。那英战队的张碧晨，凭借精湛的演绎，将冠军奖杯收入囊中。与此同时，灵魂歌者帕尔哈提则以高票当选 2014 年浙江卫视第三季加多宝中国好声音"人气学员"暨"加多宝好声音梦想之星"。

案例分析：该节目播出方浙江卫视成功跻身一线卫视行列，独家冠名商加多宝亦成功完成了中国商业史上最成功的品牌转化，以连续七年的"中国饮料第一罐"，持续领跑行业与市场，在走出国门、走向国际的道路上，一路向前。可以说加多宝与中国好声音是相互成就。为了强化与好声音的捆绑，加多宝全面占领好声音的舆论制高点，不仅占据了节目第一信息集合平台的地位，让自己的官方渠道、线下渠道甚至是产品，都成为收视引流渠道，还在大品牌、大平台战略的指导下，紧跟技术趋势，联合第三方资源，共同造势，串联起从栏目到消费者，从线上参与到线下互动的全链条，市场高奏凯歌。加多宝 V 罐持续引领消费潮流，奏响市场好声音！

（资料来源：2014 年 10 月 10 日《成都商报》电子版）

3. 树立形象，创造品牌

大卫·奥格威说："广告是神奇的魔术师。它有一种神奇的力量，经过它的点化，不只是能卖出商品，而且能化腐朽为神奇，使被宣传的普通商品蒙上神圣的光环。"大卫说的"蒙上神圣的光环"实际上就是指广告在树立形象、创造品牌方面的重要作用。现代社会，随着科技的发展，同类商品在质量、性能、价格等方面逐渐趋向一致，要想在竞争中获胜，必须依赖于良好的企业形象。在树立企业形象的诸多手段中，广告是一种最直截了当的手段，尤其是近年来公关广告的兴起，更加强化了广告的功能。

★ 案　例

万宝路香烟的广告

万宝路香烟最初推向市场时，尽管当时美国吸烟人数年年上升，但它销路平平。自从万宝路香烟广告 1954 年问世后，万宝路香烟就引起了消费者极大的兴趣，其销售量也奇迹般地在一年后提高了整整 3 倍，并一跃成为世界名牌香烟。万宝路当初的广告中有这样的画面：几个美国西部牛仔骑着骏马，潇洒地奔驰于河流、山野之间。

案例分析：整个广告给消费者的形象是奔放、粗犷、刚强、奋斗，而这种形象是自我奋斗、开拓事业的刚强男子汉的化身，是美国精神的代表，因此引起了社会公众的共鸣。

（资料来源：李巍.广告经典故事：超级名牌的广告战略［M］.重庆：重庆大学出版社，2002.）

（三）广告的社会功能

广告作为信息传播手段，不仅可以产生经济效益，而且会带来社会效益。如果说前者体现的是广告的经济功能的话，那么后者则体现了广告的社会功能。所谓社会功能，就是广告在促进社会物质文明和精神文明中所起的作用和影响。

1. 美化环境，丰富生活

广告是一门艺术，一则成功的广告作品就是广告家创作出的精美艺术品，它运用音乐、绘画、造型等艺术的表现手法来传递商品或劳务信息，在完成其基本使命——劝服消费者的同时，也以其丰富多彩的艺术感染力，美化了市容环境，优化了城市形象。

近年来，广告事业蓬勃发展，门面的改装、商场的改造、橱窗的改观及沿街各种广告设施的增设与布局，都给人一种美的艺术享受。同时使人感受到经济兴旺发达、社会祥和昌盛的现代城市风貌。因此，从某种意义上说，广告是现代城市的"脸"，它集中反映了一座城市从市容市貌到政治、经济和文化的整体形象。

★案例

法国依云矿泉水之小水滴广告

在极富节奏的 *We Will Rock You* 乐曲声中，一个可爱的、抽象的动画小水滴从一杯水中跳出来，开始了它的生命历程。它穿过一片花丛、滑过一块香皂、淋过一阵风雨，又经历了分离与整合、烈日的曝晒与寒冷的冰冻……它在路上遇到自己心爱的另一半，两个小水滴很快结合，并"生下"一群更小的水滴。在小水滴的带领下，"全家"快乐地走在生命的旅程中。

案例分析：广告画面描述了小水滴经历各种困难，最终成功到达阿尔卑斯山的过程，体现了回归自然的天然水的理念。小水滴的可爱、干净，让消费者产生了丰富的联想，依云水天然、纯净的理念也得以体现，伴随着音乐的流行，依云水的理念也得以最大限度的传播。更为重要的是，这个广告可爱、时尚的风格也与依云喜爱者的审美相吻合。整个广告充满活力及快乐，体现出对人生的乐观态度。

（资料来源：编者根据广告视频内容整理编写）

2. 影响意识形态，改变道德观念

广告作为一种广泛有效的传播手段和宣传方式，对人们的思想意识、道德观念、精神状态等方面都起着潜移默化的影响作用。例如，一则宣传"计划生育"的电视广告，使人们通过荧屏画面，可直观地看到人满为患将给人类带来的灾难。一则"平时注入一滴水，难时拥有太平洋"的太平洋保险公司的广告，使人们认识到了社会保险的重大意义，等等。

大卫·波特曾指出:"现在广告的社会影响力可以与具有悠久传统的教会及学校相匹敌。"广告不仅是一种物质产品,直接参与生产和流通过程,促使社会生产目的的实现,使物质文明更加发达;广告还是一种精神产品,对社会精神文明的构筑,对人们思想文化的启迪、引导,对高尚情操的陶冶,对真、善、美的弘扬,肩负着义不容辞的责任。广告"主宰"着传播媒介,它在公众标准的形成中起着巨大作用。

商品广告作为消费新潮流的引导者,直接影响着人们的价值观念和生活态度,使人们的经济意识、消费理念、审美观念、生活习惯和消费行为都发生深刻的变化。而公关广告、公益广告、观念广告等新型的广告形式,更加突出地表现了现代组织开明的思维观念和崭新的行为方式。所以说,现代广告对培养个人、企业、各机关团体的道德情操,对促进社会精神文明建设发挥着重要作用。

★案　例

中央电视台播放的公益广告——妈妈洗脚

广告中一位年轻的母亲在给自己的儿子讲小鸭子的故事,讲完后,母亲去给孩子的奶奶端洗脚水洗脚,那个年幼的孩子看见了,便跑到卫生间……当妈妈给孩子的奶奶洗完脚,回到自己的房间里时,发现儿子不见了,回头一看,只见她的儿子正吃力地端着满满的一盆水,蹒跚地走过来,奶声奶气地说:"妈妈洗脚。"妈妈欣慰地笑了。随后电视画面上跳出了一行字"其实,父母是孩子最好的老师"。

案例分析:整个广告以孝敬父母、言传身教、传递爱心为主题,通过一个简单而平凡的广告故事,以最纯朴、最直白的方式达到了公益广告感人、育人的效果。

(资料来源:编者根据广告视频内容整理编写)

3. 文化承载和传播功能

在现代社会,广告已成为传播新知识、新技术的主要载体和有力手段。现代广告对市场文化有不同的促进作用:促进市场信息品牌化,促进市场交流广泛化和市场品牌竞争活跃化。

★案　例

李宁体育拔罐宣言广告

这支创意广告以中医拔罐为开头向用户讲解了拔罐对于人体舒经活络的作用,然后借助国内外运动员的形象传达出中医拔罐在国际体育事业中所受到的认可,将"拔罐"这一名词与"体育、运动"巧妙地结合在一起。之后引出李宁此次活动的主题:利用3D打印技术对传统中医拔罐进行创新,在为用户缓解伤痛的同时还可以为其定制专属的运动宣言。

案例分析:这一活动的推出,不仅能够通过创意吸引到用户的关注,同时还能够收获用户的好感。年轻人都喜欢张扬自己的个性,而李宁此次的"异性火罐"在治疗伤痛的同时,又能够将自己对运动、对人生的态度表达出来,可谓是非常"吸粉"的一波操作了。

(资料来源:编者根据广告视频内容整理编写)

二、广告的分类

对广告进行分类，可以掌握广告创作规律，更好地指导广告实践，提高广告效果。广告分类的角度和方法多种多样，综合各专家、学者的研究成果，可以按广告的目的、内容、传播媒介、诉求方式和传播范围来划分。

（一）按广告的目的分类

按广告目的的不同，可将广告分为经济广告和非经济广告。

经济广告，即营利性广告，以赚钱盈利为目的的商业广告。非经济广告，即非营利性广告，发展到政治、文化、社会公益事业等各个领域，这是广告最基本的分类方法，广告从诞生之日起，就自然地形成了这两大类。经济广告是伴随商品和商品交换的出现应运而生的，而非经济广告远在语言和文字产生以前，人类生活中就出现了类似广告的活动。例如，人类为了生存需要，发现某种情况时，向同伴发出的声音、手势或形体动作等，可称为古老的非经济广告的萌芽。

（二）按广告的内容分类

按广告内容的不同，可将广告分为商品广告、劳务广告、声誉广告。

（1）商品广告，又称产品广告，它是以销售为导向，介绍商品的质量、功能、价格、品牌、生产厂家、销售地点、商品特点，以及给消费者带来何种特殊的利益和服务等有关商品本身的一切信息。商品广告追求近期效益和经济效益。

（2）劳务广告，又称服务广告，如介绍银行、保险、旅游、饭店、车辆出租、家电维修、房屋搬迁等内容的广告。

（3）声誉广告，又称公关广告、形象广告，它是通过一定的媒介，把企业有关的信息有计划地传播给公众的广告。这类广告的目的是引起公众对企业的注意、好感和合作，从而提高知名度和美誉度，树立良好的企业形象。声誉广告传播的内容非常广泛，主要是介绍有关企业的一些整体性特点，既可以是发展历史、企业理念、经营方针、服务宗旨、人员素质、技术设备、社会地位、业务情况及发展前景等内容，也可以是视觉标志、行为规范等内容。

（三）按广告的传播媒介分类

按使用广告媒介的不同进行分类是较常使用的一种广告分类方法。使用的媒介不同，广告就具有不同的特点。在实践中，选用何种媒介作为广告载体是确定广告媒介策略所要考虑的一个核心内容。传统的媒介划分是将传播性质、传播方式较接近的广告媒介归为一类。因此，一般有以下七种广告类型。

（1）印刷媒介广告。印刷媒介广告也称为平面媒体广告，即刊登于报纸、杂志、海报、宣传单、包装等媒介上的广告。

（2）电子媒介广告。电子媒介广告是以电子媒介，如广播、电视、电影等为传播载体的广告。

（3）户外媒介广告。户外媒介广告是利用路牌、交通工具、霓虹灯等户外媒介发布的广告，还有利用热气球、飞艇甚至云层等作为媒介的空中广告。

（4）直邮广告。它是指通过邮寄途径将传单、商品目录、订购单、产品信息等形式的广告直接传递给特定的组织或个人。

（5）售点广告。售点广告又称 POP 广告（Point of Purchase），就是在商场或展销会等场所，通过实物展示、演示等方式进行广告信息的传播，如橱窗展示、商品陈列、模特表演、彩旗、条幅、展板等形式。

（6）网络广告。网络广告利用互联网作为传播载体的新兴广告形式，具有针对性强、互动性强、传播范围广、反馈迅捷等特点，发展前景广阔。

（7）其他媒介广告。其他媒介广告包括利用新闻发布会、体育活动、各种文娱活动等形式而开展的广告活动。

随着科学技术水平的不断提高，媒介的开发和使用也在日新月异地变化着，新兴媒介不断进入人们的视野，成为广告形式日益丰富的催化剂。

（四）按广告的诉求方式分类

广告的诉求方式就是广告的表现策略，即解决广告的表达方式——"怎么说"的问题。它是广告所要传达的重点，包含着"对谁说"和"说什么"两个方面的内容。通过借用适当的广告表达方式来激发消费者的潜在需要，促使其产生相应的行为，以取得广告主所预期的效果。

按照诉求方式的不同，可以将广告分为理性诉求广告、感性诉求广告和情理交融型广告。

（1）理性诉求广告。广告通常采用摆事实、讲道理的方式，通过向广告受众提供信息，展示或介绍有关的广告物，有理有据地论证该广告信息能带给受众的好处，使受众理性思考、权衡利弊后能被说服而最终采取行动。如家庭耐用品广告、房地产广告等较多采用理性诉求方式。

★案　例

乐百氏"27 层净化"

乐百氏纯净水上市之初，就认识到以理性诉求方式来建立深厚的品牌认同的重要性，于是就有了"27 层净化"这个经典广告的诞生。

1997 年，纯净水刚开始盛行时，所有纯净水品牌的广告都说自己的纯净水纯净，消费者不知道哪个品牌的水是真的纯净，或者更纯净。乐百氏纯净水在各种媒介推出卖点统一的广告，突出乐百氏纯净水经过 27 层净化，对其纯净度提出了一个有力的数据支持。这个系列广告在众多同类产品的广告中迅速脱颖而出，乐百氏纯净水的纯净给受众留下了深刻印象，"乐百氏纯净水经过 27 层净化"很快家喻户晓。"27 层净化"给消费者一种"很纯净、可以信赖"的印象。

（资料来源：编者根据相关资料整理编写）

（2）感性诉求广告。广告采用感性的表现形式，以人们的喜、怒、哀、乐等情绪，亲情、友情、爱情及道德感、群体感等情感为基础，对受众诉之以情、动之以情，形成感性认识，使之对广告内容产生兴趣和好感，从而使广告物在受众的心中占有一席之地，进而接受广告宣传，产生购买欲望或消费行为，如日用品广告、食品广告、公益广告等常采用这种感性诉求的方法。

★案例

潘婷励志广告

潘婷励志广告讲述了一名聋哑小女孩学小提琴的经历。她从小就看一位路边卖艺的老人拉小提琴，从而慢慢爱上小提琴。长大后怀揣着音乐梦想上学，但因为自己聋哑，经常遭受同学的不屑与打击。她到老人那里，当老人问她"还在学琴吗"时，她一肚子的委屈涌上心头，她哭了，老人慢慢开导她说："音乐，只要你闭上眼睛，就能看见。"她也尽心尽力地去练、去学。后为老人和女孩经常在一起卖艺练琴。当她和她姐姐两人同时参加音乐节时，由于嫉妒和害怕，姐姐在比赛前雇人摔坏了妹妹的小提琴，打伤了一直在教妹妹的卖艺老人。姐姐自以为阴谋得逞，但是妹妹仍然出现在比赛现场，飞扬的琴声从残破的小提琴中破茧而出，每一位观众都被她的音乐吸引，当音乐停止的那一刹那，所有人都惊呆了，大家被征服了，她赢得了掌声，赢得了尊敬！

案例分析：这是一部相当完整的浓缩版电影。伏笔、发展、转折及高潮，典型的人物性格，激烈的矛盾冲突，可以说一切符合戏剧的元素都在本片中一一呈现。开场的悲剧化色彩浓烈，聋哑的小女孩和落魄的卖艺老人同样都是悲剧的代表人物。而最后的高潮运用了很多意象化的景物：旷野、蝶化、朝阳，都预示了一个新的方向。极具冲击力的运动镜头，充满情绪化的蒙太奇剪辑手法和引导人物命运的乐曲，都给这部影片赋以激昂的质感。片子虽然是潘婷的公益广告，但与宣传的商业主体已无多大关系，全片揭示的是一个励志主题：在困境中仍然能保持积极乐观的人，才是一个真正的强者。

（资料来源：编者根据视频内容编写）

（3）情理交融型广告。情理交融型广告是将理性诉求和感性诉求融为一体的广告文体，既动之以情，又晓之以理，双管齐下，说服消费者。此类文体多运用于电视机、音响、摩托车、汽车等耐用消费品和贵重商品、奢侈品的广告宣传中。

★案例

KEEP "怕就对了" 系列广告

2019 年，健身 App KEEP 出了一支"怕就对了"的宣传广告，视频与文案相结合，很有感染力。面对挑战，"怕"是一种人之常情，没有了"怕"就无所谓"挑战"。KEEP 的这支广告文案，也就是以"我怕"来传达运动中最为重要的精神——挑战，并且是不断接受新的挑战。除了视频广告之外，KEEP 还发布了一组平面文案，其主题也是配合视频，以"我怕"为核心。

案例分析：KEEP 的这支短片，以视频旁白+运动片段的形式，在短短的一分钟里，展示了不同身份和年龄的 5 位人物对运动和人生的态度转变。在平面广告中用到了大量的数据，有力地展示了 KEEP 用户借助该健身 App 进行锻炼的收获。KEEP 借这次营销，有理性的数据展现，更有与用户情感上的交流，视频+文案+互动的结合，强化了"自律让我自由"的价值主张，也彰显了其人文情怀。

（资料来源："文案人于极"公众号，引文经编者修改）

（五）按广告的传播范围分类

根据营销目标和市场区域的不同，广告传播的范围就有很大的不同。按照广告媒介的信息传播区域不同，可以将广告分为国际性广告、全国性广告、区域性广告和地方性广告。

（1）国际性广告，又称为全球性广告，是广告主为实现国际营销目标，通过跨国传播媒介或者国外目标市场的传播媒介策划实施的广告活动。它在媒介选择和广告的制作技巧上都较能针对目标市场的受众心理特点和需求，使产品迅速进入国际市场。它是争取国外消费者、开拓国际市场必不可少的手段。

（2）全国性广告，即面向全国受众而选择全国性的大众传播媒介的广告。这种广告的覆盖区域大、受众人数多、影响范围广、广告媒介费用高，较适用于地区差异小、通用性强、销量大的产品。

（3）区域性广告，指通过区域性传播媒介所发布广告，如省级报刊、电台、电视台等的广告。这类广告适用于某些在一定区域内销售的产品，如羽绒服、羽绒被、电暖气、裘皮装、棉皮鞋等产品适合在冬季较冷的北方地区做广告，而不适合在广东、广西等这样的南方地区做广告。

（4）地方性广告，指采用当地媒介所做的广告，如市、县级报刊、电台、电视台刊播的广告。这类广告适于宣传地方性产品和零售商品及当地的服务行业等。由于产品销售服务范围只限于本地，因此广告主的目的只在于吸引本地的消费者和顾客。这类广告费用较少。

另外，广告还可以按产品生命周期的不同分为开拓性广告、竞争性广告、维持性广告；按广告的表现形式的不同分为图片广告、文字广告、表演性广告、演说性广告等；按广告主的不同分为工业主广告、农业主广告、商业主广告、外商主广告、合资主广告，等等。

由于分类的角度和标准不同，就会形成不同的广告类型。有些广告形式又兼容几种类型特征，并不断地发展变化，产生新的类型。科学地划分广告的种类，有助于大家进一步理解广告的定义，深入地了解广告的功能。

第三节 广告学的研究对象、研究方法及性质

一、广告学的研究对象

广告学反映了广告活动的规律，揭示了广告促进商品生产的规律。广告学是以广告活动和广告如何有效地促进商品或劳务销售为研究对象的学科。从学科研究方向和专业教学要求上讲，广告学研究的主要对象是商业性广告，公益性广告的功能和作用与商业性广告的一般原理和法则相同。

二、广告学的研究方法

广告学的研究方法要以马克思主义的唯物论和辩证法为指导，进行科学的思维，才能在学科的创立和发展中取得应有的成果。

首先，广告学的研究必须做到理论与实践相结合。广告学是一门实践性很强的学科。广告学理论产生于广告实践，又服务于广告实践。因此，广大的广告科研人员和广告工作者必须从我国广告业的实际出发，重视调查研究。

其次，广告学的研究必须采用案例分析的方法。案例研究是第二次世界大战后在美国兴起的一种社会科学的研究方法，相当于通常所说的典型调查材料。在当代的社会科学著作中，就常常附以大量的案例研究材料。广告学的实用性强，重在实践中寻求解决问题的方法和策略。通过对典型广告案例的分析研究，总结出一般的规律，让广告工作者得以启发和借鉴，从而推动广告管理和广告水平的不断提高。

最后，在建立一个完善的广告学科体系的过程中，还必须学会运用比较的方法。任何学科理论的建立，都有借鉴、继承和扬弃的过程。从世界范围来看，各个国家的网络发展状况差距很大，中国作为发展中国家，其广告发展水平相比美国和日本有较大差距。大家必须认真学习和借用一切有用的经验，包括西方发达国家在广告方面的先进技术和有益经验，通过对比分析研究，做到博采众长、融会贯通、推陈出新，在比较中丰富和发展广告学。

当代中国广告业的现状

三、广告学的性质

广告学是从 20 世纪初开始出现的一门边缘科学，它是一门既含有社会科学，又含有自然科学和心理科学的综合性的独立学科。在对广告学与经济学、市场学、传播学、管理学、美学、心理学、公共关系学、文学、艺术等的既联系又独立的分析中，可以勾画出广告学的轮廓。

（一）广告学与经济学和市场学

广告学是市场经济发展到一定阶段的产物，广告学随着市场经济的发展而不断完善与成熟。经济学和市场学中揭示的许多规律，广告活动照样适用，也必须遵守。广告现象又是市场经济中存在的重要现象，它服务于市场经济，推动着市场经济的发展。经济学和市场学的研究成果可直接用于广告学，而广告学理论的发展又影响到经济学和市场学的理论演变，每一次广告学理论的突破都对社会经济产生了重大影响，促使经济学和市场学对新问题、新现象的研究。

（二）广告学与传播学

广告学与传播学的联系最为密切，甚至在许多研究成果中，都把广告学视为传播学的一个重要组成部分。但是，广告学不同于传播学。

第一，广告学以广告现象为自己研究的出发点；传播学以信息传播为自己研究的出发点。广告的目的是通过传播广告信息而诱导社会公众；传播学中信息传递的目的是与公众进行交流。

第二，广告的媒体是大众传播媒介；而传播的媒体既可以是大众传播媒介，也可以是自身传播媒介和组织传播媒介。

第三，广告讲究重点信息突出，强化形象，可以采用多种艺术形式进行形象塑造和文案设计；传播讲究的是信息的完整性、准确性。

第四，广告追求广告效果，注重投入产出效应；而传播追求的是信息到位。

第五，在约束机制上，广告信息传播受到广告法规的限制和保护，广告信息一旦失真、失误，就要受法律制裁；而一般的信息传播不受什么约束，即使信息失真、失误，往往也不负任何责任，法律也并不追究。

（三）广告学与管理学

广告活动作为一种社会活动、经济活动和传播活动的综合，在其活动中必然要求以管理行为来计划、组织、指挥、协调和控制。广告学借助管理学的理论和方法指导广告工作，以达到完善广告学的理论体系并指导广告实务。

（四）广告学与心理学

广告作为说服社会公众的艺术，与心理学有着密切的关系。心理学提供了人的心理构成的机理和心理活动的特点和性质，广告借助心理学的理论和规律才能达到说服的目的。

一则广告从确立主题、构思内容到选择媒介，无不体现广告学与心理学的结合，甚至一则广告的版面设计、文字语言多少、辞义准确度、刊播媒体、背景材料等，都要求心理学理论体现于其中。

（五）广告学与美学、文学和艺术

广告要利用各种文学和艺术手段来达到广告的目的，它与文学和艺术有着不可分割的关系。文学、艺术可以通过其特有的形式去影响、传达、感染，甚至支配人们的感情，有时乃至改变着人的观念和行为。广告作为一种特殊意义的艺术形式，正在吸收美学、文学和艺术的理论方法，逐步形成自己独特的艺术方式和规律，不断推动广告美学理论、广告艺术和广告活动的发展。

（六）广告学与公共关系学

在现代信息社会中，广告和公共关系都是运用一定的传播媒介，宣传自身、树立形象的。广告学与公共关系学既相互联系又有一定区别，在现代社会中，广告学与公共关系学出现了诸多领域的融合与交叉。首先，很多时候公共关系必须利用广告的形式来宣传自身，树立自己的形象，广告也在不断地吸收公共关系的思想来调整、修正、完善传统的广告活动，传统的广告往往只诉求自己的产品信息，而现代广告则开始以树立产品的形象为侧重点。其次，公共关系和广告在传播组织信息时，是从不同角度传递不同信息，但目的都是为组织整体目标服务，从而树立组织及产品服务的完整形象。最后，广告学与公共关系学出现融合趋势。

本章小结

广告是由广告主承担费用，通过一定的媒介和形式向广告受众传播广告信息的一种劝说活动。

广告必须有明确的广告主；广告是付费宣传活动；广告是一种信息传播活动；广告活动是通过媒体传播的；广告活动的最终目的是促进商品的销售，并使广告主从中获得利益；商业广告是一种劝说的行为。

广告的功能：从市场营销学角度来看，广告起着市场营销的部分功能；从传播学的角度来看，广告起着传播功能。广告的传播功能是指广告作为传播的一种工具，向目标受众传递有关产品或服务方面的信息，并说服目标受众购买产品或服务。广告的经济功能包括：提供市场信息，有利于企业竞争；刺激需求，促进消费；树立形象，创造品牌。广告的社会功能包括：美化环境，丰富生活；影响意识形态，改变道德观念；文化承载和传播。

复习思考题

1. 如何理解广告的概念？请结合具体的广告案例讲述广告活动的要素。

2. 广告与其他促销手段相比有哪些区别？

3. 根据不同需要，广告有哪些主要的分类方法？请举例说明。

【实训演练】

实训名称：视频广告赏析。

实训内容：选取1～2个本章节分析的广告案例，上网搜索其视频，欣赏该视频广告，结合书中的理论，在小组中展开讨论，采用组长负责制，组员进行合理分工，协作完成。

实训要求：

1. 形成对广告分析的实训报告。

2. 小组制作一份10分钟左右可演示的PPT材料在课堂上进行汇报交流，其他小组可提出质疑、补充，台上、台下有效互动，教师打分。（标准：介绍20%，建议20%，回答问题20%，PPT展现效果10%，团结协作和精神风貌10%）

3. 要求教师对每组实训报告和讨论情况进行点评和总结。

【案例分析】

可口可乐的广告

可口可乐公司的前任老板厄内斯特·伍德拉夫（Ernest Woodruff）曾经这样描述广告对可口可乐的作用："可口可乐99.61%是碳酸、糖浆和水。如果不进行广告宣传，那还有谁会喝它呢？"

1886年可口可乐营业额仅为50美元，广告费却为46美元；1901年营业额12万美元，广告费为10万美元；2006年经营收入超过200亿美元，广告费超过6亿美元。

从1886年5月在《亚特兰大日报》上打出了第一次广告："可口可乐，可口！清新！

欢乐！活力！是新潮苏打饮料，含有神奇的可卡叶和著名的可乐果的特性。"开始，可口可乐便与广告联系在一起。可口可乐广告中精彩的画面、引人入胜的情节、知名的代言人……使其成为亿万消费者心中的最爱。

广告，成为可口可乐成功的法宝。

问题： 试分析广告在可口可乐品牌传播中所起的作用。

（案例来源：国际4A广告）

【广告巨擘】詹姆斯·韦伯·扬

第二章

广告的起源与发展

▰▰/\ 导入语 ━━━━

真正的广告不在于制作一则广告，而在于让媒体讨论你的品牌而达成广告。

——菲利普·科特勒

▰▰/\ 知识目标 ━━━━

- 了解中国广告发展各个阶段代表性广告的表现形式；
- 了解国外广告的发展阶段及每个阶段的特点和趋势。

▰▰/\ 技能目标 ━━━━

- 通过对广告发展各个阶段的学习和了解，能对经济社会中出现的广告现象和问题有更深刻的理解。

▰▰/\ 关键词 ━━━━

口头广告　招幌广告　插图广告　印刷广告

▰▰/\ 任务导入 ━━━━

《清明上河图》的广告类型

《清明上河图》描绘了北宋都城汴京（今河南开封）东水门外直达虹桥的繁华景象，从中可以清晰地看到北宋时期繁复多样的广告形式，是中国古代广告难得的例证。

在长 534.6 cm、宽 25.8 cm 的长卷中，共计有幌子、旗帜、招牌、彩楼、灯箱等 40 余处广告。其中招牌广告 23 处，旗帜广告 10 面，灯箱广告 4 块，大型广告装饰彩楼、欢门 5 座，仅汴京城东门外附近十字街口，就有各家商店设置的招牌、横匾、竖标、广告牌 30 余块，足以见证北宋时期广告事业的发达。尤为难得的是图中保留了迄今为止世界上最早的灯箱广告。图 2-1 所示为《清明上河图》部分取景。

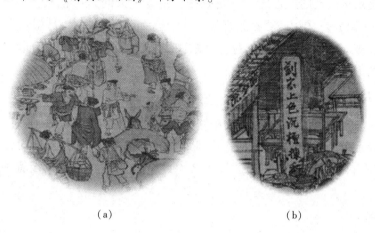

（a）　　　　　　　　　　　　　（b）

图 2-1　《清明上河图》部分取景

（a）街头小贩在叫卖招揽客人；（b）"刘家上色沉檀栋香铺"招牌

任务要求：请对《清明上河图》中所显现出的广告行为及其特点进行简要评述。

第一节　中国广告的发展与演进

广告是经济文化发展的产物，它凝结着人类的智慧，同样也拥有着悠久的历史。在不同的历史背景和经济条件下，广告具有不同的特点。要研究广告，就不能不回顾广告的起源和发展历史。以史为鉴，可以知得失，对于中外广告史的了解和研究，可以获得有益于当代广告事业发展的知识和经验。

一、中国广告的起源

中国广告萌芽于 3 000 多年前，据《周记》记载，当时凡做交易都要"告于士"。殷商时期有个叫"格伯"的人，把马售给一个叫"棚先"的人，这笔交易以铭文的形式刻于青铜器上。这种在殷墟发掘出土的铭文，可视为最早的广告。

（一）春秋战国时期的广告

春秋战国时期，由于经商人数众多，区间贸易发达，市场交易繁荣稳定，于是在这一时期出现了商人阶层的分化，分为行商和坐贾。所谓行商，就是走街串巷或进行区间贸易的商人；坐贾则是守着固定场所或摊位招徕顾客进行买卖的商人。行商和坐贾的分化直接导致了新的广告形式的出现。行商走村串寨，原始的口头叫卖和每到一地的陈列展示更加频繁；坐贾开始把陈列在地上的交换物悬挂起来，以期引起别人的注意，达到吸引顾客购买其产品的目的，这样就在实物陈列广告的基础上出现了悬物广告。

春秋战国时期的广告形式主要表现为以下几种。

1. 口头广告

口头广告是最早出现的广告之一。屈原在《楚辞·天问》中记载:师望在肆,……鼓刀扬声。《楚辞·离骚》中记载:吕望之鼓刀兮,遭周文而得举。"吕望"和"师望"都是指姜太公,他在被周文王起用之前,曾在朝歌做买卖,鼓刀扬声,高声叫卖,以招徕生意。这种叫卖广告的形式,一直流传下来。

2. 声响广告

声响广告是对中国古代社会的三种基本广告表现形式(叫卖、吟唱、音响广告)的统称。叫卖是人类最早的广告表现形式之一,吟唱和音响广告则从其发展衍化而来。如《韩非子·难一》中自相矛盾的故事所述"以子之矛,攻子之盾",就是卖矛者和卖盾者的声响广告宣传。

3. 实物广告

实物广告也是原始广告的形式之一。《诗经·卫风·氓》中记载:氓之蚩蚩,抱布贸丝。《晏子春秋·内篇杂下第一》中记载:君使服之于内,而禁之于外犹悬牛首于门,而卖马肉于内也。晏子是春秋时期齐国的宰相,引文含有"要使臣民从内心信服,要表里如一"的意思,但客观上也反映了当时曾经将牛头陈列于门首以招徕顾客的情况,是以实物作为幌子的广告的历史记载。

4. 标记广告

标记广告是另一种古老的广告形式之一。最初,在产品上刻上铭文、年号是为了表示私有权、纪念和装饰。随着生产的分工和商品交换的扩大,铭文等记录开始成为产品生产者的标记。在西周墓葬出土的文物中,发现有奴隶主产品的标志和各种官工的印记;在山东寿光市(原寿光县)出土的西周"已候"钟铭文中,刻有"已候作宝钟"的字样;称作"良季鼎"的铭文上有"良季作宝鼎"字样。在春秋出土的文物中,发现有不少民间手工业者制作的陶器、漆器和绢绣等产品上面刻有"某记"造的字样。如果这些物品的一小部分拿到市场上交换,那么这些文字就兼有实物广告和文字商标的功能。

(二)封建社会时期的广告

随着封建经济的发展,广告的形式和技术都有了很大的进步。

公元前378年,秦曾在栎阳"初行为市",即开始在这里设立由官府统一管理的市场。商鞅变法后,对市场管理也曾作出规定,即规定商业贸易要"平权衡,正度量,调轻重"。在这样的商业贸易环境中,一种新型的广告宣传形式,即由市场管理者统一规定的悬牌广告便出现了。

与前两朝相比,汉代出现的广告形式更加多样,不仅有标记与铭刻类广告,还有吹箫卖饧、悬壶售药及妇人当垆等形式,它们是声响广告、幌子广告等的雏形。

到了唐宋时期,出现了灯笼广告、旗帜广告、招牌广告、音响广告等,有"千里莺啼绿映红,水村山郭酒旗风"的诗句为证。宋代张择端的《清明上河图》不仅展现了当时汴京的繁华,也展现了众多商店使用招牌、悬物、悬帜为幌子的情景。

元明清时期（至 1840 年之前），广告的发展越来越讲究形式美，政治名人和文化名人书写招牌成为潮流，店铺的名目和招牌的书写都很讲究，出现了"全聚德""六必居""都一处"等老字号的店铺，也出现了很多名人写的广告对联，如朱元璋为阉猪人家写的"双手劈开生死路，一刀斩断是非根"。

总之，在以自给自足的自然经济为主要经济形式的封建经济条件下，我国广告的发展是非常缓慢的。这一时期的广告主要表现形式为以下几种。

1. 标记与铭刻广告

标记与铭刻广告通常指商品生产者在自己生产的商品上刻上名号或打上标记，以标明产品的质量可靠或是显示商品生产者的商业信誉，这类广告往往出现在各地具有特色的商品上。

2. 悬物广告

悬物广告，就是商品经营者在门前悬挂与经营特征有关的物品或习惯性标志的广告形式，如卖牛肉的悬挂牛头、卖山货的悬挂山货野味等。悬物广告虽然很直观、醒目，但也存在不雅观、笨重，不宜长期悬挂或经营的物品不宜悬挂等诸多问题。于是经营者开始尝试用布、帛等材质画上物品的形象进行悬挂，旗帜广告开始出现，并和悬物广告一样，成为这一时期又一重要的广告表现形式。

3. 印刷广告

印刷广告是以商品命名或用制作者姓名和商号所做的广告。在宋朝庆历年间，出现了世界上最早的广告印刷实物——北宋时期济南刘家针铺的广告铜版，上面雕刻着"济南刘家功夫针铺"的标题，中间是白兔捣药的图案，图案左右标注"认门前白兔儿为记"，下方则刻有说明商品质地和销售办法的广告文字："收买上等钢条，造功夫细针，不偷工，民便用，若被兴贩，别有加饶，请记白。"整个版面图文并茂，白兔捣药相当于店铺的标志，广告化的文字宣传突出了针的质量和售卖方法。这块广告铜版比公认的世界上最早的印刷广告——1473 年英国的第一个出版商威廉·凯克斯顿为宣传宗教内容的书籍而印刷的广告还早三四百年。现在保存于中国历史博物馆，如图 2-2 所示。

（a） （b）

图 2-2 北宋时期济南刘家功夫针铺广告铜版

（a）铜版实物；（b）广告内容

4. 招牌广告

招牌广告是将文字、图片刻在招牌上的广告。这种广告在宋代最为盛行，其形式多种多样，有的单用文字表示，有的图文并茂，内容由招牌所反映的行业决定。

5. 灯笼广告

灯笼广告是以灯笼为载体的广告。灯笼广告上是有字号的，而且灯笼的个数和颜色也有特定的含义，它是酒店和餐饮业的重要广告形式。灯笼广告自唐代产生后一直长盛不衰，到宋代发展到极盛。灯笼广告是霓虹灯广告的前身。

6. 插图广告

插图广告是放在书籍之中的广告。明朝时期，我国已出现了资本主义的萌芽，手工业的发展促进了工商业的迅速繁荣。当时，书商十分活跃，雕版印刷相当盛行，各地书商同绘画者、雕刻者相结合，利用各类书籍的插图做广告，以达到推销各种刊本的目的。

7. 年画广告

清代的年画独具一格，尤其属天津的杨柳青、苏州的桃花坞和山东潍县的杨家埠。年画的表现方法单纯、明快，其内容丰富，形式多样，色彩绚烂，具有浓厚的装饰趣味。

二、中国近代广告的发展概况

近代外国资本和商品大量涌入，客观上促进了我国工商业的发展。而大批商人、政客、传教士、冒险家的到来，不仅为中国带来了各种各样的商品，也带来了西式的报馆，而"广告"一词也正是在这时候传入我国的。

（一）中国近代广告的主要形式

中国近代广告的发展时期主要指从鸦片战争到中华人民共和国成立前这段时间。在这段时间里，广告发展突出地表现为对报纸和广播电台的利用，这是中国广告史的第三次变革。

1. 报纸广告

现代形式的报纸在中国的出现，客观上促进了中国广告向现代形态的演进。可以说，中国现代意义上的广告起始于鸦片战争以后报纸在中国的兴起。

第一批近代中文报纸是在鸦片战争前后由外国传教士创办的教会报纸，其宗旨主要在于传播教义，商业色彩不浓，只刊登不多的广告。1815年8月，英国传教士威廉·米怜在马来西亚创办了《察世俗每月统计传》，这是最早刊登广告的定期中文刊物。另外一种是为适应列强"经济扩张"的需要，以沟通商情、促进商品交换为主的商业报纸，最早兴起的是英文商业报纸，如1827年11月，英文报纸《广州纪录报》在广州创刊，该报由英国大鸦片商马地臣创办，为英国商人向中国倾销商品提供商业信息服务。

鸦片战争以后，外国人在中国的办报活动日益增多。到19世纪末，外国人来华创办的中外文报刊已经近200家。其中在中国广告发展史上具有特殊意义的或者有代表性的报纸有《遐迩贯珍》《孖剌报》《申报》《新闻报》等。

1853年8月，《遐迩贯珍》由英国传教士麦都思在香港创办并发行销售到广州、上海等地，首先刊登了诚招广告商的启事：若行商租船者等，得借此书，以表白事款，较之遍贴街衢，传闻更远，则获益至多。

1858年，外商在香港创办了《孖剌报》，增出了中文版的《中外新闻》，最早刊登商业广告。1861 年后,《孖剌报》成为专门刊登船期、物价的广告报。在《孖剌报》之后,一些报刊相继开辟了广告专栏,其中《申报》和《新闻报》在广告经营方面具有一定的代表性。

《申报》是我国近代出版时间最久、影响最大的一份报纸。最初由英国人美安纳斯脱·美查等人于 1872 年 4 月在上海创办,后逐渐转移到中国民族资产阶级手中。《申报》创立之初就注重广告经营,在创刊号上即有广告 20 则。它在第五号刊登了诚招广告商的启事:"招刊告白引。"最早在《申报》上出现的广告是"戒烟丸"和"白鸽票",《申报》还刊登了我国报刊史上最早的一条戏剧广告。而后各行各业的广告相继在申报上出现,其中洋行和银行的广告比较多。从发行的第二年开始,广告在版面中所占的比重逐渐增多,一般都在50% 左右。

《新闻报》是上海地区的另一大报,创办于 1893 年,它的纸张颇为特殊,纸薄不印背面,上下相背印刷,广告的面积占近 3/4,新闻夹杂其中,并不显眼。其广告很注重排版,标题、正文和插图相得益彰,广告从内容到形式都有大幅提高。广告收入和经营情况,在《新闻报》30 周年纪念册中曾有记载:"今年广告几占篇幅十之六七,广告费的收入,每年几百万元。"

从 19 世纪 50 年代开始,在香港、广州、汉口、福州等地,陆续出现了中国人自己办的近代报刊。1854 年,创办于宁波的《中外新报》是第一份中国人主办的现代报纸;1874年,王韬在香港创办的《循环日报》是近代中国出版时间最长、影响最大的报纸。到 1922年,我国的中外文报纸已经达到 1 100 多种。报纸广告的广泛出现,标志着中国广告开始进入现代阶段。

2. 杂志广告

随着报刊的分工,杂志开始走上独立发展之路,杂志广告为刊物提供了独立发展的经费。《生活周刊》《东方杂志》《妇女杂志》等在读者中影响较大,它们都刊登较大篇幅的广告,其中销量最多、影响最大的是邹韬奋主编的《生活周刊》。1930 年《生活周刊》销量最多时超过 15 万份,主要登载书刊和一般日用商品广告。邹韬奋对广告的选择和刊登有严格的限制,如"登载广告,不应该专为了营业收入,而应该同时顾到多数读者的利益""本报对于所刊登的广告,也和言论新闻一样,是要向读者负责的",他还认为应把广告和美化版面结合起来,不能让广告割裂新闻。

3. 广播广告

1923 年,美国人奥斯邦在上海与《大陆报》报馆合作创办了我国境内第一座广播电台,在节目中插播的广告是中国最早的广播广告。1926 年,由中国人创办的第一座广播电台——哈尔滨广播电台开始广播。1927 年 3 月,中国人创办的第一座民营电台——新新公司广播电台在上海开播。1934 年,中国电声广告社成立。截至 1937 年 6 月,全国有民营广播电台 55 座,仅上海就有 44 座,多数是商业广播电台。

广播广告的出现是近现代广告史上的又一件大事,标志着广告在更广阔的空间向消费者更迅速地传递商品信息,从而使广告的影响更大、更广泛,到达率更高。

4. 其他形式的广告

除了报刊广告和广播广告之外，也出现了许多其他形式的广告。1917年10月20日开业的上海先施百货公司制作了我国最早的橱窗广告。1927年，上海开始出现霓虹灯广告。最早的霓虹灯广告安装在上海大世界屋顶。这一时期，车身广告、月份牌广告、日历广告等都已经出现了。1936年，上海《新闻报》把写着"新闻报发行量最多，欢迎客选"的广告条幅用气球放入空中，这是我国首次空中广告。

（二）中国近代广告业的发展概况

随着民族工商业的崛起，许多大企业都设立了广告部，如华成烟草公司、信谊药厂、上海新亚药厂等。19世纪下半叶开始，专门从事广告经营活动的广告公司和广告专业人员应运而生，广告业在中国诞生了。我国早期的报馆广告代理人是承揽广告业务兼卖报纸的，后来逐渐演变为专业的广告代理人，单纯以给报馆、杂志承揽广告为业。1872年，《申报》在《申报馆条例》中曾有："苏杭等地有欲刊登广告告白者，即向该卖报店司人说明……并须作速寄来该价，另一半为卖报人饭资。"在这里，"告白"即广告，"卖报人"即最早的广告代理人，"饭资"则是广告代理费。广告代理人开始只是为报馆承揽广告业务，收取佣金。后来，随着报馆广告业务的不断扩大，报馆内设立广告部，广告代理人逐步演变为报馆广告部的正式雇员。随后专业从事广告制作业务的广告社和广告公司开始在中国出现。

中国最早的专业广告公司是外商在华设立的广告公司。英国人美灵登于1912年在上海成立了美灵登广告公司。1915年，意大利贝美在上海设立了贝美广告公司；1918年，美国人克劳在上海开设了克劳广告公司。在中国人自己开办的广告公司中，规模较大的有成立于1926年的华商广告公司和成立于1930年的联合广告公司。广告公司的兴起是我国广告发展史上的一个里程碑。

为了争取共同的利益，解决同行业之间的纠纷，1933年创立了上海市广告业同业会，1946年更名为上海市广告商业同业会，会员有90家。

随着广告业的发展，广告教育也开始出现，广告专业书籍也不断问世。1918年6月，商务印书馆出版了甘永龙编译的《广告须知》。1918年10月，北京大学成立了新闻学研究会，该研究会把"新闻纸之广告"作为研究和教学的一项内容。1919年徐宝璜先生出版了《新闻学》一书，书中将"新闻纸之广告"作为一章进行了专门的论述。1920—1925年上海圣约翰大学、厦门大学、北京平民大学、燕京大学和上海南方大学都开设了广告课程，标志了广告作为一个学科的诞生。

三、中国现代广告的发展概况

1949年，中华人民共和国成立了，政府对广告业进行了整顿，广告业得到了一定程度的恢复和发展。1953年，中国开始实行计划经济，广告业因而退出了当时的经济活动。1978年12月，党中央召开了十一届三中全会，提出了"对外开放和对内搞活经济"的政策，社会主义商品经济得以迅速发展，广告业也开始恢复。从1979年起，中国现代广告业40余年的发展大致可以划分为四个时期。

1. 中国广告产业的恢复重生与探索发展阶段（1979—1991年）

1979年，被称为中国广告"元年"。"对外开放"政策带来的思想解放为广告产业的迅猛发展提供了丰富的营养。

1979年1月4日，丁允朋在《文汇报》上发表的《为广告正名》，呼吁为广告重新定性，正视广告的实际价值，引进和学习国外先进理念，以此来发展社会主义广告业。这篇文章的刊登，引起了巨大的社会反响，正式拉开了中国当代广告产业发展的序幕。

1979年1月28日，上海电视台播出了我国第一条电视广告——"参桂补酒"。

1979年3月15日，上海电视台播出我国第一条外商电视广告——"瑞士雷达表"。

1979年11月，中宣部下文发出《关于报刊、广播、电视台刊登和播放外国商品广告的通知》，这也标志着政府对广告发展的鼓励和认可，为广告产业顺应市场经济发展提供了良好的条件。

1980年1月1日，中央人民广播电台播出建台以来第一条商业广告。

1984年党的十二届三中全会通过的《关于经济体制改革的决定》，第一次正式提出"社会主义商品经济"的概念。中国经济步入快速发展阶段，消费品市场日趋繁荣。与此同时，广告产业也呈现高速发展状态。广告公司年营业额高速增长，规模和数量不断扩大，广告公司数量从1979年的不足10家，上升至1991年的11 769家；全国广告营业总额从1 000万元上升至35.09亿元；从业人员从4 000人上升至134 506人。

但由于计划经济体制的长期影响，商品市场的短缺、消费者购买力低下、营销环境单纯及市场竞争仍处于初级阶段，企业主营销观念落后，加之长期产销间信息流通不畅，使得人们对信息的获取和传播途径极其陌生。在这些因素的影响下，企业和广告人只需将广告作为简单的具有"告知"功能的信息传播工具，将产品信息进行准确的传达即可达到极佳的传播效果，为企业获得良好的收益。但该阶段的广告内容缺乏创意，制作方式十分简陋，表现形式单一，且缺乏有效的传播方式和技巧，整体水平较低。高速度与低水平就成为这一时期广告产业的一大特点。

2. 中国广告产业的快速发展阶段（1992—2001年）

1992年，邓小平的"南方谈话"为市场经济体制明确了方向，一系列政策的颁布实施极大地促进了广告产业的发展，中国广告业进入三年（1992—1994年）超高速发展期。广告营业额年均增长率达到80.11%；全国广告经营单位数量年均增长55.89%；广告从业人员数量年均增长45.85%；1994年全国广告经营额超过200亿元，各项指标均创历史新高。

由于广告产业所有制和资质壁垒的消除和利益的驱动，不同资质水平的广告公司和广告从业人员大量进入广告行业，造成了频繁的人才流动和竞争，动摇了相对稳定的广告人才结构，无数规模小而分散的广告公司涌现，加剧了广告市场的竞争，造成了广告代理关系混乱的局面，中国广告产业在超高速发展中呈现出野蛮生长的特征。

1994年10月，第八届全国人民代表大会常务委员会第十次会议通过的《中华人民共和国广告法》，自1995年2月1日起正式实施。这是规范广告活动、保障消费者合法权益、推动广告业健康稳定发展、适应社会主义市场经济体制发展的重要法律，标志着中国广告业发展正式步入法制化的轨道。

3. 中国广告产业的持续发展阶段（2002—2009年）

2001年12月，中国加入WTO，国际资本和大批跨国公司涌入中国，中国经济逐渐步入全球化市场。从2005年12月起，中国广告市场全面开放，允许外资设立独资广告公司，跨国广告公司也从初步合资渗透阶段开始过渡到全面渗透阶段。外资广告公司开始大量并购本土优质广告公司、整合媒介购买公司、延伸上下游产业链、加强地域性扩张、垄断国际品牌在华业务，本土广告公司的发展面临巨大的竞争压力。一些优质的本土广告公司充分发挥自身竞争优势，制定符合自身发展的经营战略，进行积极的探索。2001年和2003年白马户外媒体和大贺传媒相继在中国香港上市，2005年，分众传媒在美国纳斯达克上市，这三家公司都是以户外广告资源为导向的公司，依靠媒体资源优势崛起，以规模制胜，通过资本的助力进行扩张，寻找到了发展的新思路。2008年，广而告之和中视金桥两家依托央视媒体资源进行代理服务的广告公司，分别在美国纽约和中国香港上市，成为我国广告代理服务类广告公司上市的开端。

4. 中国广告产业的数字化转型升级阶段（2010年至今）

伴随互联网技术的不断发展，全球广告行业正在经历由互联网技术带来的历史性变革。根据央视市场研究（CTR）媒介资讯的数据，电视广告2015年首次出现负增长，下降6%，且在之后3年连续呈现下降趋势；电台广告自2013年起增速放缓，平均增幅保持在2%左右；杂志广告自2013年首次下跌后，年平均跌幅达到24%，其中下跌最严重的当数报纸广告，2012年至2017年连续大幅度下跌，且2017年的广告收入仅约为2012年的1/5。互联网广告的巨大冲击，使得传统广告的衰弱成为不可避免的大趋势。

与此形成强烈对比的是，在互联网技术的推动下，互联网广告自2011年起年均增幅超过40%，呈几何级数上升，实现了跨越式发展。在2016年一举超过电视、广播电台、报社、期刊社四大传统媒体广告经营额总和后，2017年约3 000亿元的经营额已经接近我国广告行业2017年全部广告经营额的50%。以手机为代表的移动设备正成为消费者信息接触的最主要介质，互联网广告格局明显由PC端向移动端倾斜，进入了全新的移动互联网时代。新形式、新技术、新内容快速崛起，互联网广告将承担全面拉升中国广告行业的重任。

在数字技术与商业模式的驱动下，广告向数字营销传播转型，并逐渐成为主流的营销方式。2012年，国家市场监督管理总局发布《广告产业发展"十二五"规划》，提出要加强广告产业技术创新，促进数字、网络等新技术在广告服务领域的应用，广告产业也第一次被纳入国家《产业结构调整指导目录（2011）》。2016年发布的《广告产业发展"十三五"规划》提出要建立新的数字广告生态，这为促进数字营销的快速发展创造了更加良好的政策环境。数字营销的程序化购买已经形成了以"4A代理–DSP/广告网络–广告交易平台"为核心，以第三方供应商、效果监测服务、网站分析服务为辅的连接需求方和供应方的完整产业链。2015年，广告预算中数字营销的占比已经超过60%，营销战略也从4P发展到4C，再到以信息沟通为基础的4D战略。营销新形式更是层出不穷，双微营销、视频贴片营销、互动营销、富媒体营销、AR/VR营销等，成为逐渐颠覆传统媒体的力量。

第二节 国外广告的发展与演进

一、国外广告的起源

（一）古巴比伦的广告

早在公元前 3000—前 2000 年，古代巴比伦已经有了楔形文字，并能用苇子、骨头、木棍等物在潮湿的黏土版上刻文字，然后晒干成为瓦片保存起来，记载着国王修筑神殿、战胜碑及国王的丰功伟绩等。这些虽然不是纯粹的广告，但由此可以推断那时可能已经产生了宣传商品的文字广告。

（二）古埃及广告

据历史研究证明，世界上最早的文字广告是现存于英国博物馆中写在沙草纸上的埃及尼罗河畔的古城底比斯的文物——公元前 1550—前 1080 年的遗物，距今已有 3 000 年的历史。该文物记载了一名奴隶主悬赏缉拿逃跑的奴隶的广告，同时奴隶主也为自己做了广告。内容如下："奴仆谢姆（Sham）从织布店主人处逃走，坦诚善良的市民们，请协助按布告所说的将其带回。他身高 5 英尺①2 寸②，面红目褐，有告知其下落者，奉送金环一只；将其带回店者，愿奉送金环一副。——能按您的愿望织出最好布料的织布师哈布。"这则是一则手抄的"广告传单"，如图 2-3 所示。

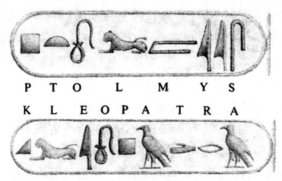

图 2-3 奴隶主悬赏缉拿广告

古埃及船主雇叫卖的人在码头叫喊商船到岸的时间，还雇人穿上前后都写有商船到岸时间和船内装载货物名称的背心，让他们在街上来回走动。据说，夹身广告员就是在那时开始的。

（三）古代希腊、古罗马的广告

古希腊、古罗马时期，沿海的商业一向比较发达，广告已有叫卖、陈列、音响、诗歌和

---

① 1 英尺 = 0.304 8 米。
② 1 寸 ≈ 0.033 米。

招牌等多种形式。在内容上既有推销商品的广告，也有文艺演出、寻人启事等社会服务广告，甚至还有政治竞选广告。

古希腊、古罗马的印章也是广告的一种形式，印章是压在葡萄酒栓上的，可以说是商标的先祖，图2-4所示就是当时的印章广告；那时，刻印有当地土特产图案的货币也起到了广告宣传的作用。以上这些虽然都不是纯粹的广告，但在那个时代，商业已经比较发达，而且有了文字，也有了以上的广告相关物。

图2-4　印章广告

二、国外近代广告的发展历程

国外近代广告的发展是以英、美为中心的。我国的印刷术传入西方后，德国人古登堡于15世纪创造了铅活字印刷，大大提高了印刷的质量和速度，成为近代广告变革中最重要的因素。过去西方书籍都用手抄在皮革上，所以读书写字的权利垄断在少数统治阶级的手中。纸张和印刷术的发明和应用，使文化传播往大众化方向发展有了具体的物质技术手段的保证。古登堡的铅活字印刷得到了广泛的应用以后，为印刷广告的发展提供了条件，使广告活动由原始古代的口头、招牌、文字广告传播进入了印刷广告的时代。

1472年，英国一个出版人威廉·坎克斯顿（William Caxton）印制了推销宗教书籍的广告，张贴在伦敦街头，这标志着西方印刷品广告的开端。广告内容为："倘任何人，不论教内或教外人士，愿意取得使用于桑斯伯来大教堂的仪式书籍，而其所用字体又与本广告所使用者相同，请移驾至西斯敏特附近购买，价格低廉，出售处有盾形标记，自上至下有一条红色纵贯为标识。"这则广告被大多数广告专家认定为现存最早的印刷广告，目前英国还保存了两张。

在印刷广告之外，13、14世纪的欧洲出现了最早的报纸雏形"新闻信"，其内容是报道市场行情和商品信息，这种新闻信息实际上就是一种商业广告。15、16世纪在地中海沿岸的威尼斯出现了最早的手抄报纸，上面提供了一些商业与交通信息。这些都已初步具备了报纸广告的模式。

16世纪以后，欧洲经历了文艺复兴的洗礼和工业革命的风暴，资本主义经济得到了进一步的发展，德、英、美、法等经济发达国家陆续出现了定期印刷报刊。报刊使广告的影响大为扩大，头脑机敏的商人很快发现并开始大力使用这一最佳的广告媒介。

1609年，德国出版了世界最早的定期印刷报纸《报道式新闻报》。1622年，英国托马斯·阿切尔创办了《每周新闻》，并在报纸上刊登书籍广告。1631 年，法国最早的印刷周报《报纸》出版。1666 年，英国的《伦敦报》正式在报纸上开辟了广告专栏，这是第一个报纸广告专栏，各报纸竞相效仿，报纸广告从此占据了报纸的一席之地，并成为报纸的重要经济来源。1675 年，英国的 *Public Advice* 报纸上刊登了咖啡广告："旧交易所后边的巴少鲁密街上，有一种叫咖啡的饮料，这是一种医学上认为对健康非常有益的饮料。它具有助消化，对预防感冒、身体衰弱、头痛、水肿、风湿、淋巴结等很多方面具有疗效。每日早晨及下午 3 时出售。"此后，不仅商人登报纸广告，一般市民也开始利用广告，如法国的《时事要闻》报上，有佣仆寻主顾、主妇雇佣仆的广告。

除了报纸广告之外，这一时期，杂志广告也开始出现。1731 年，英国书商凯夫在伦敦创办了《绅士杂志》，内容包罗万象，并第一次采用"Magazine"作为刊名，这是世界上最早的杂志。1645 年 1 月 15 日，*The Weekly Account* 杂志第一次开辟了广告专栏，刊登广告，并且首次使用了"Advertisement"来表述"广告"这个意思。

此外，国外这一时期还出现了类似广告代理的机构，是 1610 年詹姆斯一世让两个骑士建立的。1612 年，法国的雷纳德创立了名为"高格德尔"广告代理店。

在印刷术使用的初期，世界广告兴起的中心在英国。广告业的发展使英国政府加强了对广告的管理，于 1712 年对报馆开征了广告特税，无论广告大小，见报便收 3 个先令 6 便士。但这并没有影响到当时广告的大量增加。英国的《泰晤士报》在 1800 年平均每天刊登 100个广告，到了 1840 年每天增加到 400 件。广告代理商也是 17 世纪在英国首先出现的。18 世纪中期，英国及欧洲其他国家已经出现一批广告画家，专门在周刊报纸上创作插图广告。到了 19 世纪，由于美国的崛起，广告中心逐步转移到了美国，广告也向现代化转变。

三、国外现代广告的发展概况

现代广告的发展形成了世界十大广告市场，依次是美国、日本、德国、英国、法国、意大利、巴西、西班牙、加拿大和韩国。本节只介绍美国现代广告的发展。

美国的广告业自 1704 年正式发端以来，至今已有三百多年的发展和经验积累，无论是企业发展模式和制度，都相对完备与完善，实力雄厚。美国不仅是近代广告的发源地，也是世界上广告业最发达的国家。纽约是公认的世界广告中心之一，杨·罗比肯广告公司是世界最大的广告公司之一，著名的麦迪逊大街集中了十多家大型的美国广告公司，是美国广告业的象征。

1. 美国广告的发展是从近代报纸开始的

美国第一份刊登广告的报纸《波士顿新闻通讯》于 1704 年 4 月 24 日创刊，刊登了一则向广告商们推荐报纸的广告，其内容是关于报纸的发行量的问题。美国新闻界人士把这一条广告称为推销信息的"盲广告"。

1729 年，被称为美国广告业之父的本杰明·富兰克林创办了《宾夕法尼亚日报》，并在创刊号的第一版刊登了一则推销肥皂的广告，标题巨大，四周有相当大的空白，开创了报纸广告应用艺术手法的先例。

1833 年 9 月 3 日，本杰明·戴在纽约创办的《太阳报》（因其只卖一美分而被称为"便士报"）以广告作为其最主要收入，出版四个月就成为当时美国发行量最大的报纸。

南北战争后，电报的完善、海底电缆的铺设、新式印刷机的普及、打字机和造纸术的改进、照相制版的应用、电话的发明使报刊成为一种利润丰厚的行业，有些报纸竟然拿出 3/4 的版面刊登广告，报刊的广告营业额已经占全美广告经营额的 3/4。

1869 年，美国第一家具有现代广告代理业雏形的 Ayer & Son 广告公司在费城成立，其经营的主要特点是购买整版的报纸版面转卖给公司，从中盈利，这成了现代广告公司的先驱。

2. 20 世纪 20 年代是美国广告大发展的年代

美国商业广播电台创始于 1920 年，1922 年开播电台广告业务。

1941 年美国创建了电视台，20 世纪 50 年代以后美国首创彩色电视，使电视广告成为影响面最大的广告手段，从而突破了印刷媒介一统天下的格局。

随着广播、电视、电影、录像、卫星通信、电子计算机等电信设备的发明创造，以及光导纤维技术的运用，一些现代化通信传播手段开始应用于广告业，广告传播实现现代化。

3. 广告观念、广告手法和经营方式不断革新，促使广告经营向现代化方向迈进

20 世纪二三十年代，兴起市场调查研究热潮，帮助广告客户劝诱、购买施展推销术。

20 世纪四五十年代，在广告主题上大做文章，"独特的销售主题"（即 USP 广告策略）被普遍推广。

20 世纪六七十年代，进入了为产品定位、为企业树立形象的"形象广告时代"。

20 世纪 80 年代后，随着电子媒介的飞速发展与普及，电子计算机设计广告、广告策划、广告战略的运用，使广告活动普遍走向整体化。

20 世纪 90 年代后，美国的互联网广告发展迅速。2018 年美国互联网用户达到 2.79 亿人，互联网普及率为 85.3%，占据北美近 90% 市场份额。2018 年美国数字广告或占总体广告销售额的 51.5%。

本章小结

广告是经济文化发展的产物，它凝结着人类智慧，同样也拥有着悠久的历史。在不同的历史背景和经济条件下，广告具有不同的特点。

中国广告萌芽于 3 000 多年以前，春秋战国时期的广告形式主要表现为口头广告、声响广告、实物广告和标记广告。随着封建经济的发展，广告的形式和技术都有了很大的发展，这一时期的广告主要表现形式为：标记与铭刻广告、悬物广告、印刷广告、招牌广告、灯笼广告、插图广告、年画广告。

中国近代广告的发展时期主要指从鸦片战争到中华人民共和国成立前这段时间。在这段时间里，广告发展突出地表现为对报纸和广播电台的利用。1949 年中华人民共和国成立以后，广告业得到了一定程度的恢复和发展。到了 1953 年，中国开始实行计划经济，广告业因而退出了当时的经济活动。1978 年 12 月，党中央召开了十一届三中全会，提出了"对外开放和对内搞活经济"的政策，社会主义商品经济得以迅速发展，广告业也开始恢复。

从 1979 年起，中国广告业 40 余年的发展大致可以划分为四个时期：1979—1991 年是中国现代广告业的恢复期；1992—2001 年是中国广告业的发展期；2002—2009 年是中国广告业的成熟期；2010 年至今是中国广告业的数字化转型升级阶段。

国外广告的起源主要来源于古巴比伦、古埃及和古希腊、古罗马的广告。

国外近代广告发展历程是以英美为中心的，德国人古登堡于 15 世纪中叶创造的铅活字印刷，大大地提高了印刷的质量和速度，成为近代广告变革中最重要的因素。到了 19 世纪，由于美国的崛起，广告中心便逐步转移到了美国，广告也向现代化转变。

复习思考题

1. 中国广告发展的最初阶段中各时期的广告代表形式是什么？
2. 为什么现代广告首先在以英国为中心的欧洲出现，而现代广告的发展却是以美国为中心？
3. 世界现代广告的发展趋势是什么？

【实训演练】

实训名称：熟悉广告的发展。

实训内容：网上搜集可口可乐广告发展的相关信息，在小组内展开讨论，采用组长负责制，组员进行合理分工，协作完成。

实训要求：

1. 形成对可口可乐广告发展史分析的实训报告；
2. 小组制作一份 10 分钟左右可演示的 PPT 材料在课堂上进行汇报交流，其他小组可提出质疑、补充，台上台下有效互动，教师打分。（标准：介绍 20%，建议 20%，回答问题 20%，PPT 展现效果 10%，团结协作和精神风貌 10%）
3. 要求教师对每组实训报告和讨论情况进行点评和总结。

【案例分析】

B 站（bilibili，中国年轻人聚集的文化社区或视频平台）又一次刷屏了，这次是因为宣传片《后浪》。

2020 年 5 月 3 日下午 5 时许，B 站献给新一代的青年宣传片《后浪》在 B 站上线，3 小时观看破 100 万次。当日晚间，《后浪》在央视一套播出，并登上《新闻联播》前的黄金时段。截至目前，《后浪》在站内共收获 1 100 万次播放、17.7 万条弹幕、131 万个点赞。

有人说，《后浪》可以算作是 2020 年第一个现象级传播，《后浪》的文案，通篇未提 B 站一字，却处处都是所指。经过央视这一全民级平台的放大，"后浪"这个具有力量感的角色标签，成了一个迅速突破圈层、抵达全民的传播热点。

悄然之间，B站不仅发起了一场代际的对话与交接，更唤醒大众对B站年轻力量聚集、社区文化氛围的联想。

问题：请你针对此现象，谈一谈你对广告未来发展趋势的看法。

（案例来源：https：//mobile. adquan. com/detail/2-294265）

【广告巨擘】李奥·贝纳

第三章

广告调查与分析

▰▰▰\ 知识目标 ————

- 熟悉广告调查的原则、程序；
- 掌握广告调查的内容；
- 掌握广告调查的方法；
- 理解广告调查程序。

▰▰▰\ 技能目标 ————

- 通过对广告调查基础知识的学习和理解，能选择适当的调研方法，制订合理的调研计划，写出科学、实用的调研报告。

▰▰▰\ 关键词 ————

广告调查　调查程序　调查原则　调查方法

▰▰▰\ 任务导入 ————

李宁"悟道"系列产品调查分析

　　中国李宁作为一个本土品牌，在近年逐渐发展起来，特别是2018"悟道"系列成功发布后，广受欢迎。中国李宁以"悟道"为主题，坚持国人"自省、自悟、自创"的精神内涵，用运动的视角表达对中国传统文化和现代潮流时尚的理解，在世界顶级秀场上完美演绎了90

年代复古、现代实用街头主义及未来运动趋势三大潮流方向，向全世界展现了中国李宁的原创态度和时尚影响力。但是在国内，李宁"悟道"系列产品知名度远不如阿迪达斯和耐克。

任务要求：请为该系列产品进行广告调查，分析原因。

第一节　广告调查概述

在开展一项广告活动之前，必须切实有效地对广告环境、广告媒体、广告效果等进行充分的调研和科学分析，以便确立正确的广告目标和方式，从而确保广告策划的成功。广告调查是广告活动中一项最基础的工作，在广告宣传中扮演着极其重要的角色。企业的广告活动，都是从广告调查开始的。

一、广告调查的含义

广告调查是指和广告活动有关的一切部门或单位，为了完成广告目标所做的一切调查。广告调查是广告策划、广告创作、广告预算、广告发布及广告效果测定等一系列广告活动的开端。广告调查是通过系统地收集有关消费者的观点、基本情况、消费态度和消费行为方面的资料，全面了解产品自身情况和市场上与广告活动有关的其他情报，并据此作出分析，提出建议，实施广告活动服务。

广告调查是市场调查的组成部分，是市场调查的典型化和纵深化。广告调查与市场调查既有联系，又有区别。广告调查是对进行广告策划的影响因素进行的调查、分析，它具有市场调查的一般属性，如主体明确、方法科学、过程连续、内容系统、结果反馈等；又具有自身的特点，如资料来源特殊、技术复杂、覆盖面广、效益直接、保密性等。广告调查的覆盖面有时比一般意义上的市场调查都要大，是一种围绕广告活动的社会调查。由于广告公司一般同时承担很多企业广告业务，对保密性提出了更高的要求。企业在实际操作时，要充分利用市场调查已获得的资料，吸收市场调查已经取得的成果，在此基础上再延续和深入开展调查作业。

★案　例

"速溶咖啡"与"一次性尿布"

速溶咖啡与一次性尿布，应该是风马牛不相及的两类产品。然而，在这两种产品刚刚问世的时候，广告主自以为很有把握的广告策划活动，却遇到了相同的问题——消费者的心理抗拒。

速溶咖啡是20世纪40年代开始进入市场的。速溶咖啡物美价廉，无须特别技术，节省时间，很适合现代人的生活节奏。然而，当厂商一开始在广告中大力宣传该产品的上述特点时，并没有受到消费者的青睐，反而遭受冷落。于是，生产厂家请来了消费心理学家对该产品广告进行市场调查，让他们找出问题的症结所在，以确定消费者拒绝这种省时省事产品的原因所在。

心理学家首先调查了人们对雀巢公司较早的一种速溶咖啡——内斯（Nescafe）速溶咖啡

的态度，使用传统的问卷调查方法对一个有代表性的消费群体进行了调查。这些接受调查的人首先被问及是否饮用速溶咖啡时，有人回答"是"，也有人回答"否"。然后，再问及那些回答"否"的人，他们对这种产品有何看法。大部分人都回答说，他们不喜欢这种咖啡的味道。令人不解的是，回答"否"的人并没有喝过速溶咖啡，怎么会形成"味道不好"的印象呢？于是，心理学家又请这些人实际品尝速溶咖啡与新鲜咖啡，结果大部分人却又说不出它们在味道上的真正差别。因此，厂商认为不喜欢这种咖啡的真正原因并不是它们的味道不好！他们进而怀疑在消费者不喜欢速溶咖啡的背后有一些更为深刻的原因。因此，厂商又进行了另一个更为深入的调查研究。

为了深入地了解消费者拒绝购买速溶咖啡的真实动机，心理学家梅森·海尔（Mason Haire）改用了一种称为角色扮演法的投射技术，进行了深层次的研究。海尔这次不再直接去问人们对这种咖啡的看法，而是编了两张购物清单 A 和 B，然后把这两张购物清单分别让两组妇女（调查对象）看，并请她们描述一下写这两张购物清单的"主妇"有什么样的特点。这两张清单上的内容几乎相同，除了一个条目不一样，那就是购物清单 A 上包含了速溶咖啡，购物清单 B 上则包含了新鲜咖啡（见表 3-1）。

表 3-1　关于速溶咖啡与新鲜咖啡的两张购物清单

购物清单 A	购物清单 B
1 听朗福德发酵粉	1 听朗福德发酵粉
2 片沃德面包	2 片沃德面包
1 捆胡萝卜	1 捆胡萝卜
1 磅内斯速溶咖啡	1 磅麦氏新鲜咖啡
1.5 磅汉堡	1.5 磅汉堡
2 听狄尔桃	2 听狄尔桃
5 磅土豆	5 磅土豆

当两张购物清单分别被两组妇女看过以后，请她们简要描述一下按此清单购物的家庭主妇的形象。结果，看了购物清单 A 的那组妇女，有 48% 的人称该购物者为懒惰的、生活没有计划的女人；只有很少的人（4%）把该购物者说成俭朴的女人，显然大部分人认为该购物者是一个挥霍浪费的女人；还有 16% 的人说她不是一位好主妇。在另一组看了购物清单 B 的妇女中，很少有人把该购物者说成是懒惰的、生活没有计划的女人，更没有人把她指责为不好的主妇。具体情况如表 3-2 所示。

表 3-2　关于速溶咖啡与新鲜咖啡的购物者形象描述

评价	购物清单 A（速溶咖啡）	购物清单 B（新鲜咖啡）
懒惰	48	4
不会计划、没有时间安排	48	12
俭朴	4	16
不是个好主妇	16	0

这个结果，显示出两组妇女所想象的两个购物主妇的形象是完全不同的。它揭示出当时的妇女们内心存在一种心理偏见，即作为家庭主妇应当以承担家务为己任，否则就是一个懒惰、挥霍、浪费、不会持家的主妇。而速溶咖啡突出的方便、快捷的特点，恰与这一偏见相冲突。在这种心理偏见之下，速溶咖啡成了主妇们的消极体验产品，失去了积极的心理价值。换言之，省时、省事的宣传在消费者（家庭妇女）心目中产生了一个不愉快的印象，这就是主妇们冷落速溶咖啡的深层动机。

广告调查研究之后，广告主改变了原来的广告主题，在广告宣传上不再突出速溶咖啡不用洗煮等省时、省事的特点，转而强调速溶咖啡美味、芳香，以咖啡的色泽、质地来吸引消费者，避开家庭主妇们的偏见。消极印象被克服，速溶咖啡销路从此被打开了。

无独有偶，当年美国某企业向市场推出其新产品"方便尿布"时，也遇到了同样的阻力。"方便尿布"用纸制成，用过一次便丢弃，故亦称"可弃尿布"或"一次性尿布"。在产品推广的初期，广告诉求的重点放在方便使用这个点上，结果销路不畅。后经调查了解并仔细分析消费者的心理后，方知广告关于省事、省力的宣传却使母亲产生了心理上的不安：如果仅是因为方便而使用但无其他品质，那么购买、使用这种"一次性尿布"，好像母亲就成了一个懒惰、浪费的人，也会因此遭受婆婆的责备。

在深入细致的广告调查当中有这样一个真实的故事：一位年轻的母亲正在给自己的孩子换"一次性尿布"，这时门铃响了，原来是婆婆来家看望孩子。这下搞得母亲很紧张，情急之下，一脚将换下来的尿布踢到床下，然后才去给婆婆开门。为什么要把尿布踢到床下？原来怕婆婆看到后有意见。在婆婆看来，给孩子洗尿布是母亲的天职，哪能嫌麻烦呢？给孩子用"一次性尿布"的母亲，必定是一个怕麻烦、懒惰的、对孩子不负责任的母亲。基于此项调查研究的成果，新的广告创意策略进行了调整，广告诉求的重点发生了改变。新广告着重突出该尿布比布质地更好、更柔软、吸水性更强、更保护皮肤，婴儿用了更卫生、更舒服等特点。把产品利益的重点放在孩子身上，淡化了对母亲方便省事的描述。广告语也变为："让未来总统的屁股干干爽爽！"于是，一次性尿布就受到母亲们的普遍欢迎，因为它既满足了她们希望婴儿健康、卫生、舒适的愿望，又可避免懒惰与浪费的指责，同时兼顾了两方面的心理满足。从此，一次性尿布在美国流行起来。

（资料来源：凯文·莱恩·凯勒. 战略品牌管理［M］. 北京：中国人民大学出版社，2003. 编者整理、改编）

二、广告调查的原则

作为一个科学、系统的研究活动，广告调查应遵循以下基本原则。

（一）科学性原则

科学性原则是指所有广告调查信息都应该通过科学的方法获得。它要求从调查对象的选取、调查方式的选择、资料分析方法的采用、调查报告的撰写等，都应该有科学性。具体而言，广告调查应做到：树立正确的思想观念；制定严格的规章制度；建立科学的工作标准；采用合理的调查方法。

（二）客观性原则

客观性原则要求广告调查从客观存在的实际情况出发，详细地占有资料，在正确的理论指导下进行科学的分析研究，从现实事物本身得出其发展的客观规律性，并用于指导行动。只有这样，才能真实、准确地反映客观情况，避免主观偏见的影响或人为地修改数据结果。在广告调查的活动中，要避免研究人员事先对调查结果形成一定的假设或预测，不要因为主观看法影响调查的结果。此外，有时调查出来的结果与客户的预测不一致，甚至可能对客户不利，在这种情况下，只要整个调查过程是科学的，结果是可靠的，就一定要坚持自己的调查结果，千万不能为了迎合客户而擅自修改数据结果，理智的客户会给予理解并最终接受调查结果的。

（三）系统性原则

根据现代系统理论，凡是有两个以上相互联系、相互作用的要素构成的统一整体都可称为系统，任何客观事物均可被看作系统，世界是以系统的方式存在的。作为一个系统，不但内部各子系统和要素之间存在着相互作用、相互制约的关系，系统与外部各种环境因素之间也存在相互作用、相互制约的关系。

广告调查也是一个系统，是一个由广告调查的主体、客体、程序、方法、物资设备、资金和各种信息资料等构成的复杂系统。在广告调查过程中，会涉及很多方面，特别是在广告调查的设计和策划中，以及对调查资料进行分析、处理时，必须综合考虑各种因素，遵循系统性原则。也就是说，把调查所获得的资料视为有机整体，在整体与要素之间、整体与外部环境之间寻求联系，进行资料分析，以求从总体上把握广告的特征与规律。

（四）时效性原则

广告调查必须有时效性，这是由广告调查的性质决定的。广告调查的目的是及时搜集资料，及时整理和分析资料，及时反映广告方面的情况。时效性高的广告调查能够为宏观和微观的广告决策提供有价值的依据，不及时的资料则往往失去了价值。市场现象、广告现象是不断变化的，特别是在现在这个信息瞬息万变的时代，谁能最快、最准确地了解市场信息，了解消费者动态，了解广告的说服力，了解广告的心理和销售效果，谁就能最先在市场竞争中抢占先机。

（五）伦理性准则

广告调查的伦理性原则主要体现在两个方面：第一，要为客户信守商业机密。许多广告调查是由客户委托广告公司或市场调查公司进行的，调查公司及从事调查的人员必须对调查所获得的信息和数据保密，不能将其泄露给第三者。在激烈的市场竞争中，信息是非常重要的，不管是有意或无意，也不管将信息泄露给谁，只要将信息泄露出去，就可能损害客户的利益，同时也反过来会损害调查公司的信誉。第二，在广告调查的资料收集及结论发布过程中，要注意保护调查对象的隐私权，尊重调查对象的人格及权益，不能欺骗调查对象或对之造成身体、精神或物质上的损害。不管调查对象提供的是什么信息，也不管调查对象提供的信息的重要程度如何，都不能随意地泄露。如果调查对象发现自己所提供的信息未经自己的许可就被公之于众了，则会给他们带来伤害，同时也使调查对象对广告调查失去信任，不愿意再接受调查；另一方面还会给广告调查的执行带来现实和潜在的阻碍。

三、广告调查的分类

按照调查活动发生的时间顺序，广告调查一般分为以下三种类型。

（一）广告创作前调查

广告创作前调查是广告策划与创意之前进行的调查，它是整个广告调研工作的基础，这类调查活动主要针对目标受众收集与产品、竞争对手及广告诉求对象相关的资料，目的是洞察消费者内心的需求，对产品或品牌进行定位，为广告创作策略提供必要的信息，确保广告投放后能产生积极的效果，避免因广告决策失误而造成广告费用的浪费。

（二）广告创作中调查

广告创作中调查是在广告制作前进行的活动，主要是对广告创意的表现、广告文案等进行的测试，目的是了解目标消费者对所创作的广告作品的真实感受及广告是否能为目标受众接受，只有目标受众认同的广告作品才可能给广告主带来实际的经济利益。

（三）广告投放调查

广告投放调查，即广告投放过程中所开展的调查活动。当企业把选定的广告作品投放到市场以后，要及时跟踪广告的效果，主要了解广告在目标消费者之间的传播率、消费者对广告的认知效果及广告投放以后对产品销售的影响等信息。其目的在于及时发现广告投放过程中可能出现的问题，以便于企业进行相应的调整。例如，概念是否需要更换，诉求方式是否能够准确传达广告主的真实意图，传播媒体组合是否可以使传播效果最大化等。

第二节　广告调查的内容与方法

一、广告调查的内容

广告调查的范围几乎包括了从生产者到消费者的商品与劳务转换的全过程，作为广告运作不可或缺的分析工具，已经渗透到各个环节。广告调查的内容也十分丰富，一般包括以下几个方面。

（一）广告环境调查

广告环境调查是对影响广告活动的政治、经济、人口、社会文化与风土人情等方面的考察。通过对这些环境系统的调查，可以比较准确地判断各种环境对广告活动所产生的影响，借以分析广告目标市场的有关情况，从而使广告策略服从于广告环境。广告环境调查主要包括政治环境调查、经济环境调查、人口统计分析和社会文化与风土人情的调查。其中政治、经济环境调查是制定产品策略、市场销售策略和进行广告决策的依据。

（1）政治环境调查，即对一定时期内政治形势、国家有关方针政策、地方性政策、法令条例及规章制度、重大政治活动、政府机构情况的调查。

（2）经济环境调查，即对社会经济形势、工农业发展现状、商业布局、经济发展潜力及涉及经济活动的各个方面进行的调查。

（3）人口统计分析，包括目标市场的人口总数、性别、年龄构成、受教育程度、职业分布、收入情况、家庭人口及婚姻状况等。通过这些数据的统计分析，可以为细分市场提供依据，进而确定广告诉求对象和诉求重点。

（4）社会文化与风土人情的调查，主要包括整个社会文化背景、民族文化特点、风俗习惯、民间禁忌、生活方式、流行风尚、宗教信仰等内容。通过这些内容的分析，可以为确定广告的表现方式和广告日程提供事实依据。

★ 小资料

从出租车价格看当地经济水平

在人们生活水平日益提高的今天，出租车已成为大多数城市除公交车以外的第二大城市交通工具，出门"打的"已经司空见惯。每个城市的出租车价格都不一样，出租车价格在一定程度上反映了城市的消费水平。

一般来说，经常坐出租车的乘客群体是城市的中高收入阶层和外来公务或商务人员，因为真正的高收入阶层一般都有私家车，而中层以下的群体又不具备"打的"的实力和必要；并且外来公务或商务人员能从另一个角度映射出这个城市与外界交流的频繁程度。所以，由此对一个城市消费水平进行考察不失为一条捷径。

（二）企业经营情况调查

无论是企业形象广告，还是产品广告，都必须对企业的经营情况进行调查。企业经营情况调查是指对企业的发展历史与现状、企业规模与行业特点、行业竞争能力等情况的调查。其目的在于为广告策划和创意提供依据，从而有的放矢地实施广告策略，强化广告诉求。企业经营情况的调查主要包括对企业历史、资产实力和科技开发水平、人员素质、经营管理状况的调查。

（1）企业历史，主要了解企业是何时创立的，在历史上有过什么成绩，其社会地位和社会声誉如何等情况。

（2）企业资产实力和科技开发水平，主要了解企业的产值利润、资产负债、生产设备和操作技术是否先进、科技开发水平如何等情况。

（3）企业人员素质，主要了解人员的知识构成、技术构成、年龄构成、业务水平、工作态度和工作作风等情况。

（4）企业经营管理状况，主要了解企业经营业绩、企业管理组织和制度、企业文化建设、企业在同行业中的地位如何等情况。

（三）产品情况调查

产品情况调查是广告市场调查的重要内容，只有准确而全面地了解产品信息，才能为企业的营销战略和广告策划提供依据。产品情况调查包括对产品生产历史、个性信息、生命周期、产品相关信息、服务信息和产品市场适销信息的调查。

（1）产品生产历史，主要了解广告产品的开发背景、生产历史、生产过程、生产设备、生产技术的革新史、原材料特色与运用等信息。

（2）产品个性信息，主要了解广告产品与同类产品相比的突出优势，包括产品的外形特色、基本规格、花色、款式和质感、价格、包装设计等。了解广告产品是属于生产资料还是生活消费品，如果是生产资料，那么它属于原料、辅料还是设备、工具；如果是生活资料，那么它属于日常用品、选购品还是待购品。

（3）产品生命周期，指产品进入市场销售到被市场淘汰的整个时间过程。它一般经历导入期、成长期、成熟期和衰退期四个阶段。在这一时间过程的不同阶段，产品的生产工艺、销售量、利润、消费者需求、市场竞争等都会发生规律性的变化，因此需要采用相应的营销策略和广告策略。

（4）产品相关信息，包括产品定位、产品在同类产品中的地位、使用产品的环境要求、消费者从广告产品中所能获得的利益等。

（5）产品服务信息，在现代市场经济中，产品服务是影响销售的重要内容。产品服务包括售前服务、售中服务和售后服务及其他服务制度和措施，如代办运输、送货上门、安装调试、培训销售人员、产品的维修和定期保养等。产品服务信息能够增强消费者对广告产品的信任感。

（6）产品市场适销信息，如目标市场及其经济发展状况、目标公众构成及生活水准分布、公众对产品的评价、公众对价格和包装的态度、产品适销的时间与地区、基本促销手段及其效果等。

（四）品牌调查

著名营销专家菲利普·科特勒认为"品牌是一种名称、术语、标记、符号或图案，或是它们相互组合，用以识别某个销售者或某群销售者的产品或服务，并使之与竞争对手的产品和服务相区别"。目前，企业产品实行品牌化已成为现代营销活动中的主流做法，这是因为品牌具有以下作用：品牌具有识别作用；品牌有助于保护厂商与消费者的利益；品牌有利于促进产品销售，扩大市场份额；品牌可以增加企业无形资产的价值；品牌可以促进企业改善经营管理，激发创新，加快技术进步。因此，品牌的研究应是广告调查的重要内容。

品牌调查的内容包括品牌发展状况的调查和品牌知名度、美誉度、认知度和忠诚度的调查。

品牌发展状况的调查，这是品牌研究的第一步。通过对品牌发展历史的回顾，了解品牌对消费者传达的重点讯息，以及品牌形象与品牌利益点的历史变化。通过对品牌发展状况的调查，可以把握该品牌的特性及消费者的现实评价；通过了解同一市场上各个品牌发展状况及消费者的评价，可以发现新的市场机会，预测未来的市场动向。对品牌知名度、美誉度、认知度和忠诚度的调查，能够了解品牌的现状及品牌发展与销售成长之间的关系，确定品牌是在成长中还是在衰退中，以寻找原因和对策。通过这种动态的、可预见性的研究，能够开发出新的品牌概念，修正产品概念组合，改变产品包装、定价和广告策略；同时测试竞争对手改变产品策略、价格策略或广告策略后可能引发的市场反应，以及整个市场格局可能发生的变化。

（五）消费者调查

消费者调查是指对消费者的一般情况、消费者对企业和产品的评价、消费需要、购买方式和购买决策等方面的调查，其目的在于通过对消费者基本状况的掌握，策划并创作出具有针对性的广告作品，以吸引目标公众的注意，赢得公众的好感，激发公众的消费欲望，进而实现购买行为。消费者一般情况调查主要包括消费者的年龄、性别、民族、职业、文化程度、婚姻状况、家庭收入水平、购买能力、风俗习惯、生活方式等情况的调查。对这些基本情况的掌握是消费者研究过程中的首要问题，它有很强的指导意义。

麦肯锡 2020 中国消费者调查报告：中国消费者多样化"脸谱"

（六）竞争状况调查

竞争状况调查就是要查明市场竞争的结构和趋势，列举现实的和潜在的竞争对手，按目标市场的占有份额、交叉覆盖率及消费者在不同品牌之间的流向情况，确立竞争等级和重点竞争对手，并收集他们在产品和营销方面的信息，从地域、季节、媒体类别等多角度考察他们在广告投放的比重分配，推测关于重点区域市场、营销对象及营销进展状况等方面的情况。

★案　例

丰田轿车制造公司成功调研

20 世纪 70 年代，丰田第二次打进美国，吸取了之前在美国市场出师不利的教训，开展了周密的调查，以摸清竞争对手的情况。

通过调查，丰田公司发现，美国的汽车市场并不是铁板一块。随着经济的发展和人民生活水平的提高，美国人的消费观念和方式正在发生变化。在汽车的消费观念上，美国人已经摆脱了把汽车作为身份象征的消费观念，而是逐渐把汽车作为一种单纯的交通工具。1973年的石油危机，再加上交通堵塞、停车困难，引发了对价格低、节能车型的要求。而美国厂商还是继续生产高耗能、体积宽的车型，这显然已经不能满足消费者的需求，无意中给了丰田公司一个机会。此后，丰田公司定位于美国小型车市场，但是又发现德国大众的小型车在美国很畅销。后来，丰田公司又花大量的精力去调查，终于发现大众的缺点，暖气设备不好、后座空间太小、内部装饰差是美国众多客户对大众的抱怨。调查还发现，随着生活条件逐渐变好，奶茶、咖啡成为人们生活中不可缺少的一部分。买了一杯奶茶没有喝完，又要开车，丢了又可惜。想到这个场景，丰田公司就发明了杯托，这个发明很好地解决了开车时喝奶茶的问题。

（资料来源：搜狐网，编者整理、改编）

（七）广告媒体调查

广告媒体调查，就是指针对电视、广播、报纸、杂志等大众媒体及户外 DM、海报等广告传播媒体的特征、效能、经营情况、覆盖面、收费标准的调查。在广告活动中，由于媒体刊播费用在总费用中所占比重较大，通常占到总费用的 80% 左右，因此广告媒体调查是广告调查的重要组成部分。广告媒体调查的内容包括印刷类媒体的调查、电子类媒体调查和其他媒介调查。

（1）印刷类媒体的调查，主要是对报纸杂志等媒体的调查。在进行这类媒体调查时，首先，要调查其性质，要分清楚是晚报还是早报，是机关报还是行业报，是专业期刊还是娱乐性期刊，是邮寄送达还是直接送达等。其次，要调查其准确的发行量，发行量越大则覆盖面越广，每千人广告费用就越低。然后，要调查清楚读者层次：对读者的年龄、性别、职业、收入、阅读该刊所花费的时间等情况，要清楚地加以了解。最后，要调查其发行周期，即报刊发行日期的间隔数，是日报还是周报，是周刊还是旬刊、月刊、双月刊、季刊等。

（2）电子类媒体调查，主要是对电子类媒体，如对广播、电视、网络的调查。一要调查其传播范围；二要调查其节目的编排与组成，哪些节目比较有特色，节目的质量如何；三要调查其视听率，要精确到各个节目的视听率，了解不同节目与之相关联的目标消费者的媒体接触习惯。如某产品要做电视广告，必须弄清楚哪一个电视台影响最大、范围最广，以及覆盖范围、收视的户数或人数。四要调查视听者行为，即调查收看该电视台节目的人们喜欢什么样的节目，多在哪一个时间内收看，对电视及广告的态度如何。

（3）其他媒介调查，除了大众传播媒介之外，户外广告、邮寄广告、橱窗广告、交通广告等媒体均归入其他媒介这一类。其他媒介调查主要调查它们的功能特点、影响范围、广告费用等，如调查交通广告、霓虹灯广告、路牌广告，一般通过调查乘客人数、进出商店人数等来测算这些广告的接触率，接触率越高则广告传播范围越大。

（八）广告信息调查

广告信息调查，是指对广告的文字、图画、音乐、表演等信息内容对消费者的作用程度的调查。如对广告信息的注意率、认知率、理解度、购买意图及记忆率与品牌印象等的调查。广告信息调查就是对广告信息在引起消费者的注意、购买欲望时，让消费者产生购买行为的一系列心理活动的作用、效果的调查与分析。

（九）广告效果调查

广告效果调查，是对所开展的广告活动的全部效果的调查，是一种采用各种调查手段进行的综合性的调查。一般包括广告的事前、事中和事后调查。广告事前调查要调查广告信息可能在传播过程中引起消费者什么样的心理反应，用以考察广告作品对广告意图的表达是否准确到位、表现方式是否具有冲击力及创造性，以便根据消费者的客观反映选择出最佳的广告作品，或发现广告人员无法估计的问题，以便找出最适当的解决途径与方法。广告事中调查，主要是调查广告战略与战术计划的执行情况，以便及时发现问题，随时予以纠正。广告事后调查，主要是对广告活动进行之后的广告销售效果、广告传播与社会效果做全面调查，以便总结经验，为以后制定广告战略和策略提供依据。

★**案 例**

飞利浦公司在中国的广告宣传

飞利浦公司为进入中国市场，曾委托中国香港环球调研公司在上海开展调查活动，被调查的对象为已婚男性，且家里只有黑白电视机。调查活动选取了3种飞利浦彩色电视机的广告片。第一部是意在强化"飞利浦"品牌形象的广告片，30秒内，从开始到结尾反复出现"飞利浦"的字体、商标和标语（飞利浦——世界尖端技术的先导），以及飞利浦在世界各地的情况。第二部是阐明市场定位的广告片，片头采用京剧锣鼓的音响效果，屏幕上出现的是京剧大花脸形象，并用京白语道念到"我就是飞利浦"等，运用中国民族特点，来强化飞利浦为中国用户服务的宗旨。第三部也是宣传品牌的，所不同的是，中间穿插了中国风光：一位飞利浦公司形象代表一边转动着地球仪，一边用生硬的中国话说"飞利浦是中国人民的老朋友"，以勾起中国老年用户的回忆。

主持者征求被调查者的印象，大多比较倾向第二部，同时又要求飞利浦能提供适合中国情况的彩色电视机。通过上述市场摸底，飞利浦对自己的广告策略预先得到检验。

1. 在黑白电视机进入中国市场五六年之后，用户正进入一次更新阶段，可能对不同牌号进行选择，并希望有彩电取而代之。

2. 飞利浦进入中国市场，必须在尺寸、价格、型号上予以改进。

3. 飞利浦的广告要适合中国人的口味。

4. 飞利浦强化品牌印象应考虑中国用户的接受能力等。

这次调查为飞利浦公司在中国开展广告活动，取得了可靠的资料。

二、广告调查的方法

（一）文献法

文献法是指调查者利用文献资料进行广告调查的方法。在采用文献法进行调查时，要了解文献资料的来源，并对其进行评估、搜集和整理。

1. 了解文献资料的来源

文献资料的来源主要有企业内部资料与外部资料两大类。企业内部资料包括企业档案和企业活动文书，如企业概况、企业历史发展、客户名单、历年销售记录、市场报告、客户函电等。外部资料指通过函索或走访的形式向有关机构索取的文献资料，可以提供文献资料的机构有图书馆、政府机构、行业协会、商会、出版社、研究所、消费者组织、企业公司等。

2. 评估文献资料来源

文献资料来源的评估可以考虑以下几个因素：综合性，看是否能够提供对口而全面的资料；专业性，看是否能够提供足够的专业资料；专题性，看提供的资料与哪方面的专题有关；实效性，看提供的资料是否合乎时宜；可取性，看提供的资料是否及时，费用如何；准确性，看提供的资料是否准确，来源是什么，由谁提供的。

3. 搜集和整理文献资料

搜集文献资料时要尽可能全面、详细，并且按照合理的分类方法进行整理，使之类别化、条理化、系统化。

文献法适用于了解企业或产品以往的情况，供广告调查时与现实情况作对比分析。

（二）观察法

观察法是广告调查人员在现场对调查对象的情况进行直接观察、记录而获取第一手材料的调查方法。观察法一般分为直接观察法、仪器观察法和痕迹观察法。

（1）直接观察法，即调查人员直接到现场察看以收集有关资料。

（2）仪器观察法，即利用照相机、录音机、摄像机或其他仪器进行调查观察。

（3）痕迹观察法，即调查人员不直接观察被调查者的行为，而是观察行为发生后的痕迹。例如，为调查媒介传播效果，可以在几种媒介上刊登广告，并附有意见回条，顾客凭回条购买商品可优惠。企业根据各回条的比例数和内容，就可判断出哪种媒介能更好地把商品信息传递给消费者。

观察法的优点是可以客观、及时地收集、记录被调查的人或事物的现场情况，调查的结果比较真实、可靠，有时还能收集到询问法无法取得的信息资料。但它不能了解广告信息接收者的心理活动和消费动机等深层次的情况。观察法要花费大量时间，有时要求进行连续性观察，调查费用较高，而且要求调查人员有一定的观察技巧和观察能力。该方法不适于大面积调查。

★案 例

美国有一家玩具工厂，为了选择一个畅销的玩具娃娃品种，就使用了观察法来帮助他们决策。他们先设计出10种玩具娃娃，然后一起放在一间屋子里，再请来一群小孩决策，但每次只要一个小孩待在房间里，让他玩玩具娃娃，观察这个小孩喜欢哪种玩具。为了保证结果的准确性，这一切都是在不受他人干涉的情况下进行的，把房间的门关上，进行录像和观察。通过对300个孩子的调查，该玩具厂最终决定了所要生产玩具娃娃的样式。

（三）实验法

实验法是指在给定条件下，通过试验对比，对市场经济现象中某些变量之间的因果关系及其发展变化过程加以观察分析的一种广告调查方法。

实验法有其独特的优点。第一，便于寻求因果关系。这是因为实验研究可以通过对其他条件的控制使自变量发挥的作用独立出来，以便判断自变量与因变量之间有多大程度的因果关系。第二，可控性较强。为了验证变量之间的因果关系，实验研究需要对其他因素进行严格的控制，以确保实验在一种"纯化"的条件下进行。第三，费用相对较低。例如，一项测试公益广告效果的实验研究中，可能只需要选择40~50个样本，而如果选择通过实地研究了解公益广告效果，则需要耗费大量的资金采集更多的样本。第四，相对容易复制。一般而言，实验研究对其所用的方法都有具体、清晰的说明，这就为其他研究者重复研究提供了便利性，有助于进一步检验研究结论的有效性。

实验法也有其一定的缺点。首先，实验研究受到实验人员的影响较大，因为参加实验本身就是一项社会活动，这一活动本身就影响了被试，使得他们与平时的行为表现有差异。其次，实验研究的现实性不强，这主要表现在实验是在"纯化"的状态下进行的，现实生活中各种因素相互影响、错综复杂，因而实验控制越严苛，现实性就越弱。最后，实验研究受到伦理和法律的限制，因为实验对象是人，便要受到伦理道德的约束。

（四）访问法

访问法指通过访问的形式向被调查者了解市场情况的一种方法。如要了解消费者对当前流行的口服液的看法，询问消费者喝过哪几种口服液，最喜欢哪一种口服液，为什么最喜欢这种口服液等。

按调查者与被调查者的关系不同，广告调查访问法主要分为面谈调查、邮寄调查、电话调查和留置调查。

（1）面谈调查，指调查人员同被调查者面对面接触，通过有目的的谈话取得所需情况资料的一种调查方法。面谈调查的交谈方式可以采取个人面谈，也可以采取集体小组面谈；可以只进行一次面谈，也可以进行多次面谈。这要根据调查的具体情况决定。

（2）邮寄调查，将调查表（或问卷）邮寄给被调查者，由被调查者根据调查表要求填妥后寄回的一种调查方法。

（3）电话调查，指通过电话向被调查者询问有关调查内容和征求意见的一种调查方法。这种调查方法的优点是取得信息快，节省时间，回答率较高，如果在市内调查，费用也较低。其不足之处是被调查者仅限于能通电话者，询问时间不能太长，对问题只能得到简单的回答，无法深入了解，有时不易得到被调查者的合作，收集不到所需的信息。

（4）留置调查，指调查人员将调查表或调查提纲当面交给被调查者，并详细说明调查目的和要求，由被调查者事后自行填写回答，再由调查人员约定时间收回的一种调查方法。这种调查是介于面谈调查与邮寄调查之间的一种折中调查法。它吸收了面谈调查和邮寄调查的一些长处，克服了二者的某些缺点。采用这种调查方法，可以消除被调查者的思想顾虑和填写调查表的某些疑问，被调查者又有充分时间独立思考问题，可避免受调查人员倾向性意见的影响，从而减少误差，提高调查质量和调查表的回收率。不足之处主要是调查地域范围受限制，调查费用较高。

★案　例

免费电话巧问计

美国一家生产日用化学品的著名厂家，为了听取用户意见，别出心裁地推出免费电话向消费者征询意见。他们在产品包装上标明该公司及各分厂的800个电话号码，顾客可以随时就产品质量问题打电话反映情况，费用全部记在公司账上。公司则对所来电话给予回复，并视情况奖励。仅1995年，该公司就接到近25万个顾客电话，从中得到启发而开发出的新产品的销售额近1亿美元，而公司的电话费支付不过600万美元，一进一出让老板喜不自禁。

第三节　广告调查的程序

科学、系统的研究方法应该有一套比较固定的程序，广告调查的程序基本可分为以下五个步骤。

一、明确广告调查的目的

广告调查的目的是整个调查活动的目标和方向，是之后搜集材料、组织材料及解释材料的依据。广告调查目的的明确是广告调查中最重要的任务，因为正确地提出问题是正确认识问题和解决问题的前提。要确定调查目的或主题必须先搞清以下四个问题：第一，为什么要调查？第二，调查中想了解什么？第三，调查结果有什么样的用处？第四，谁想知道调查的结果？

广告调查的目的必须是具体的、明确的，绝不可笼统。因为调查目标直接决定着广告调查中其他步骤的执行，如果调查目标不明确、不具体，下面的步骤就不可能进行。

广告调查的目的不同，其调查的内容方法、对象和范围就不同，调查人员的选择、调查队伍的组建等也不相同。在明确调查目的的基础上，调查人员利用自己的知识和经验，根据已经掌握的资料，进行初步分析。分析面应尽量宽些，包括对所要调查问题的大致范围、调查的可能性和难易程度等的分析。选择的调查问题应具有重要性、创造性、可行性和最佳性等特点。

二、调查设计

调查设计阶段可以理解成为了实现调查目标而进行的道路选择和工具准备。道路选择是指为达到调查目标而进行的调查设计工作，包括从思路、策略到方式、方法和具体技术的各个方面。工具准备则指调查所依赖的测量工具或信息收集工具，如问卷、实验仪器等的准备，同时也包括调查信息的来源、调查对象的选取工作。调查设计是整个调查工作的行动纲领，进行调查设计就是要对调查的内容进行全面规划。具体而言，广告调查设计的总体方案一般应包括以下内容。

（一）设计调查的项目

科学地设计调查项目是取得有价值的广告调查资料的前提和基础。调查项目是指调查过程中所要取得的调查对象的类别、状态、规模、水平、速度等资料的各个方面，包括定性分析资料与定量分析资料。例如，在一项了解家用空调广告诉求对象的调查中，研究的项目可能包括下列三个方面：现有家用空调使用者的基本情况，包括经济收入、住房条件、家庭人口数、文化程度、职业等；哪些家庭成员参与空调购买决策，谁倡议购买，谁收集信息，品牌选择意见由谁提供，谁作出最后的决定，谁执行购买行动；有潜在购买意向的购买者是什么样的人或家庭，包括这些人或家庭的经济收入、住房条件、家庭人口数、文化程度、职业等。

在调查设计阶段，确定调查项目是相当重要的一个环节。因为，一方面调查项目界定了问卷设计或访问提纲的范围，为问卷设计或访问提纲的编写提供了依据；另一方面调查目的能否达到，在设计阶段只有通过研究者所界定的调查内容来判断。因此，所确定的调查项目是否全面、适当，会在相当程度上影响调查方案能否被客户认可、接受。

（二）设计调查的工具

在设计调查项目之后，必须进一步具体设计调查工具。调查工具是指调查指标的物质载体，如调查提纲、调查表、调查卡片、调查问卷、调查所用的设备和仪器等。所有的调查项目最后都必须通过调查工具表现出来。设计调查工具时，必须考虑到调查目的、调查项目的多少、调查者和调查对象的方便、对资料进行分析时的要素等。只有科学地设计调查工具，才能使调查过程顺利，使调查结果满意。

（三）确定调查的空间

调查空间指调查在什么地区进行，在多大的范围内进行。调查空间的选择要有利于达到调查目的，有利于搜集资料工作的进行，有利于节省人力、财力和物力。

（四）确定调查的时间

调查时间指调查在什么时间进行，需用多少时间完成，每一个时间阶段要完成什么任务。调查时间的确定，一方面要考虑到客户的时间要求，另一方面也要考虑到调查的难度和规定时间内完成调查的可能性。一般用调查活动进度表来表现调查活动的时间安排，进度表不仅可以帮助客户了解整个广告调查的时间安排，对于广告调查公司来说，也有利于其强化调查过程的管理，提高工作效率，节省调查成本。

（五）确定调查的对象

调查对象有广义和狭义之分，广义的调查对象又称调查总体，指通过调查要了解、研究的人群总体；狭义的调查对象指在调查中具体接触的对象。在绝大多数的广告调查中，调查对象不可能是全部的总体，而是从总体中抽取出来的一部分个体组成的样本。确定调查对象就是要设计和安排调查对象的抽样方法和数量。在抽样方法上，是选择概率抽样还是非概率抽样；在数量的决定上，样本大小取决于总体规模及总体的异质性程度，还有研究者的时间和经费是否充足等。

（六）确定调查的方法

确定调查的方法，包括确定资料的搜集方法及资料的分析方法。资料的搜集方法有电话访问、入户访问、深度访问、焦点小组、固定样本连续调查、邮寄问卷调查、观察法、实验法、内容分析等；资料的分析方法包括定量分析和定性分析。调查方法的选择取决于调查的目的、内容，以及一定时间、地点、条件下广告市场的客观实际状况。由于同一项调查课题可以采用多种调查方法，因此，调查人员必须进行比较，选择最适合、最有效的方法，做到既能节省调查费用又能达到调查目的。

（七）落实调查人员、经费和工作量安排

调查方案要计算调查人员、经费的数量，并落实其出处，这是调查得以顺利进行的基础和条件，也是设计调查方案时不容忽视的内容。其中，调查的经费项目一般包括印刷费、方案设计费、问卷设计费、抽样设计费、差旅费、邮寄费、访问员劳务费、受调查者礼品费、统计处理费、报告撰写制作费、电话费、服务费、杂费和税费等。此外，还应对调查人员的工作量进行合理安排，使调查工作有条不紊地进行。在核算这些内容时，必须从节省的角度出发，但也应注意留有余地。

（八）组建调查队伍

实施调查方案必须有一支训练有素、具有职业精神、专业知识、沟通能力和操作技能的调查队伍。为此，必须做好调查人员的选择、培训和组织工作。需要注意的是，调查一般是由若干人员组成的调查队伍来完成的，所以，在考虑调查人员个人素质的同时，还要特别注意调查队伍的整体结构。要从职能结构、知识结构、能力结构及年龄、性别结构等方面对调查队伍进行合理安排，使之成为一支精干的，能顺利、高效地完成调查各阶段任务的队伍。

除了上述八个项目的规划外，如果进行的是定量的广告调查，还需要建立研究假设。假设可以为研究的下一步工作铺路，指出研究的重点与方向，作为搜集资料的基准及对分析资料的结果提供衡量与评估的标准。广告调查的假设可分为两类：一类是描述性假设，如阅读率调查、视听率调查；另一类是相关性或解析性的假设，如假设彩色电视广告比黑白电视广告对消费者的购买行为更有影响力，或某日报同一版的广告上，右上角位置的广告比左上角位置的广告更受读者的注意等。

三、搜集资料数据

搜集资料数据是调查的主体部分，这个阶段的主要任务是具体贯彻调查设计中所确定的思路和策略，按照调查设计中所确定的方式、方法和技术进行资料数据的搜集工作。在这个阶段，调查者往往要深入实地，与调查对象面对面地接触。资料搜集工作中所投入的人力最多，遇到的实际问题也最多，因此，需要很好地进行组织和管理。另外需要注意的是，由于广告及市场的复杂性和现实条件的变化，研究者事先考虑的调查设计往往会在某些方面与现实存在一定的距离或偏差，这就需要研究者根据实际情况进行修正和弥补，发挥研究者的灵活性和主动性。在广告调查中所采取的资料收集方式有调查法、实验法、文献法、焦点小组法、深入访谈法等，具体内容在后续的章节中会详细介绍。

四、资料的处理与分析

搜集完资料后还需将所获得的资料加以整理、分析和阐释，看它是否和原来的假设相符合。如果相符合，则原来的假设成立，成为最后的结论。如果所获结论与原来的假设不符合，则假设不能成立，研究者在撰写报告时也必须照实记录，不得虚构。

资料的处理与分析包括资料的整理、资料的分析和资料的阐释。资料的整理属于技术性的工作，包括分类、编号、计数列表等；资料的分析是要指出资料所显示的意义，特别需要应用统计学的方法，广告调查中应用最广的是百分率的计算、频数分析、相关系数等；资料的阐释是要说明这个研究的结果与已有的知识之间的关系，是增加了新的知识还是否定了以往的想法，必须根据理论来说明事实。

五、调查结果的解释与提交调查报告

根据不同阶段的调查、汇总分析，对整个广告活动过程的效果进行总体评价，写出报告。调查报告是一种用文字和图表将整个工作所得到的结果，系统地、集中地、规范地呈现出来的形式，它是广告调查结果的集中体现。

本章小结

广告调查是指和广告活动有关的一切部门或单位，为了完成广告目标所做的一切调查。广告调查是广告策划、广告创作、广告预算、广告发布及广告效果测定等一系列广告活动的开端。

广告调查应遵循的原则有科学性原则、客观性原则、系统性原则、时效性原则和伦理性准则。

广告调查按照调查活动发生的时间顺序分为广告创作前调查、广告创作中调查和广告投放后调查。

广告调查的内容一般包括广告环境调查、企业经营情况调查、产品调查、品牌调查、消费者调查、竞争状况调查、广告媒体调查、广告信息调查、广告效果调查等。

广告调查的方法包括文献法、观察法、实验法和访问法。

广告调查的程序可分为五个步骤：明确广告调查的目的、调查设计、搜集资料数据、资料的处理与分析、调查结果的解释与提交调查报告。

复习思考题

1. 广告调查的程序包括哪些？
2. 常用的广告调查方法主要有哪些？
3. 广告调查的原则有哪些？
4. 简述广告调查的类型。
5. 广告调查的内容有哪些？

【实训演练】

实训名称：调查报告撰写。

实训内容：请将全班同学分组，采用组长负责制，组员进行合理分工，协作完成任务。各组自选一个广告调查主题，设计一份调查问卷，并进行调查（调查方法不限），撰写一份调查报告。

实训要求：

1. 以小组为单位，完成 PPT 制作和调查报告，各一份。
2. 在老师指导下，各组在台上用 PPT 的形式进行 10 分钟汇报，汇报调查过程、结果以及成功及不足之处，其他小组可提出质疑、补充，台上、台下互动，教师要进行打分，（分值比例：项目介绍占20%，可行性建议占20%，回答问题占20%，PPT展现效果占20%），团结协作与精神风貌占20%，教师要对每组调查报告和讨论情况进行点评和总结。

【案例分析】

红罐王老吉：从1亿到90亿的销售奇迹

凉茶是广东、广西等地区的一种由中草药熬制，具有清热祛湿等功效的"药茶"。在众多老字号凉茶中，以王老吉最为著名。

2002年以前，红色罐装王老吉（以下简称"红罐王老吉"）在广东和浙江南部（简称浙南）地区销售量稳定，有比较固定的消费群，销售业绩连续几年维持在1亿多元。发展到这个规模后，加多宝集团的管理层发现，要把企业做大，要走向全国，还必须克服一连串的困难，其中最主要的困难是什么呢？要知道这一点，必须做广告调研。

很多人都见过这样一条广告：一个非常可爱的小男孩为了打开冰箱拿一罐王老吉，用屁股不断蹭冰箱门，广告语是"健康家庭，永远相伴"，显然这个广告并不能够体现红罐王老吉的独特价值。

红罐王老吉以金银花、甘草、菊花等草本植物熬制，有淡淡的中药味，对口味至上的饮料而言，存在不小的障碍，加之红罐王老吉3.5元的零售价，如果加多宝不能使红罐王老吉和竞争对手区分开来，它就永远走不出饮料行业"列强"的阴影。

在研究中发现，广东的消费者饮用红罐王老吉主要在烧烤、登山等场合，原因不外乎"吃烧烤容易上火，喝一罐先预防一下""可能会上火，但这时候没有必要吃牛黄解毒片"。而在浙南，饮用场合主要集中在外出就餐、聚会等场合，他们对红罐王老吉的评价是"不会上火""健康，小孩老人都能喝"。在对当地饮食文化的了解过程中，研究人员发现，该地区消费者对"上火"的担忧比广东有过之而无不及，如座谈会桌上的话梅蜜饯和可口可乐都被说成了"会上火"的危险品而无人问津。后面的跟进研究也证实了这一点，可乐在温州等地销售始终低落。最后可口可乐与百事可乐几乎放弃了该市场，一般都不进行广告投放。虽然这些观念可能并没有科学依据，但这就是浙南消费者头脑中的观念，这是需要关注的"重大事实"。

消费者的这些认知和购买消费行为均表明，消费者对红罐王老吉并无"治疗"要求，而是作为一种功能性饮料购买，购买红罐王老吉的真实动机是用于预防上火，如希望在品尝烧烤时减少上火情况发生等，真正上火以后可能会采用药物，如牛黄解毒片治疗。

再进一步研究消费者对竞争对手的看法，则发现红罐王老吉的直接竞争对手，如菊花茶、清凉茶等，由于缺乏品牌推广，仅仅是以低价渗透市场，并未占据"预防上火的饮料"的定位。而可乐、茶饮料、果汁饮料、水等明显不具备"预防上火"的功能，仅仅是间接的竞争。

其实，任何一个品牌想在市场中占据某一强势地位，必须有最核心的竞争力。如可口可乐说"正宗的可乐"，是因为它就是可乐的发明者。研究人员对企业、产品在消费者心目中的认知进行了研究，结果表明，红罐王老吉的"凉茶始祖"身份、神秘中草药配方、175年的历史等，显然是有能力占据"预防上火的饮料"这一市场空间的。

由于"预防上火"是消费者购买红罐王老吉的真实动机，自然有利于巩固加强原有市场。而能否满足企业对于"进军全国市场"的期望，则成为研究的下一步工作。通过文献资料、专家访谈等研究表明，中国几千年的中医概念"清热祛火"在全国广为普及，"上火"的概念也在各地深入人心，这就使红罐王老吉突破了凉茶概念的地域局限。研究人员认为："做好了这个宣传概念的转移，只要有中国人的地方，红罐王老吉就能活下去。"

至此，广告调研基本完成。在研究一个多月后，调研公司向加多宝提交了研究报告，首先明确红罐王老吉是在"饮料"行业中竞争，竞争对手应是其他饮料；"预防上火的饮料"独特的价值在于——喝红罐王老吉能预防上火，让消费者无忧地尽情享受生活。

红罐王老吉的销售额也从 2001 年的 1.8 亿元增长到 2007 年的 90 亿元。因此说，没有调研就没有发言权，市场中只有找不准的需求，没有卖不出去的产品。红罐王老吉找准市场位置取得成功的事例生动地说明了广告调研的重要性。

问题：通过该案例，请回答广告调查对营销成功的重要性。

 【广告巨擘】杰克·特劳特

第四章

广告战略

企划广告时，就该想到如何销售。

——李奥·贝纳

- 掌握广告战略的含义及基本内容；
- 掌握广告战略策划的程序；
- 了解广告战略目标的分类及确定过程。

- 能根据所学知识从不同角度进行广告战略的设计。

广告战略　市场渗透　品牌战略　形象战略

世界小商品之都——义乌

义乌，古称乌伤，迄今已有2 200多年的历史，山川秀美、物华天宝、文教昌盛。义乌小商品市场现拥有经营面积达640万平方米的7.5万个商铺，汇聚了26个大类、210多万种商品，带动了2 000万人就业，每年吸引超过50万境外客商在此采购，商品辐射219个国家和地区，成为小商品的海洋、购物者的天堂，被联合国、世界银行、摩根士丹利公司等世界权威机构认定为"全球最大的小商品批发市场"。义乌还是我国重要的国际陆港城，拥有全球最大的商品交易市场、全球重要的物流基地、国际物流始发港和目的港、国际航空口岸、国际邮件互换局，保税物流中心、独立海关、商检等机构一应俱全。

（资料来源：2020 年第 12 届全国大学生广告艺术大赛）

任务要求：请根据以上情况，以大学生、国内外旅游爱好者、青年创业者为目标群体，对 2020 年度义乌品牌形象传播进行广告战略策划。

第一节　广告战略概述

对于广告策划运作而言，要有针对性地形成一个广告策略，以保证整个广告策划运作有机地运行，必须确定自己的任务，即建立广告目标，同时还需要对广告活动进行调控和管理，以及对广告效果的监测和评价。为此，必须首先确定广告战略策划。

一、广告战略策划的概念

战略是一个军事术语，是指导战争全局的计划和策略（《现代汉语词典》），泛指重大的、带有全局性的决定性的计谋（《辞海》）。

广告战略指在一定时期内指导广告活动的带有全局性的宏观谋略。它有别于广告策略，广告策略是为实现广告战略任务而采取的手段或方法，策略是服务于战略的。战略一般相对稳定，而策略具有较大的灵活性；战略反映全局，而策略反映局部。

二、广告战略的作用和分类

（一）广告战略的作用

广告战略是广告策划的中心，是决定广告活动成败的关键。一方面，广告战略是企业营销战略在广告活动中的体现；另一方面，广告战略又是广告策划活动的纲领，它对广告推进程序策划、广告媒体策划、广告创意等都具有统帅的作用和指导意义。

★案　例

2015 年，华为新一轮企业形象广告亮相，共有三幅图：一个画面是瓦格尼亚人在刚果博约马瀑布附近捕鱼的瞬间；另一个呈现的是欧洲核子研究中心发现"上帝粒子"——希格斯玻色子；还有一个是女飞人乔伊娜微笑冲过终点的瞬间。三幅广告讲的是厚积薄发的三重含义，但更深层次来看，这也可以说是任正非的三大方法论。

第一张，用瓦格尼亚人古老的捕鱼方法来形象地表达华为的思想：聚焦于大数据洪流中的战略性机会，不在非战略机会点上消耗战略竞争力量，如图 4-1 所示。

图 4-1　华为广告：在激流中抓住货真价实的鱼

第二张，希格斯玻色子寓意最为深刻，自然界的"上帝粒子"是在宇宙诞生之初存在的，要寻找它就必须人工还原宇宙大爆炸时的场景。为此，欧洲核子研究中心投资 90 亿美元打造了世界最大实验项目——大型强子对撞机。经过近万名科学家几十年的努力，于2012 年宣布成功发现"上帝粒子"。上帝粒子的发现有助于解释恒星、行星和人类存在的原因，被认为是现代物理学最重大的发现之一。科学发明、科技创新、改变人类命运，这是科学家毕生的追求，就算没有最后的成果，但过程中的发现也会给为后人铺路，共同推动未来。华为有这样的大目标，当然更希望把这一信念传递给产业界。勇于付出，才有可能带来偶然的伟大变革，但如果连付出都没有，所谓的改变只能是空中楼阁，如图 4-2 所示。

图 4-2　华为广告：希格斯玻色子

第三张，女飞人乔伊娜微笑冲过终点是布鞋、芭蕾之脚的精神延续——华为人挥洒青春汗水、持续艰苦奋斗，为实现未来信息社会的突破而不懈努力，如图 4-3 所示。

图 4-3　华为广告：女飞人乔伊娜微笑冲过终点

华为通过三幅厚积薄发系列广告揭开了其成功之道，即坚持战略聚焦、持续战略投入、不断实现战略突破。

（二）广告战略的分类

广告战略可以按内容、种类、时间、媒介数量的不同进行划分。

1. 按广告战略内容划分

从广告战略的内容上，可分为战略目标、战略方案及战略预算。

广告战略目标，是一种预期的目标，指在规划期间，通过广告战略的实施所要达到的预期广告效果。

广告战略方案，包括基本策略（营销策略）、信息策略、媒介策略。

广告战略预算，指的是某段特定时间内所计划推行活动的费用指标。广告预算是为推行整个广告战略活动的预估费用。

2. 按种类划分

按种类划分，可分为企业广告战略和产品广告战略。

企业广告战略，旨在树立企业的形象，或先进、有实力，地位稳固，给人以可信、可靠的印象；或是渲染厂家为之奋斗的不是最大利润，而是为社会进步、为人类幸福的崇高目标，使企业给人好感。

产品广告战略，旨在树立产品的形象，或产品创新，合乎"生活潮流"；或产品先进，满足人们的"智能欲望"，给人以有关时代潮流与时代科学的"新知识"，从而给人一种关于广告"走在时代思潮前面"的好印象；或突出产品的特异功效，使该产品与同类产品有明显的区别；或宣传其产品价格低廉。

3. 按时间划分

按时间划分，可分为短期广告战略和长期广告战略。

短期广告战略，在有限的市场上，推销某一具体产品所进行的、为期较短的广告活动。这种战略适用于新产品投入市场前后，采取突出性的广告攻势，便于在短时间内集中优势迅速造成声势。

长期广告战略，在于树立企业形象或为打开与拓展某一商品市场所进行的、为期较长（数年乃至数十年）的广告活动，多数强调广告目标的一致性与连贯性。

4. 按媒介数量划分

按媒介数量划分，可分为单个媒介战略和组合媒介战略。

单个媒介战略，企业使用过多种广告媒介后，发现其中一种媒介的效果较好，或是经过调查分析选出最合适的一种广告媒介。然后在一定的时期内，只集中使用这个广告媒介进行宣传。

组合媒介战略，就是在同一时期内用多种广告媒介发布创意基本相同的广告，以便增加消费者接触广告的机会，造成一定的声势。但在运用组合媒介时，也应确定其中一种为主要媒介，其他媒介作为补充，并应制定各种媒介之间最佳的配合方案。如采用哪几种媒介，各种媒介发布的先后顺序，发布的时间安排和次数等。

三、广告战略的特征

全局性、指导性、对抗性、目标性和稳定性是广告战略基本特征。

（1）全局性。广告战略研究广告活动整体上如何与企业营销目标相适应，并控制、把握广告的总体目标，着眼于广告活动的全部环节。

（2）指导性。在广告策划过程中，广告推进程序策划、广告媒体策划都是操作性、实践性极强的环节。而广告战略策划所要解决的是整体广告策划的指导思想和方针的问题，它对广告策划的实践性环节提供了宏观指导，能使广告活动有的放矢，有章可循。

（3）对抗性。广告是商品经济的产物，商品经济的显著特征之一就是竞争。因而广告战略策划必须考虑竞争因素，针对主要竞争对手的广告意图，确定针对性强的抗衡对策，所谓"知己知彼"，体现的就是对抗性。

（4）目标性。广告活动总是有着明确的目标的。广告战略策划要解决广告活动中的主要矛盾，以保证广告目标的实现。因此，广告战略策划不能脱离广告目标这一中心。

（5）稳定性。广告战略在市场调查的基础上，经过分析研究制定的，对整个广告活动具有牵一发而动全身的指导作用，在一定时期内具有相对的稳定性，没有充分的理由和迫不得已的原因，不能随便改变。

四、广告战略程序

（一）确定广告战略指导思想

对广告预期达到的效果心中有数，关键是确定广告战略指导思想。一般来讲，主要有以下几种思想观念。

1. 积极进取观念

积极进取观念对广告的作用相当重要。持这种思想的企业大多在市场上尚未占有领导地位，但它却具有较强的竞争实力。因此，他们希望通过积极的广告宣传向处于领导地位的竞争对手发起进攻，扩大自己的影响，积极夺取市场领导者的地位。此外，进取的思想也较多地出现于企业在推广新产品和开拓新市场的过程之中。

例如，奔驰 CLA 系列拍摄了一支奇幻的广告片 *Forever Young*：一个上班族青年某天突然在家里看到了 16 岁的自己，上演了一段穿越时空的自我对话。影片表达了就算现实总要打败理想，但人生的规则掌握在自己手里的主题，对奔驰 CAL 的产品精神作出了很好的诠释。

2. 高效集中的观念

高效集中的观念重视广告近期效益，以集中的广告投放和大规模的广告宣传在某一市场或某一段时间内形成绝对的广告竞争优势，以求短期内集中有效。持这种观念的企业，一般具有较强的经济实力，能达到集中投资、及时见效的目的。

3. 长期渗透观念

持长期渗透观念的策划者特别注重广告的长期效应，在广告战略中强调"持之以恒，潜移默化，逐步渗透"。持这种观念的企业一般面临的市场竞争比较激烈，产品的生命周期较长，企业要在广告宣传上及时奏效困难很大，需要花费较长的时间、付出较高的代价。所以企业往往采取长期渗透的战略，逐步建立企业目标市场上的竞争优势。

4. 稳健持重的观念

持稳健持重观念的广告战略策划者对广告的作用也比较重视，但在思想和行为上却体现为慎重，一般不轻易改变自己的战略方针。主要以维持企业的现有市场地位和既得利益为目标，很少有进一步扩张的要求。其战略姿态往往是防御型的，以抵御竞争对手的进攻为主。持稳重持重观念的企业一般有两种：一种是已经处于市场领导地位，因对使自己获得成功的传统手法充满信心而持之；另一种是受主客观因素制约，一时无力开展积极竞争而不得已而持之。

5. 消极保守的观念

持消极保守观念的广告战略策划者对广告的作用不很重视。在思想和行动上较为消极、被动，广告活动的主要目标在于推销产品，一旦销路打开就停止广告宣传。持消极保守观念的企业要么是缺乏市场营销意识，不懂得广告战略作用的；要么是在市场上居于垄断地位或由于市场环境的原因（如计划经济条件下）而缺少外在竞争压力的。

（二）分析环境，明确广告战略目标

环境分析包括对内部环境和外部环境的分析。

内部环境分析，主要是对产品和企业进行分析。对产品的分析包括对产品本身、产品供求关系、产品方案的分析。对企业的分析包括对企业规模、企业观念、企业文化的分析。

外部环境分析又包括对市场环境、消费者和竞争对手的分析。

（1）市场环境分析，主要包括市场分割情况、市场竞争情况、生产资料和消费品可供量、消费品购买力的组成情况、消费者对市场的基本期望和要求的分析。通过对市场环境的分析，能为确定目标市场、制定成功的广告策略提供可靠的依据。

（2）消费者分析，主要分析消费者的风俗习惯、生活方式，不同类型的消费者的性别、年龄、职业、收入水平、购买能力，以及对产品、商标和广告的认识态度。

（3）竞争对手分析，主要是分析竞争对手的数目、信誉、优势、缺点及产品情况。要在众多竞争对手中找出最具威胁性的竞争对手，并对主要竞争对手的优缺点进行比较，避其长，攻其短。还要对竞争对手的产品质量、特点、品种、规格、包装、价格、服务方式了如指掌，使广告战略的确定更具有针对性。

通过对外部环境的分析，能找出其中的问题与机会，从而利用有利因素，克服不利因素，制定出正确的广告战略。

（三）确定广告战略任务

广告战略任务主要涉及确定广告内容、广告目标受众、广告效果等项任务。

1. 确定广告内容，即解决"宣传什么"的问题

在一定时期的广告活动中，要对广告内容加以选择，确定出主要内容。如以宣传企业为主，还是以宣传产品为主。如果以宣传产品为主，还要进一步确定是以宣传品牌为主、宣传质量为主，还是宣传功能为主。

另外，在一定时期内的广告活动中，广告内容并非自始至终保持不变。可以根据不同发展阶段，确定不同的广告内容。比如：产品刚上市时，可以以宣传品牌为主；产品已为人所知后，可以改为以宣传功能为主；在市场竞争激烈时，则应以宣传质量或服务为主。

2. 确定目标受众，即解决"向谁宣传"的问题

广告目标受众是指广告的主要接收者。广告接收者虽属"广而告之"的对象，但对企业来说，广告的效果并不体现在社会上的所有人，而只体现在与其产品有关的部分受众身上。因而，广告策划人只有明确了广告宣传的目标受众，才能根据目标受众的社会心理特征来采用符合其关心点的广告策略，从而最大限度地贴近消费者的需求，提高广告宣传的实际效果。

3. 确定广告效果，即解决"宣传的效果如何"的问题

在广告战略思想中已经明确了广告的主要目标，但那是比较抽象的。在广告宏观战略的制定中，应将此目标体现为一系列衡量广告效果的量化指标，如销售额增长的百分比，市场占有率的提高幅度，企业形象的衡量指标等。有了这样的量化指标体系，才可能对广告的战略效果进行评估，才能将广告战略付诸实施。

（四）确定广告策略

广告策略是执行过程中具体环节的运筹和谋划，是实现广告战略的措施和手段。广告策略具有多样性、针对性、灵活性、具体性的特点。因此广告策略的确定，不仅要依据广告战略，同时还必须结合时间、地域、产品、市场方面的策略。

（1）时间方面：广告时限策略、广告时序策略、广告频次策略。

（2）地域方面：全球市场策略、地区市场策略、目标市场策略。

（3）产品方面：生命周期广告策略、产品系列广告策略、产品好处广告策略。

（4）市场方面：目标市场广告策略、市场渗透广告策略、市场开发广告策略、无差别市场广告策略、差别化市场广告策略、密集型市场广告策略。

第二节 广告战略目标

一、广告战略目标的概念

广告战略目标是广告活动所要达到的预期目的，重在揭示行为、活动方向。作为广告活动的总体要求，广告战略目标规定着广告活动的总任务，决定着广告活动的行动和发展方向。要有效地确立广告战略目标，首先必须了解广告战略目标与营销目标、广告指标、广告效果之间的联系与区别。

（一）广告战略目标与营销目标

首先，出发点不同。营销目标的基本点是销售额与利润；而广告目标则代表了对目标顾

客传达销售信息并达到某种传播效果的标准。认定营销目标的具体标准是销售金额和利润值；而广告目标则是以公司及产品在消费者中知名度的提升、态度或观念的转变及最终的消费行为来认定的。

其次，即时效果与延时效果也不一致。营销目标往往以单一的时间段为衡量标准，如企业根据产品销售和财务核算确定一个月或一年为一个周期。而广告在一般情况下都有一个迁延特性，这个迁延特性包括两方面含意：其一是广告费用的投入一般情况下并不是立竿见影，大多数广告效果的显现要在广告投放相当长时间之后才有所表露；其二是广告作为一种对消费者心理及观念的影响，它的有效性往往会持续相当长时间，即使在广告活动结束之后，仍旧在消费者中存在着以往广告活动的影响。

（二）广告战略目标与广告指标

广告指标指广告活动效果的数量、质量等方面的计量标准。如企业广告战略目标是扩大销售、增加利润，其广告指标就在数量上有具体规定，如销售额增长 20%、利润增长 18%。两者的关系是：广告战略目标包括广告指标，后者是对前者的具体化和数量化；广告战略目标只有一个总目标或几个主要目标，广告指标是多种多样的，并且能考核。

（三）广告战略目标与广告效果

广告效果是广告作品通过广告媒体传播之后所产生的作用。广告效果一般表现为广告的经济效果、广告的心理效果、广告的社会效果。广告战略目标为广告活动的预定营销目标提供依据，而广告效果是广告活动实际达到的目的。

二、广告战略目标的类型

（一）按内容划分

1. 产品推广目标

确定产品推广目标旨在扩大产品的影响，希望通过一个阶段的广告活动使企业的产品被目标市场的消费者接受。一般注重产品知名度与美誉度的提高，注意广告的覆盖面和目标市场消费者对广告的接受率，较适用于企业新产品的宣传。

2. 市场扩展目标

确定市场扩展目标旨在拓展新的市场，希望通过一个阶段的广告活动使一批新的消费者加入本企业产品的消费行列。一般注重在新的消费群体中树立产品或企业形象，注重改变这些消费者的消费观念，该目标具有较强的竞争性和挑战性。

3. 销售增长目标

销售增长目标，希望通过一个阶段的广告活动使企业的总销售额或某一类产品的销售额增长到一定的程度。一般注重对消费者购买欲望的刺激，通常适用于在市场上已有一定影响力和销路的产品。

4. 企业形象目标

确定企业形象目标旨在扩大企业的影响，希望通过一个阶段的广告活动提高企业的知名度和美誉度，或提供某种服务，以显示企业对社会和大众的关注。注重同目标市场消费者之间的信息和情感沟通，努力增强目标市场消费者对企业的好感，建立良好的公共关系。

（二）按阶段划分

1. 创牌广告目标

创牌广告目标，一般着重于开发新产品、开拓新市场。在广告活动中，着重宣传新产品的性能、特点和功效，以提高消费者对产品商标、厂牌的认识、理解、记忆程度，加深对产品的印象，从而提高产品的知名度。

2. 竞争广告目标

竞争广告目标在于提高产品的市场竞争力。在广告活动中，把重点放在突出广告产品与同类产品相比较而存在的优异之处，并努力转变消费者对竞争产品的偏好态度，促使其购买和使用广告产品。

3. 保牌广告目标

广告活动中，保牌广告目标致力于加深对产品的认识，着重劝说和诱导消费者保持对产品已有的好感和偏爱，增加对产品的信心和信任，促使消费者保持对产品的购买习惯。

（三）按效果划分

1. 广告促销目标

广告促销目标指广告活动所要达到的促销指标，它主要指具体的利润增长率、销售增长率、市场占有率等内容。

2. 广告传播目标

广告传播目标指广告活动所要达到的心理指标，它包括对广告信息的视听率、读者率和注意、理解、记忆、反应等内容。

此外，还可以按重要程度把广告战略目标分为主要目标和次要目标。按不同层次，把广告战略目标分为总目标和分目标等。

三、广告战略目标的确定

广告战略目标的确定，不能以僵硬的方式，进行教条化操作，一定要结合企业产品、市场竞争等具体情况进行判断。再进一步，广告策划者要把这一选定的目标尽量地加以具体化、数字化，力求准确表述，以便有针对性地确定策略。

（一）分析影响广告目标确定的因素

1. 经营战略

经营战略决定了广告目标，如经营战略是长期渗透战略，那么广告战略目标就要有长期目标和为了实现长期目标而确定的各阶段的短期目标，采用持久的广告手段和多种广告形式宣传企业和产品形象。

2. 商品供求状况及生命周期

在商品供不应求条件下，一般应把目标定在进一步巩固企业与品牌形象上；在供过于求的情况下，应针对产品滞销的主要原因来确定广告目标；在供求平衡的情况下，广告一般把目标定在产品的促销上。在商品生命周期的不同阶段，广告目标也有所不同：成长期，主要传播产品信息；成熟期，保证已有的市场份额；衰退期，延长产品的生命周期。

3. 市场环境

处在不同市场环境下，广告战略目标不同：处在寡头垄断的市场情况下，广告如何为品牌定位是关键问题，广告目标一般应围绕品牌定位而确定；处在垄断性竞争市场情况下，市场定位空隙大，具有分散性特点，广告目标主要放在提高企业或商品知名度上；处在完全竞争市场情况下，人员推销占重要位置，广告推销主要是辅助人员推销，广告目标可放在辅助推销上。

4. 广告对象

广告并不是决定商品销售的唯一因素，因此，可以从广告对象角度来确定广告目标，较为合理的做法是以产品的认知度、广告的回想率、品牌的知名度和消费者行为态度的转变作为广告活动的目标。很多学者研究过广告是如何影响广告对象的问题，比较有影响的有科利的广告传播四阶段理论（知名、了解、信服、行动）、莱维和斯坦纳的从知名到行动发展模式、沃恩的层级模式。

（二）确定明确的广告目标

1. 心理性目标

（1）将产品新的使用途径或服务及新的构思传达给消费者。

（2）产品必须与消费者能得到的最大利益联系起来。

（3）告诉消费者使用该产品不会产生任何厌烦。

（4）将产品与消费者广泛认可的人物或符号联系起来，如明星广告。

（5）将产品与消费者共有的心愿或理想联系起来。

（6）将产品与一种独特的东西联系起来。

（7）促使消费者回想起先前有过的经验。

（8）表明该产品或服务如何满足基本需求。

（9）利用消费者的潜意识需求，如汽车广告、服装广告。

（10）要改变消费者原有态度。

2. 行动性目标

（1）鼓励消费者增加使用的次数。

（2）鼓励消费者增加更换产品的频率。

（3）劝说消费者购买非时令产品。

（4）鼓励消费者试用某一产品的代用品。

（5）感动一个人，让其影响他人购买。

（6）向消费者推荐试用品。

（7）让消费者点名购买该产品。

（8）采取试样和其他咨询形式。

（9）欢迎消费者来商店了解详情。

3. 企业性目标

（1）表明公司富有公众意识。

（2）搞好内部员工间的关系，如航空公司广告。

（3）增加股东对公司的信赖。

（4）使大众理解公司是行业先锋。

（5）吸引从业人员，如求职广告。

（6）表明公司产品和服务范围广泛。

4. 营销性目标

（1）刺激对该产品的基础性需求。

（2）确立对该产品的选择性需求。

（3）激发公司销售人员工作热情。

（4）鼓励商家扩大公司产品销售。

（5）扩大公司产品的销售网络。

显然，这四种广告目标，使得广告运动的目标更加具体、确切。它甚至作为一种策略性指导已经直接涉及广告创意的要求。事实上，还可以罗列许多具体要求，每一种要求都与广告抵达效果相统一。

如果对这些目标加以归纳，就可以发现它们的产生大抵出自三种方式，而这三种方式也就是通常设定广告目标的方法。

（1）以产品销售来确定广告目标，即按照销售量和销售比例来提出广告传播目标。这种方法简单、容易，为许多公司所采用。但不足之处是在许多情况下销售和广告难以一致。

（2）以消费者行为来确定广告目标，由于销售量在很多时候无法判断广告好坏，只有以消费者的行为来判定，即通过广告活动，能达到多少消费者行为的变化。

（3）以媒介沟通效果来设定广告目标，主要是从媒介传播和消费者接受的角度，来认定广告在信息传达和沟通之中，究竟起到了多大作用。还可以用定量方式设定出广告通过媒介运作可能达到的顾客接受程度等。

必须注意的是，诸多关于广告目标的认识，都具有集中、单纯的鲜明特点，这就不仅仅使广告目标更加突出，而且也便于量化处理。这一点恰恰是现代广告运作中对广告目标的一个明确要求。

第三节 广告战略方案

一、市场广告战略

市场广告战略可以以不同市场划分来进行分类市场广告战略，这样有利于广告传播的针对性。

(一) 按广告目标市场的特点划分

按广告目标市场的特点可分为同质市场、异质市场、集中市场的广告战略。

同质市场广告战略就是企业面对整个市场，通过广告媒体做同一主题内容的广告宣传。

异质市场广告战略是企业在一定时期内，针对细分的不同目标市场，运用不同的广告内容，针对不同的消费人群进行广告宣传。

集中市场广告战略指企业把广告宣传的力量集中在已细分的一个或几个目标市场的战略。

(二) 根据市场状况划分

市场广告战略根据市场状况的不同可分为目标市场广告战略、市场渗透广告战略或市场开发广告战略。

1. 目标市场广告战略

目标市场广告战略是企业把广告宣传的重点集中在目标市场上的一种广告战略，这种广告战略必须反映目标市场的特点，表现不同市场层面和层次的差别。目标市场广告战略主要有两种类型：一种是整体性市场广告战略，即以整体市场为目标市场，仅推出一种产品，使用一种市场广告战略，其关键是在较大的市场中占有较大的份额；另一种是集中性市场战略，即将广告力量集中对准细分市场中的特定市场，争取在较小的细分市场中占有较大的份额。

2. 市场渗透广告战略

市场渗透广告战略是一种巩固原有市场，并采取稳扎稳打的方式逐渐开辟新市场的战略，它主要包括以下两方面的内容。

第一，尽可能挖掘原有老主顾的购买潜力，稳定原有的消费者，保持老顾客购买老产品的数量。这些消费者对老产品的性能比较了解和信赖，在一定条件下形成了习惯性购买行为，要想办法力争让原有的消费者更多地购买原有产品。

第二，在稳定原有市场占有率的基础上，大力发展利用原有的产品及市场去争取更多的消费者，开辟新的市场，从同行业竞争对手的市场范围内把消费者争取过来。这就要求企业不断扩大自身产品的销售范围，以产品的独特优势击败竞争对手。要做到这一点，就必须抓好老产品的更新，新产品的开发，发挥原有市场的优势，争取潜在消费者，把产品卖给新客户，努力使潜在的消费者变为现实的消费者。一般跨地区、跨国家经营的商品，可考虑采用这种广告战略。一是它能最大限度地合理使用广告资金，二是它能利用成熟市场对新市场的号召力，使商品在跨市场间的流动更合理，而且能够减少促销成本。

3. 市场开发广告战略

市场开发广告战略是指企业在原有的市场基础上，巩固产品占有率，同时将未改变的原有产品打入新市场的战略。通常把这种市场开发战略作为"现有的产品"与"待开拓市场"的组合方式，这一战略的实质是向市场"广度"进军。

二、企业形象广告战略

采用企业形象广告战略，是为了提高企业的知名度和美誉度。提高企业知名度的广告战略，要注重广告受众对企业的初识度、清晰度和记忆度。例如，某企业通过一次广告活动，如果目标市场上有30%的人初识广告主体的话，那么包括以前对广告主体有清晰了解的人不少于20%，而能有效记忆广告主体的人会不少于10%。这是通过广告来提高受众对企业的初识度、清晰度和记忆度，进而提高企业的知名度。

提高企业美誉度的广告战略，要注重广告受众对广告主体的认识度、品牌识别度和市场忠诚度。侧重于消费者对企业的好感和信任，在消费者心中树立企业的良好形象，从而对产品的销售起到间接的推动作用。如耐克在新冠疫情期间发布了一支广告，向那些受疫情影响仍然坚持运动的人们致敬，还在社交软件上发布了一张"Play inside，play for the world"系列海报，鼓励人们在家里锻炼。

三、产品形象广告战略

产品形象广告战略是以推销产品为目的，向消费者提供产品信息，劝说消费者购买其产品的广告战略。一般说来，产品形象广告战略的重点是宣传该产品独有的特点、功能，以及给消费者带来的好处等。产品形象广告战略又可分为品牌战略、差别战略。

1. 品牌战略

从现代广告学的角度来看，商品生产者、商品经营者及商品的消费者是以不同的牌子来区别商品质量、性能、用途的。所以在广告传播中，可传递名牌商品，以名牌商品的知名度扩大企业的知名度。名牌产品还可以带动非名牌产品的销售。这种战略的优点是计划性强，立足于眼前，着眼于未来，将名牌产品的销售优势带到非名牌产品中，进而带动非名牌产品的销售，提高企业的知名度。

2. 差别战略

广告形象差别战略是在广告活动中侧重宣传广告产品的特点，强调产品差别的广告战略。采用这种广告战略可以从该产品与同类产品的差别入手进行广告宣传。如果产品质优，可侧重宣传产品的质量优势；产品独特，可侧重宣传产品的与众不同；产品新潮，可侧重宣传产品体现了时代潮流。采用产品差别广告战略还可以通过宣传产品在原材料上、设计上、性能上、价格上的优势来劝说消费者购买，从而占领市场。

四、时空性广告战略

时空性广告战略也就是人们常说的时间性广告与区域性广告战略的统称。

（一）时间性广告战略

时间性广告战略是按广告从第一次传播到结束期间的时间长短来划分的广告战略。它可分为长期广告战略、中期广告战略和短期广告战略。

1. 长期广告战略

长期广告战略是指持续周期在两年以上的广告宣传战略。采用长期广告战略，着眼点不是眼前，而是未来，着眼于开拓市场、打开产品销路、提高产品知名度、树立企业良好形象。因而，长期广告战略要注重全局性、系统性和深远性，强调广告目标的长期性和连贯性。例如，天津手表厂对多项体育活动的赞助，对推销海鸥表不会产生近期效果，但从长远看来，对提高海鸥表的知名度，树立企业和产品形象具有长远的意义。

2. 中期广告战略

中期广告战略，也称年度广告战略，指对广告内容作为期一年的宣传的广告战略。采用这种广告战略，要在计划时间之内反复针对目标市场传递广告信息，持续地加深消费者对商品或企业的印象，保持消费者头脑中的记忆度，努力发掘潜在市场，提高商品知名度，促使消费者重复购买。一般说来，中期广告战略通常作用于时间性、季节性不强的产品。采用中期广告战略，要注意产品的实际销售效果，同时也应兼顾品牌的知名度，还要考虑到一年时间内广告频度的安排，力求适当有变化，疏密有致。

3. 短期广告战略

短期广告战略是指在有限的市场上，较短的时间内（月份、季度）推销某一产品的广告战略。一般说来，短期广告战略适用于新产品或时令性较强的产品。

新产品刚投入市场时，要对准目标市场进行短期突击性的广告宣传。它有利于集中优势抢占上风，在短期内迅速制造声势，扩大广告影响，收到迅速提高商品销售额的效果。

一些季节性强的商品也适合采用短期广告战略。如季节性较强的电风扇、羽绒服、取暖器等商品就要根据商品随季节变化的规律，适时开展短期广告宣传活动，过早投放广告会造成广告费用浪费，过迟则延误时机而直接影响商品的销售，最好在销售旺季来临之前逐步推出广告，为旺季销售做好信息准备和心理准备，一旦销售旺季到来，广告宣传就迅速推向高潮，旺季一过，广告活动就可以结束。

（二）区域性广告战略

区域性广告战略是按照市场区域大小所实行的广告战略。一般可分为特定区域广告战略或全球广告战略。实际上它是市场战略的另一种表现形式，即以空间大小作为分类。

1. 特定区域广告战略

特定区域广告是指对某一国家、地区所做的广告。特定区域广告战略是根据特定地区的情况，对广告活动做统筹规划的广告战略。广告宣传可以根据不同地区的不同特点，确定不同的广告战略。如电视机广告，在经济发达地区，可宣传其功能齐全、款式新颖等信息；而在经济欠发达地区，则应当突出价廉物美、经久耐用等信息。

2. 全球广告战略

全球广告是指以国际市场作为目标市场的广告。全球广告战略是以世界市场为目标，对广告活动所作的世界范围内的、全局性的统筹谋划的广告战略。一般说来，全球性广告战略谋划深远，考虑全面，注重广告口号、广告风格、表现手法的一致性，以期在世界范围内塑造一个统一的产品形象或企业形象。

第四节　广告预算

一、广告预算的含义及意义

广告预算就是指在一定时期内，企业打算在广告宣传方面所投放的资金，它决定着企业在广告计划期内从事广告活动所需的经费总额、使用范围和使用方法，是企业广告活动得以顺利进行的保证。

广告预算在广告活动中具有很重要的现实意义，广告预算多了，则会造成浪费；广告预算少了，势必会影响必要的广告宣传活动，甚至影响整个销售环节，导致在竞争中处于不利地位。其具体意义体现在以下几个方面。

1. 使经费使用合理

广告预算的主要目的就是有计划地使用广告经费。广告预算对每一项活动、每一段时间、每一种媒体上应投入的费用都进行了合理分配，这就保证了广告经费的合理支出，避免不必要的浪费。

2. 提供广告活动的控制手段

广告预算是一个系统性的工程，它对广告费用的多少、如何分配、怎样分配都进行了明确的规划，这些规划又直接影响到广告的时空、广告的设计与制作、广告媒体的选择与使用等。这就为企业有效地对广告活动进行管理和控制提供了手段，保证广告目标与企业营销目标一致，以确保广告活动按计划进行。

3. 提供效果评价的指标

评价广告效果的主要标准是看广告活动在多大程度上实现了广告目标的要求，广告预算对广告费用的每项支出都进行了具体规定，这就为广告效果与广告费用的对比提供了依据。

二、广告预算的内容

（一）广告预算的内容

广告预算的内容主要包括广告活动中所需的各种费用，如市场调研费、广告设计费、广告制作费、广告媒介使用租金、广告机构办公费与人员工资等。依据不同的划分标准，可以把广告费划分为直接广告费和间接广告费、自营广告费与他营广告费、固定广告费和变动广告费。

1. 直接广告费与间接广告费

直接广告费是指直接用于广告活动的设计制作费用和媒介租金；间接广告费是企业广告部门的行政费用。在管理上，应当尽量压缩间接广告费，增加直接广告费的比例。

2. 自营广告费与他营广告费

自营广告费是指广告主本身所用的广告费，包括本企业的直接与间接广告费；他营广告费则是委托其他广告专业部门代理广告活动的一切费用，一般而言，他营广告费比自营广告费效益更好。

3. 固定广告费与变动广告费

固定广告费是自营广告的人员组织费用及其他管理费，这些费用开支在一定的时期内是相对固定的；变动广告费是因广告实施量的大小而起变化的费用，如随着数量、距离、面积、时间等各种因素的影响而变化的费用，变动广告费又因广告媒介不同分为递增广告费和递减广告费。递增广告费是随同广告实施量的增加而递增，递减广告费则相反，是反比例变化的，广告费用随广告实施量的增加而递减。

美国 *Printer's Ink* 杂志，将广告费分为白、灰、黑三色单，白色单是可支出的广告费，灰色单是考虑是否支出的广告费，黑色单是不得支出的广告费，如表4-1所示。

表4-1　三色单广告费明细

分　类	主要费用
白色单	报纸、杂志、电视、电台、电影、户外、POP、宣传品、DM、幻灯、招贴等广告媒体费
	美术、印刷、制版、照相、电台、电视设计等与广告有关的制作费
	广告部门薪金、广告部门事务费、顾问费、推销员支出、房租费，以及广告部门人员的工作旅行费
	广告材料运输费、邮费、橱窗展示安装费及其他杂费
灰色单	样本费、示范费、客户访问费、宣传卡用纸费、赠品、办公室报刊费、研究调查费
黑色单	社会慈善费、旅游费、包装费、广告部门以外消耗品费、潜在顾客招待费、从业人员福利费等

这里需注意：有的企业把公共关系与其他促销活动费也记入广告费之内是不合理的。如馈赠销售的馈赠品开支，有奖销售的奖品或奖金开支，推销员的名片，公司内部刊物等的开支费用，均不应列入广告费。

1983年，国家工商行政管理局和财政部在《关于企业广告费用开支问题的若干规定》中，就已明确将广告费列入企业销售成本中。因此，财务费用能否列入广告预算就变得更加重要。财务费用中，一般可以列入广告预算的费用有广告媒体费、广告设计制作费，广告调查研究费、广告部门行政费。

（1）广告媒体费主要指购买媒体的时间和空间的费用，占广告费用总额的80%~85%。

（2）广告设计制作费，主要包括广告设计人员的报酬、广告设计制作的材料费用、工艺费用、运输费用等，占广告费用总额的5%~15%。

（3）广告调查研究费，包括广告调研、咨询费用，购买统计部门和调研机构的资料所支付的费用，广告效果检测费用等，这一部分经费约占广告费用总额的5%。

（4）广告部门行政费，包括广告人员的工资、办公费、广告活动业务费、公关费，或与其他营销活动的协调费用等，占广告费用总额的2%~7%。

（二）广告预算的注意事项

广告预算是广告计划的核心组成部分，广告计划的实施需要广告预算的支持。很多企业是根据广告预算来确定广告计划的。但目前流行根据广告计划来确定广告预算，即在预计广告活动的规模之后，依据广告活动的费用要求来编制广告预算，可使企业能够主动地发动广告攻势，强有力地开拓市场与维持市场，进行产品的推销。但在实际中，只有少数大型企业才这么做。

怎样编制广告预算，预算多少广告费总额才算合理，至今仍无科学的、为大家所接受的计算标准。为了使广告预算符合广告计划的需要，在编制广告预算时可从如下四个方面考虑。

1. 预测

通过对市场变化趋势的预测、消费者需求预测、市场竞争性发展预测和市场环境的变化预测，对广告任务和目标提出具体的要求，确定相应的策略，从而较合理地确定广告预算总额。

2. 协调

把广告活动和市场营销活动结合起来，以取得更好的广告效果。同时，完善广告计划，实施媒介搭配组合，使各种广告活动紧密结合，有主有次，合理地分配广告费用。

3. 控制

根据广告计划的要求，合理地、有控制地使用广告费用，及时检查广告活动的进度，发现问题，及时调整广告计划。

4. 讲究效益

广告直接为商品销售服务，因此，要讲究广告效益，及时研究广告费的使用是否得当、有无浪费，及时调整广告预算计划，做到既合理地使用广告费，又保证广告效益。

（三）广告预算的编制程序

广告预算由一系列预测、规划、计算、协调等工作组成。广告预算的编制程序基本如下。

1. 确定广告投资的额度

通过分析企业的整体营销计划和企业的产品市场环境，提出广告投资的计算方法，以书面报告的形式上报主管人员，由主管人员进行决策。

2. 分析上一年度的销售额

广告预算一般一年进行一次。在对下一年度的广告活动进行预算时，应该先对上一年的销售额进行分析，了解上一年度的实际销售额是否符合上一年度的预测销售单位和预测销售额。由此分析，可以预测下一年度的实际销售情况，以便合理安排广告费用。

3. 分析广告产品的销售周期

大部分产品在一年的销售中，都会呈现出一定的周期变化，如在某月上升，某月下降，某月维持不变等。通过对销售周期的分析，可以为广告总预算提供依据，以确定不同生命周期的广告预算分配。

4. 广告预算的时间分配

根据前三项工作得出的结论，确定年度内广告经费的总分配方法，按季度、月份将广告费用的固定开支予以分配。

5. 广告的分类预算

在广告总预算的指导下，根据企业的实际情况，再将由时间分配上大致确定的广告费用分配到不同的产品、不同的地区、不同的媒体上。这是广告预算的具体展开环节。

6. 制定控制与评价标准

在完成上述广告费用的分配后，应立刻确定各项广告开支所要达到的效果，以及对每个时期每一项广告开支的记录方法。通过这些标准的制定，再结合广告效果评价工作，就可以对广告费用开支进行控制和评价了。

7. 确定机动经费的投入条件、时机、效果的评价方法

广告预算中除去绝大部分的固定开支外，还需要对一定比例的机动开支进行预算，如在什么情况下方可投入机动开支，机动开支如何与固定开支协调，怎样评价机动开支带来的效果等。

三、广告预算的方法

确定广告预算的方法目前为广告界采用的有数十种之多，常见的有四种：目标任务法、销售额百分比法、竞争对抗法和支出可能法。

（一）目标任务法

根据企业的营销战略和营销目标，具体确定广告规划和广告目标，再根据广告目标编制广告计划，确定企业的广告预算总额。

美国市场营销专家阿尔伯特·费雷（Albert Fery）将目标任务法的操作程序归纳为六个步骤：①确定企业在特定时间内要达到的营销目标。②确定企业潜在市场的基本特征：值得企业去争取的消费者对广告产品的知晓程度；消费者对广告产品的态度；现有的消费者购买

产品的情况。③分析潜在消费者对广告产品的态度变化及广告产品的销售量变化情况。④选择适当的媒体开展广告宣传，提高产品的知名度。⑤制定恰当的广告媒体策略，确定为达到既定广告目标所需要的广告暴露次数。⑥确定最低的广告费用。

目标任务法是在广告调研的基础上确定广告预算总额，它的科学性较强，但比较烦琐。在计算过程中，如果有一步计算不准确，最后得出的广告预算总额就会有较大的偏差。

（二）销售额百分比法

销售额百分比法是以一定期限内的销售额的一定比率预算广告费的方法。由于执行标准不同，又可细分为计划销售额百分比法、上年度销售额百分比法、平均销售额百分比法及计划销售增加额百分比法。销售额百分比法的计算公式为：

$$广告费用=销售总额×广告费用与销售总额的百分比$$

例如，某公司上年度的销售总额为 1 000 万元，今年拟投入的广告费用占销售总额的 4%，那么，今年的广告预算为：

$$广告费用=1 000×4\%=40（万元）$$

这种方法的优点是：计算简单，广告支出与产品销售状况直接挂钩，销售状况越好，广告费用也越高，企业不至于感到财务压力。但该方法也有很大缺陷，即因果倒置。广告活动目的是要创造消费，提高销售额，而不是以销售来决定广告。因此在广告实践中，这种方法很容易造成广告费用支出的机械性，当市场景气时，广告支出多；而当销售降低时，广告支出反而减少了，从而会进一步恶化市场形势。

（三）竞争对抗法

竞争对抗法是根据广告产品的竞争对手的广告费来确定本企业的广告预算。在这里，广告主明确地把广告当成了进行市场竞争的工具。其具体的计算方法又分市场占有率法和增减百分比法，其中增减百分比法计算出来的费用较大，应谨慎采用。

市场占有率法的计算公式为：

$$广告预算=（竞争对手广告费用/竞争对手市场占有率）×本企业预期市场占有率$$

增减百分比法的计算公式为：

$$广告预算=（1±竞争者广告费增减率）×上年本企业广告费$$

（四）支出可能法

支出可能法是根据企业的财务状况预算可能支出多少广告费的方法，适应于财力一般的企业。此法还要考虑市场供求出现变化时的应变因素。

四、影响广告预算的因素

编制广告预算时，除了确定广告费用的范围，明确广告预算的内容外，还必须了解有哪些影响因素。

（一）产品因素

大多数产品在市场上都要经过引入期、成长期、成熟期和衰退期四个阶段，处于不同阶段的同一产品，其广告预算有很大的差别。企业要在市场上推出一种新的产品，广告预算无疑要大一些，以使产品被大众接受。当产品进入成熟期，广告预算的费用则应稳定在一定的水平上，以保持产品的畅销状态。而一旦产品进入衰退期，广告费用将大幅消减。

（二）销售量与利润率因素

企业为了增加销售量，往往会采取增加广告投入的方式。一般情况下，广告费增加了，企业的销售量和利润也会相应地增长。反之，如果增加广告投入，销售量和利润却上不去，那么肯定会挫伤企业的积极性而减少广告投入，消减广告预算。因此，广告产品的销售量与利润因素也是影响广告预算的一个方面。

（三）竞争对手因素

广告是企业进行市场竞争的一个手段，广告预算也因而受到竞争对手的影响。与竞争对手之间的竞争，往往以广告宣传的形式表现出来。在一定程度上，广告的竞争就变为广告预算的竞争，即竞争对手增加广告预算，企业为与其抗衡，也会迅速作出反应。

（四）企业实力因素

广告预算的高低受企业的财力状况、技术水平、生产能力和人员素质的影响。如果企业规模大、实力强、产量高、资金雄厚，就可以把广告费预算定高些。反之，如果企业的资金和规模都比较小，则在编制广告预算时，应量力而行，不可盲目求大。

（五）消费者因素

消费者是市场的主体，也是广告宣传的受众，消费者的行为不仅影响市场的走向，也影响广告预算的制定。当消费者对某种商品反映较为冷淡时，企业应该加大广告宣传的力度，使消费者逐渐认识商品；当广告商品已被消费者认同，在消费者心目中有较高的地位时，企业可以适当地控制或减少广告预算的规模。

（六）媒体因素

不同的传播媒体有不同的广告受众、不同的广告效果和不同的媒体价格。一般来说，电视广告的费用最高，其次是报纸、广播和杂志，互联网上的广告费用相对较低。而电视和广播节目覆盖范围的大小、收视率的高低，报纸、杂志发行量的大小，以及这些媒体的权威性，最佳播出时间和最佳版面等不同，广告费用也有明显的差别。因此，在编制广告预算时，必然考虑媒体因素的影响。

影响广告预算的因素还有很多，诸如广告的制作水平、企业的声誉和形象、企业领导者的决策水平及社会经济发展水平等，它们对广告预算的影响程度不一，在此不再列出。

五、广告预算的分配

一般来说，广告预算的分配主要有以下几种方法。

（一）按广告时间分配

按广告时间分配指按照广告各项活动的时间安排，有所侧重地分配广告经费。它又可以分为下面两种情况。

（1）按广告活动期限分配经费。不同的广告活动，对时间长短有不同的要求。长期的广告活动，有年度广告经费的分配；中短期的广告活动，则有季度、月度的广告经费的分配。

（2）按广告信息传播时机分配经费。许多产品的销售经常随着时间和季节的变化而变化，尤其是服装、空调、冰箱、热水器、冷饮等季节性产品。对这类产品能否合理地把握广告时机是抢占市场制高点的关键。因此，广告经费的分配要满足市场销售时机的要求。

（二）按市场区域分配

按市场区域分配指企业将整个目标市场分解成若干部分，而后按各个区域来分配广告经费。一般来说，广告经费在产品销售有基础的地区要比在新开发地区少，在人口密度大的地区要比在密度小的地区多，全国性市场的广告经费要大于地方性市场的广告经费。当然，由于各地区情况不同，企业在每一地区的广告目标也有所区别。因此，最基本的广告预算分配要以保证企业在该区预计实现的广告目标为基础，其最低界限不应少于维持产品在该区域竞争地位所需要的基本费用。

（三）按产品类别分配

按产品类别分配指在对产品组合进行评价分析之后，针对不同类型的产品分别确定相应的广告预算。不同的产品，由于其行业发展前景不同、市场占有率不同、市场竞争状况不同及产品所处生命周期不同，其销售潜力、利润水平和产品在企业产品体系中所处的地位也是不一样的，这就使得企业在分配广告经费时，应有所侧重，不能一视同仁。一般来说，广告预算的这种分配方法对企业的发展具有战略意义。

（四）按广告对象分配

按广告对象分配指企业按照广告计划中的不同广告对象，分别确定相应的广告预算。一般来说，以工商企业、社会团体用户为对象的广告，可以分配较少的广告费；而以最终消费者为对象的广告，其广告预算费用占比应较大。

（五）按传播媒体分配

按传播媒体分配就是根据广告计划所选择的广告媒体及媒体刊播频次计划，分配广告经费。这种预算分配的目的在于使用综合的传播媒体来实现广告规划所预期的信息传播范围和效果。这种分配方法一般有两种形式：其一，传播媒体之间的分配，即根据广告计划所选定的各种媒体进行广告费用的分配。其二，传播媒体之内的分配，即根据对同一媒体不同时期的广告需求来分配广告经费。

本章小结

广告战略策划是对整个广告活动指导思想、目的、原则的宏观运筹与谋划，对广告过程中的各个具体环节都有指导意义。广告战略的分类：按内容划分，可分为战略目标、战略方案及战略预算；按种类划分，可分为企业广告战略和产品广告战略；按时间划分，可分为短期广告战略和长期广告战略；按媒介数量划分，可分为单个媒介战略和组合媒介战略。广告战略有全局性、指导性、对抗性、目标性和稳定性特征。广告战略策划程序包括确定广告战略指导思想，分析环境、明确广告战略目标，确定广告战略任务，确定广告战略策略。

广告战略目标是广告活动所要达到的预期目的。广告战略目标与营销目标、广告指标、广告效果之间既有联系又与区别。广告战略目标按内容可分为产品推广目标、市场扩展目标、销售增长目标和企业形象目标；按阶段可划分为创牌广告目标、竞争广告目标和保牌广告目标；按效果可分为广告促销目标和广告传播目标。

广告战略方案包括市场广告战略、企业形象战略、产品形象战略及时空性广告战略。

广告预算指在一定时期内，企业打算在广告宣传方面所投放的资金。一般可以列入广告预算的费用有广告媒体费、广告设计制作费、广告调查研究费、广告部门行政费用。编制广告预算常见的有四种方法：目标任务法，销售百分比法，竞争对抗法和支出可能法。影响广告预算的因素主要包括产品、销售量与利润率、竞争对手、企业实力、消费者和媒体。广告预算可以按广告时间、市场区域、产品类别、广告对象和传播媒体进行分配。

复习思考题

1. 广告战略、策略、策划的含义各是什么？
2. 广告战略目标与广告指标有什么异同？
3. 广告战略策划的特征有哪些？
4. 如何开展广告战略策划？

【实训演练】

以 2020 第 12 届全国大学生广告艺术大赛命题"世界小商品之都——义乌"作为本次实训的研究对象，确定调研目的与内容，对该项目进行市场分析，确定广告战略并撰写广告策划方案。

策划书可参考以下示例。

××感冒药广告策划书

一、广告策划背景分析

（一）上一年度广告效果分析

上一年度是××感冒药首次面市，其首期广告重点是塑造良好的品牌形象，通过打出强有力的口号"××感冒药，保护您及家人健康"，逐渐扩大了××感冒药的知名度。

第二期广告主要是为了配合公司的经营方针和销售目标，以××感冒药为广告的主力商品，强调感冒不可忽视，不可拖延。根据"一有感冒征兆，便要立即采取行动"的治疗观点，本期广告的主题为"对付感冒病毒，下手要快、要准、要安全"，教育消费者树立正确防治感冒的观念及方法。经过调查发现，本期广告基本上达到了预期广告目标，获得良好的广告宣传效果。

（二）存在的问题

1. 根据市场调查及分析结果显示，感冒药的市场虽然较大，但因竞争品牌众多，各大品牌的广告投入大。表4-2列出了上一年度销售排名前四位的竞争品牌，此四类产品为××感冒药的强劲对手。

表4-2 ××感冒药的竞争品牌及广告投资比较表

竞争品牌名称	200×年销售额/元	年度销售排名	广告投资额/元
A. 感冒口服液		1	
B. 感冒清热颗粒		2	
C. 感冒胶囊		3	
D. 速效感冒药		4	

2. 根据对调查结果的统计分析，感冒药的销售量还会受季节因素的影响。任何一种感冒药要想在激烈的竞争中一直保持领先的地位和较高的市场占有率都非易事。

（三）产品机会点

通过对销售××感冒药的各大药店进行调查，结果显示：购买××感冒药的大多数消费者是指名购买，可见其在消费者心目中已经形成较高的可信度和品牌知名度。

据此，我们认为若能延续上一年度的广告主题，继续加强广告诉求，应不难在今后的感冒药市场中为××感冒药、××公司争取霸主地位。

所以我们建议，下一年度销售及广告的诉求重点应放在提高该药的指名购买率及衔接上一年度广告投资两个方面，并以××感冒药为主，配合销售时机对其独特销售主张进行有效的广告诉求。

二、广告定位

（一）广告商品

以××感冒药为主，并根据销售时机的需要给予弹性配合。

（二）广告目标

1. 提高消费者的指名购买率。

2. 提高药房工作人员的主动推荐率。

3. 强化产品的特性——镇痛、止痛，让患者免除痛苦，恢复健康，享受幸福人生。

4. 衔接上一年度的广告主题和投资。

（三）广告期限

200×年1月至12月。

（四）广告诉求区域

以城市、城镇为主。

（五）广告诉求对象

为更好地产生领导品牌效应，此次广告的诉求对象以城市中的白领、企事业单位职员为主。

三、广告宣传策略

（一）针对消费者方面

1. 为加深××感冒药的固有印象，可延用上一年度印刷媒体广告中的"××感冒药药博士"形象及"××感冒药，保护您及家人健康"的广告主题。

2. 上一年度的电视广告中若未出现"××感冒药药博士"这一形象，今后应于新拍的电视广告中加入这一形象，使之能与印刷媒体广告遥相呼应，让人一看到它就想到××感冒药。

3. 除正式大篇幅的广告外，在报纸、杂志等媒介上采用游击式的宣传策略，在一些生活报纸的分类广告版上不定期地刊登一些简明、醒目的小篇幅广告，以弥补大篇幅广告频次不够多的缺憾，同时还能节省大量的广告费用。

4. 制作印有产品独特销售主张的POP，悬挂于各大药店、药房，指导消费者在购买点的指名行为。

5. 为弥补大众传播媒介的不足，可制作双面贴广告张贴于出租车、公共汽车及其他公共场所，随时随地引起消费者的注意。

6. 制作小型月历卡片，广泛散发，赠送各界人士使用，可置于各大药店、药房、医院或各办公大楼服务台供人随意索取，也可夹于杂志内页赠送读者。

（二）针对药店方面

1. 召开经销商会议，参考竞争品牌对经销商、代理商的奖励办法，寻求鼓励经销商士气及提高其利润的方法。

2. 年中，评选优秀经销商，并向其赠送具有纪念性的奖品。

3. 年终，召集全国各省、各地区的优秀经销商、零售商参观公司所在地，聚餐、旅游，以增进企业与经销商之间的友谊，保持良好的合作关系。

4. 为促进与消费者之间的关系，制作精美实用的家庭备用急救箱，通过药店转赠给消费者。

四、广告主题策略及媒介运用策略

因本年广告旨在衔接上一年度的广告投资，向消费者传达××感冒药的整体、延续、统一的印象，提高消费者的指名购买率，所以本广告文案运用下列四种策略，以便针对不同的消费阶层采用不同的文案内容和传播媒介，做直接而有效的诉求。

（一）延续、衔接策略

1. 广告主题：××感冒药保护您，无痛、健康、快乐！

2. 广告诉求点：××感冒药的主要特色（与竞争品牌的差异性）。

3. 媒介运用：此为本年度整体广告的主题及诉求点，可运用电视、报纸、杂志及广播四大广告媒介。

（二）市场分化策略

1. 选定特殊的消费群体。市场分化策略，即针对不同的消费阶层和不同的需求场合，选定不同的对象，运用不同的媒体，进行直接有效的诉求。根据这一策略，我们从职业、生活等感冒易发场所的角度选定了下列三类消费者。

（1）工商企业白领、企事业单位职员。这类消费者的大多数人工作压力大、身体处于亚健康状态，易患感冒等病症。

（2）出租车司机。出租司机，开车时需要高度集中注意力，加之饮食没有规律，休息时间没有保证，这类人群很易患上感冒。

（3）一般易患感冒的大众消费者。

2. 撰写广告文案内容。在这一阶段，针对选定的消费者，对其职业或生活方面最感头痛的事拟定广告诉求标题，并进行描述，以引起这类人群的注意，而后给予开导，并向其提供一个良好的对策。在这种情况下，该感冒药的广告诉求，将会起到事半功倍的效果。

3. 媒介运用。以上针对不同消费群体的广告文案，应搭配合适的广告媒介，交互运用。

（1）针对工商企业白领人士，可选择《经济日报》、××电视台的经济频道等；

（2）针对一般大众，可选择××卫视的经济频道、经济广播电台等；

（3）针对司机，主要着重选择××交通广播电台。

（三）迂回策略

1. 广告策略说明。这一广告策略主要利用药店、医院的医师在患者心目中的权威，以迂回的方式提醒消费者乱服感冒药所产生的不良后果，强调特效、速效的药并非良药；同时，说明该感冒药不含剧药，不伤胃，无副作用，是止痛退热的最佳良药。

2. 广告文案标题可拟定为"敬告全国医师（药剂师）"。

3. 广告文案的内容：（略）。

4. 媒介运用策略。

（1）报纸、杂志广告。为了加深消费者对该感冒药的印象，以最经济实惠的方式，利用报纸最拥挤的分类版，将清爽的××感冒药广告稿穿插其间，或在《经济日报》的各版做插排广告，以弥补大篇幅广告播出频次低的缺失。

（2）在报纸、杂志上配合登出公益广告与商品广告，一则能吸引较大的注意力，最大限度地降低排斥心理；二则公益广告不用送卫生机构审查，限制少，易于发挥传播作用。

（3）电视广告，可采用两段式的做法，第一段先提醒大家预防感冒，第二段再推介感冒药。

（四）公益活动策略

在广告预算许可的情况下，可于感冒高发季节，推出一个以"预防感冒流行、传播"为主题的公益活动（类似于消防安全活动），该活动策划如下。

1. 活动持续时间：一个月。

2. 活动广告方式及媒介运用。

（1）请每家药店悬挂本活动的宣传挂旗。

（2）在报纸、杂志、电视、广播电台上刊播本次活动的公益广告，呼吁大家注意预防感冒，提示防范措施。仅于公益广告的一角轻描淡写地摆上××感冒药药博士形象及"××感冒药保护您，无痛、健康、快乐！"这句广告词。

五、广告媒介预算

（一）电视、广播费用预算（见表4-3）

表4-3　电视、广播费用预算表

电视媒介名称	媒介载体	广告频次	广告时段	收费情况	费用总额
××电视台	经济频道	每日2~3次	20：00—22：00		
	健康频道	每日2~3次	根据实际情况		
××卫视	经济频道	每日2~3次	20：00—22：00		
经济广播电台		每日2~3次	根据实际情况		
××交通广播电台		每日2~3次	根据实际情况		
健康之声电台		每日4~5次	根据实际情况		

（二）报纸费用预算（见表4-4）

表4-4　报纸费用预算表

报纸名称	发行量	覆盖地区	发行日期	半版/元	通栏/元	半通栏/元
经济日报	___万份	全国	日报			
健康报	___万份	国内（外）	周二至周五			
××晚报	___万份	国内（外）	周一至周日			

（三）杂志费用预算（见表4-5）

表4-5　杂志费用预算表

杂志名称	刊期	发行量	内页/元	插页/元
××杂志	月刊	___万册		
××杂志	双月刊	___万册		
××健康杂志	月刊	___万册		

（四）金额分配

本次广告预算的总体金额为____万元，其分配情况根据所确定的目标市场来进行，主要原则是专业媒体费用占____%、大众媒体费用占____%、销售点广告费用占____%，其他费用（包括设计费、出软片费、制版费、报批费及一些无法预知的费用）占____%。

【案例分析】

2020年5月，百事可乐推出新品"太汽"系列桂花味可乐，定位其为"百事之桂·国风之味"，邀请了演员邓伦、杨紫为产品代言。

邓伦、杨紫主演了2018热播剧《香蜜沉沉烬如霜》，剧中配对也备受观众追捧，但剧外两人并无商业合作。这两年二人的商业价值持续上升，百事在此时宣布两人同时担任代言人，引来观众热议。百事还邀请知名摄影师陈漫担任国风联合创意人，携手推出国风海报和

"气质大片"。新品上线后销量可观，两位代言人的单人礼盒不久就售罄，明星款也卖到下架。

　　问题：请从广告战略的角度对此广告作品进行评价。

【广告巨擘】唐·舒尔茨博士

第五章

广告创意

导入语

要吸引消费者的注意力，同时让他们来买你的产品，非要有很好的点子不可！除非你的广告有很好的创意，否则它就像在黑夜里行驶的一艘没有罗盘的轮船，很快就会被夜幕吞噬……

——大卫·麦肯兹·奥格威

知识目标

- 了解广告创意的概念及特征；
- 能够结合优秀广告作品领会到广告创意的原则；
- 理解广告创意理论，并将这些理论运用到实际工作中；
- 了解广告创意的工作流程；
- 认识广告创意的基本方法。

技能目标

- 能运用广告创意的原则对广告作品进行分析；
- 能结合具体商品的广告项目策划出好的创意。

关键词

创意 思维 USP BI

任务导入

李宁"让改变发生"

李宁是近几年本土品牌在品牌营销、广告创意、市场开拓等诸多方面均表现得非常优秀的品牌。2010 年，李宁更换了沿用多年的旧标，启用名为"李宁交叉动作"的新 Logo，旧的品牌 Logo 作为李宁的经典 Logo 一直保留，并作为一条产品线，继续沿用。同时在原口号"一切皆有可能"的基础上提出"Make the change"（让改变发生），李宁的品牌精神也得到了又一次的升华。

作为一家体育用品公司，李宁公司以体育激发人们的渴望和力量，努力让运动改变生活，追求更高境界的突破。秉持"赢得梦想""诚信守诺""我们文化""卓越绩效""消费者导向"与"突破"的公司理念，李宁公司力求成为全球领先的体育用品公司。

任务要求：帮助李宁公司完成这一轮的广告创意。

第一节　广告创意概述

在大量的广告中，真正能吸引受众的广告并不多。只有经过必要的艺术加工，才能吸引受众留意，而要使广告富有吸引力，就要借助广告创意来实现。

一、创意与广告创意

（一）创意的含义

创意，英文是"Creation"或"Idea"，意思是创新、创造、创作、创造物等。通俗地讲，创意就是"想出一点新主意，作出一点新东西"。在英语中一般用"Creative"表示"创意"，有"创造意象"之意。詹姆斯·韦伯·扬在他的《生产意念的技巧》一书中对创意进行了解释：创意完全是各种要素的重新组合。这里不是说创意只是各种元素的简单拼凑，而是说在已有的策划上，增加新的玩法，作出新的突破。广告中的创意，常是有着生活与事件"一般知识"的人士，将来自产品的"特定知识"加以重新组合的结果。

中国台湾的创意创作人赖声川，在其《创意学》中也描述了被大部分学者认同的创意定义：创意是生产作品的能力，这些作品既新颖（也就是具有原创性，是不可预期的），又适当（也就是符合用途，适合目标所给予的限制）。这一描述，从艺术创作角度阐明了创意新颖、适当的特征。

（二）什么是广告创意

创意这个词在广告领域使用最普遍，甚至有人说广告就是创意。这话虽然有所偏激，但说明了创意与广告的紧密关系。

广告创意是指广告人根据广告主题的要求，创造一种意境来表达广告主题，从而使广告有吸引力。广告创意是广告主题的深化，是广告主题的创造性表现。广告创意有许多不同的定义，但余明阳院士等著的《广告策划创意学》中对广告创意的定义比较全面："所谓广告创意，从动态的角度看，就是广告人员对广告活动进行创造性的思维活动。从静态的角度看，就是为了达到广告目的，对未来广告的主题、内容和表现形式所提出的创造性的主意。"广告创意一方面包含动词的含义，指创造性的思维活动过程，即构想某个广告活动主意的过程；另一方面包含名词的含义，指创新的意识、思想、点子、主意、理念等。

二、广告创意的特征

（一）广告创意要体现广告主题

广告主题是广告定位的重要构成部分，即"广告什么"。广告主题是广告策划活动的中心，每一阶段的广告工作都紧密围绕广告主题而展开，不能随意偏离或转移广告主题。

★案　例

图 5-1 是一条孕妇咨询中心的广告，广告中倒立的问号，一是表达了孕妇的形象，二是表达了孕妇有问题可到此咨询的含义，这是一语双关的表现方法。当人们看到如此简洁、明了、生动、形象、确切的表现时，不得不惊叹："创意"有如此魅力。通过此案例我们能够清楚地看出，这个广告正因为有了孕妇形象与问号形状联想的创意，才会留给孕妇们深刻的印象。当孕妇们有了问题，必然马上就会想到这家咨询公司。

（资料来源：广告圈和星酷网）

（二）广告创意体现新颖性

广告创意的新颖性是指广告创意不要模仿其他广告创意，人云亦云、步人后尘，给人雷同与平庸之感。唯有在创意上新颖才会在众多的广告中一枝独秀、鹤立鸡群，从而产生感召力和影响力。

★案　例

图 5-2 是阿迪达斯为迎接 2006 年德国世界杯，推出了一系列大胆创新的广告，其设计的广告牌特别引人注目。这个特殊的广告牌展示了一个将身体弯成拱形的足球运动员横跨在马路上，形成巨型桥梁拱门，它多像一个神话中的巨人！

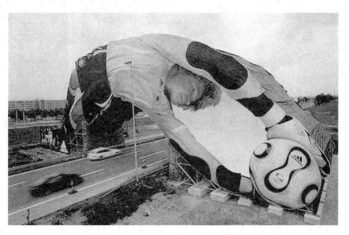

图 5-1　孕妇咨询中心广告　　　　图 5-2　阿迪达斯 2006 年德国世界杯广告

（三）广告创意要出奇制胜

按照心理学分析，好奇是人的一种本能。一个婴儿刚出生时，他就对周围的一切很好奇。因为这一切都是从未见过、从未听过的。当婴儿逐渐开始长大,周围的事物已司空见惯,只有平时很难接触到的东西才能引起他的注意。所以作为广告制作必须有出奇制胜的思想。

★案 例

图5-3是一条牛奶广告,广告语是"牛奶真牛(Milk Power)"。从这个杯子的手印可以看出,人们多么喜欢喝牛奶,而且人们越喝越有力,最后竟然不知不觉地把手印留下。当人们看到了这个广告时也同样会留下深刻的印象,从而激发了喝牛奶的欲望。这则广告的特别之处在于:一般牛奶广告表现的是牛奶,而此广告则表现的是牛奶杯;在表现牛奶的效果方面,用了杯上留有喝牛奶留下的深深手印,这种"特别"给广告带来了极大的冲击效果。

(资料来源:纺织服装资讯网)

(四)广告创意体现独特性

广告创意的独特性是指处于极端状态、较为难见的现象。比如,做运动鞋、篮球广告,可以找一些外在形象特别高(如姚明)或特别矮的人。由于"特别",广告产生了不同寻常的效果。所以,人们在广告制作中经常找一些特别的东西来渲染。

★案 例

图5-4是美国保险公司的一则广告:广告牌上的油漆桶都有可能倒下来,还有什么不会发生的?灾难总是在无意中发生,无法预知,你还是买份保险吧。

图5-3　牛奶广告

图5-4　美国保险公司广告

三、广告创意的原则

(一)目标导向原则

在创意活动中,广告创意必须围绕广告目标和营销目标进行创意。广告创意以广告目标对象为基准,这是广告定位中"向谁广告"的问题。"射箭瞄靶子""弹琴看听众",都说明了活动要有对象。所以,广告创意要以广告对象进行广告主题表现和策略准备。此外,准确的广告目标还要以有效的市场细分为基准,以突出产品的差异化。

★案例

纳爱斯男女牙膏广告

纳爱斯是第一个把牙膏分为男女牙膏的厂商，纳爱斯集团采取"跨性别品类延伸策略"，突破性地推出了纳爱斯清新有他/她男女系列牙膏。某种程度上说，这是一种营销创新，广告创意选择了精准的广告目标对象。与此类似的是汇源果汁也曾经推出"他""她"的饮料，显然有明确的广告宣传目标，旨在让男人喝"他"，女人喝"她"。

案例分析：纳爱斯将这种营销策略称为"跨性别品类延伸策略"，广告创意选择了精准的广告目标对象。

（二）吸引注意原则

日本广告心理学家川胜久认为："捉住大众的耳朵和眼睛，是广告的第一步。"意思是说，广告创意要千方百计地吸引消费者的注意力，同时让他们来买你的产品。因此，用各种可能的手段吸引尽可能多的消费者的注意，是广告创意的一个重要原则。

★案例

精工表广告

1982年的一天，在澳大利亚某地广场上空，一架飞机凌空而起，尾部洒下一片银白晶亮的东西。"啊！是手表！"观望的人群惊呼起来。原来，这是精工表公司所设计的一次独特的广告宣传活动。因为谁拾到飞机丢下的手表，手表就归谁，所以观望者站满了整个广场，手表落地，人们争相去拾。当人们拿起手表时，惊喜地发现，手表竟丝毫无损，且计时准确！顿时，人们对精工表的质量称赞不已。不久，各家电视台、电台都在新闻节目中报道了此次"壮举"。从此，精工手表在澳大利亚名声大振。

（三）简洁明了原则

简明性是指广告创意的主题简洁、明确，表达清晰有力。广告大师伯恩巴克说："假如你不能把你所要告诉消费者的内容浓缩成单一的目的、单一的主题，你的广告就不具有创意。"

广告是一种信息传播活动，传播渠道的容量是有限的，如果信息过多，超过了容量的上限，就会在渠道中堵塞，大大影响传播的效果。要知道消费者对广告往往存在警惕或抵触心理，对大多数广告都是匆匆一瞥而过，只有碰到感兴趣的内容才会多看两眼。因此，广告创意必须找准诉求点，将广告信息收缩、聚集、提纯，简洁明了地表达出来。事实上，越简明的广告，越容易被注意和记忆。

★案例

沃尔沃汽车"安全别针"广告

1996年，在戛纳广告节上获得金奖的沃尔沃汽车"安全别针"平面广告，仅有一张图，如图5-5所示。它是纯粹的视觉化创意，没有复杂多彩的表现形式，其简单易记的图形使人产生了强烈的好感。在国外，别针象征着安全。该广告就是用这样的思维简洁明了地表达了沃尔沃汽车的安全、耐用。会让人在走出展厅时还能记起这则广告，这就是广告梦寐以求的效果。

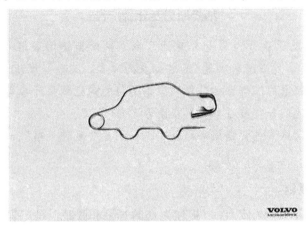

图5-5　沃尔沃汽车"安全别针"广告

（四）遵守法律原则

遵守法律原则指广播创意必须符合广告法规和社会伦理。随着广告事业的发展，广告商业目标和社会伦理的冲突时有发生，广告主与竞争对手的竞争也愈来愈激烈。广告对消费者，尤其是青少年的负面影响也越来越大。因此，广告创意的内容必须受广告法规、社会伦理、道德及各国家、各地区风俗习惯的约束，以保证广告文化的正面影响。

（五）情感原则

情感是人类永恒的话题，以情感为诉求进行广告创意，是当今广告创意的一种主要趋向。在现代消费观念中，消费者注重追求一种与自己的感觉、情绪和内心深处的情感相一致的"感性消费"，而不仅仅在于广告商品的性能和特点。因此，若能在广告创意中注入浓浓的情感因素，便可以打动人、感动人，从而影响人。广告传播便能在消费者强烈的情感共鸣中，达到非同一般的效果。许多成功的广告创意，都是在消费者的情感方面大做文章，从而脱颖而出的。

★案　例

美国贝尔电话公司广告

美国贝尔电话公司曾设计了这样一则广告来打动消费者：一天傍晚，一对老夫妇正在进餐，突然电话铃响了，老妇人去另一房间接电话，回来后，老先生问："谁的电话？"老妇人回答："是女儿打来的。"又问："有什么事？"老妇人回答："没有事。"老先生惊奇地问："没事？几千里地打来电话？"老妇人呜咽道："她说她爱我们。"两人顿时相对无言，激动不已。这时出现旁白："用电话传递你的爱吧！"

案例分析：这个广告从最容易引起人们共鸣的亲情入手，通过远在千里之外的子女用电话向年迈的父母传达爱心而赋予电话强烈的感情色彩，营造了一种浓浓的亲情氛围。最后则水到渠成地推出要宣传的产品——贝尔电话公司。整个过程自然得体、情真意切，有很强的感染力。

第二节　广告创意理论

一直以来，广告受到六种不同广告创意理论的影响，这些理论分别是 USP 理论、品牌形象理论、品牌定位理论、ROI 理论、品牌个性理论及企业形象理论。

一、USP 理论

USP 理论（Unique Selling Proposition），是美国广告大师罗瑟·瑞夫斯（Rosser Reeves）于 20 世纪 50 年代初提出的，是一种有广泛影响的广告理论，强调向消费者说一个"独特的销售主张"，具体包括以下四个方面的内容。

（1）每个广告要对消费者提出一个销售的说辞或建议主张，即购买本产品将得到的特定效应和利益。要给消费者一个明确的利益承诺，说明购买广告中的产品可以获得什么具体的利益。

★案　例

几则明确了利益承诺的广告

1. 一汽大众"捷达"汽车广告"理性的选择"篇：广告中说明了父辈用的是旧捷达，儿子长大了购买新捷达。因为从父辈的用车中已经得出，捷达车经久耐用、保养简单、值得购买。

2. 哈药"盖中盖"高钙片广告：告诉受众的购买理由是"人啊，一上了年纪就容易缺钙。过去我经常补钙，可是一天三遍地吃，麻烦！现在，有了新盖中盖高钙片，一片顶过去五片，方便！您看我，一口气上五楼，不费劲。新盖中盖高钙片，水果味，一天一片，效果不错还实惠"。

3. "白加黑"广告：简练的广告口号"治疗感冒，黑白分明"，广告传播的核心信息是"白天服白片，不瞌睡；晚上服黑片，睡得香"。

以上几个广告的共同点是给受众"明确的利益承诺"。

（2）所强调的主张必须是竞争对手做不到或无法提供的，必须说出其独特之处，在品牌和诉求方面是独一无二的。现实的广告市场对于广告创意的要求确实如此。广告对手的广告虽然做得很好，但不能去模仿，因为人家的广告主题创意已经先入为主，深入受众的脑海，所以在思考广告创意的时候，就要找到自己独特的卖点。

★案　例

舒肤佳：有效除菌护全家

1992 年 3 月，"舒肤佳"进入中国市场，而早在 1986 年就进入中国市场的"力士"已经牢牢占领了香皂市场，后生"舒肤佳"却在短短几年时间里，硬生生地把"力士"从香皂霸主的宝座上拉了下来。

舒肤佳的成功自然有很多因素，但关键的一点在于它找到了一个新颖而准确的"除菌"

概念。在中国人刚开始用香皂洗手的时候，舒肤佳就开始了它长达十几年的"教育工作"，要中国人把手真正洗干净——看得见的污渍洗掉了，看不见的细菌洗掉了吗？

案例分析： 在舒肤佳的营销传播中，以"除菌"为轴心概念，诉求"有效除菌护全家"，并在广告中通过踢球、挤车、扛煤气罐等场景告诉大家生活中会感染很多细菌，然后用放大镜下的细菌"吓你一跳"。最后，舒肤佳通过"内含抗菌成分'迪保肤'"之理性诉求和实验来证明舒肤佳可以让你把手洗"干净"。另外，还通过"中华医学会验证"增强了品牌信任度。

（资料来源：编者根据视频内容整理）

（3）所强调的主张必须是强而有力的，必须聚集在一个点上，集中打动、感动和引导消费者来购买相应的产品。现实中很多广告就运用了这一理论特点，如某美容公司的车身广告语"拼脸时代"。

（4）在消费者心目中，一旦将这种特有的主张或许诺同特定的品牌联系在一起，就会给该产品以持久受益的地位。例如，可口可乐是红色，寓意热情、奔放，富有激情。百事可乐为蓝色，象征着未来，突出"百事新一代"这一主题。虽然其他可乐饮料也有采用红色与蓝色作为自己的标准色，但是难以让消费者改变认知。实际经验已表明，成功的品牌在多少年内都不会有实质上的变化的。

★ 案 例

M&M's——只溶在口，不溶在手

M&M's 自 1941 年创办以来，始终以其独特性受到消费者的青睐与追捧。起初，美国玛氏公司新开发的巧克力豆无法打开销路，广告大师罗瑟·瑞夫斯认为，一个商品成功的因素就蕴藏在产品中，而 M&M's 巧克力豆是当时美国唯一用糖衣包裹的巧克力。有了这个与众不同的特点，瑞夫斯仅仅花了 10 分钟，便形成了广告的构想——只溶在口，不溶在手。

案例分析： 该广告创意体现了该产品独特的优点，简单清晰，言简意赅，朗朗上口，特点鲜明，也是罗瑟·瑞夫斯"独特销售主张"最好的体现。

（资料来源：百度百科，经编者删减、整理、修改）

二、品牌形象理论

20 世纪 60 年代由大卫·奥格威提出的品牌形象论（Brand Image，BI），是广告创意、策划策略理论中的一个重要流派。在此理论影响下，出现了大量优秀、成功的广告。品牌形象理论的基本要点如下。

1. 塑造品牌服务是广告最主要的目标

广告要力图使品牌具有并且维持一个高知名度的品牌形象。奥格威认为形象指的是个性，它能使产品在市场上长盛不衰。因此，如果品牌既适合男性也适合女性，既适合上流社会也适合广大群众，那么品牌就没有了个性，成了一种不伦不类的东西，所以，最终决定品牌市场地位的是品牌总体上的性格，而不是产品间微不足道的差异。如好迪的广告语"好

迪真好，大家好才是真的好"，就很好地塑造了品牌形象。

2. 任何一个广告都是对品牌的长程投资

从长远的观点看，广告必须尽力去维护一个好的品牌形象，而不惜牺牲短期效益的诉求重点。奥格威告诫客户，目光短浅地、一味地搞促销、削价及其他类似的降价行为，无助于维护一个好的品牌形象。而对品牌形象的长期投资，可使品牌形象不断地成长、丰满。这也反映了品牌资产累积的思想。

★案 例

金利来广告："金利来，男人的世界。"广告中并没有强调布料材质的金贵、做工工艺的精湛，而是从品味、意境上去表现。广告语非常诱人、走心，广告播放一段时间后，品牌开始深入人心，形象也不断丰满，成为成功男士喜爱的饰品之一。

3. 品牌形象比产品功能更重要

随着同类产品的差异性减小，品牌之间的同质性增大，消费者选择品牌时所运用的理性就减少，因此，描绘品牌的形象要比强调产品的具体功能特征要重要得多。比如，各种品牌的香烟、啤酒、纯净水、化妆用品、服装、皮鞋等都没有什么大的差别。这时，为品牌树立一种突出的形象就可为厂商在市场上获得较大的占有率和利润。奥格威把品牌形象作为创作具有销售力广告的一种必要手段，即在市场调查、产品定位后总要为品牌确定一个形象。

★案 例

不同银行的形象打造策略

汇丰银行：20 世纪 90 年代以前定位于分行最多、香港最大的银行。90 年代之后，新的定位立足于"患难与共，相伴成长"，旨在与顾客建立同舟共济、共谋发展的亲密伙伴关系。

恒生银行：定位于充满人情味的、服务态度最佳的银行，通过走感性路线赢得顾客的心，而突出服务这一卖点，也使它有别于其他银行。

渣打银行：定位于历史悠久、安全可靠的英资银行，树立了渣打可信赖的"老大哥"形象，传达了让顾客放心的信息。

中国银行：定位于有强大后盾的中资银行，直接针对有民族情结、信赖中资的目标顾客群，同时暗示它将提供更多、更新的服务。

创兴银行：定位于助你创业兴家的银行，以中小工商业者为目标对象，为他们排忧解难，赢得事业的成功。

案例分析：香港金融业兴旺发达，竞争激烈，如何在这狭小而竞争过度的市场空间中立住脚本，各银行使出全身解数，利用定位策略，突出各自的品牌形象。

4. 广告更重要的是满足消费者的心理需求

消费者购买时所追求的是"实质利益+心理利益"，对某些消费者来说，广告尤其应该重视运用形象来满足其心理的需求。广告的作用就是赋予品牌不同的联想，正是这些联想给了它们不同的个性,不过,这些联想要符合目标市场的追求和渴望。

5. 品牌广告的表现方法

奥格威还提出了一些关于品牌广告的秘诀,比如广告的前十秒内利用品牌名做文字游戏可以让受众记住品牌名,以包装盒结尾的片子能改变品牌偏好,生活片段、证言、示范、疑难解答、独白、有个性的角色等表现手法可以很好地改变消费者对品牌的偏好。

综上所述,无论 USP 理论还是品牌形象理论,都在追求对品牌的确认。不过 USP 理论立足于理性诉求,而品牌形象论则更多的是情感诉求。实际上,任何理性诉求都暗含着情感的因素。这不仅表现在产品的实惠给消费者带来的满足会产生积极的情感体验,而且表现在产品的理性诉求往往需要有情绪的激发来补充。

★案 例

BI 理论的经典广告"戴眼罩的男人"

哈撒韦衬衫广告——戴眼罩的男人,是奥格威广告生涯的第一次巨大成功,如图 5-6 所示。

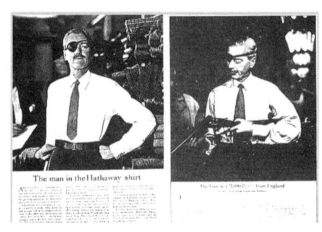

图 5-6 哈撒韦衬衫广告

广告内容

标题:穿哈撒韦衬衫的男人。

正文:美国人认识到:穿一套高档西服,却配一件廉价衬衫,既破坏整体效果,又滑稽透顶。因此,哈撒韦衬衫的日渐流行,正是它所处阶层的需要。

首先,哈撒韦衬衫耐穿性极强——可以穿很多年。其次,哈撒韦衬衫精致裁剪的衣领,能使你看起来更年轻、更高贵;整件衬衫不惜工本的剪裁,会令你觉得更舒适;下摆很长,可以深入你的裤腰;纽扣是用珍珠做成的——非常大,也非常有男子气;甚至缝纫上也存在着一种南北战争前的高雅。

最重要的是哈撒韦衬衫使用从全世界各地进口的最有名的布料来缝制:从英国来的棉毛混纺斜纹布,从苏格兰奥斯特拉德来的毛织波纹绸,从西印度群岛来的手织绸,从英格兰曼彻斯特来的宽幅细毛布,从巴黎来的亚麻细布。穿着如此完美风格的衬衫,定会使你得到超乎衬衫本身的众多满足。

哈撒韦是缅因州小城沃特威的手艺人缝制的，他们老老少少在那里工作了整整100多年。

假如你想在离你最近的店家买到哈撒韦衬衫，请写明信片到"C. F. 哈撒韦. 缅因州·沃特威"，即复。

案例分析：①这个平面广告中使用了品牌形象理论。文案上，它首先突出产品的差异性，形成了一个代表优越质量和高贵品位的品牌形象。②语言简单，图文并茂。朴实无华的文案，中肯、具体、实在、令人信赖的风格是这则广告出奇制胜的关键。寥寥数语就把产品的特性及产品提供给消费者的利益点用最亲切的口吻娓娓道来。这传递了现代广告文案的创作要求——必须准确简洁、生动形象、便于记忆、针对性强。插图上，"戴眼罩的男人"是主要视觉要素的画面设计创意。

（资料来源：豆瓣网，文经整理）

三、品牌定位理论

品牌定位理论（Brand Positioning）是20世纪70年代由艾·里斯（Ai Ries）与杰克·特劳特（Jack Trout）两位大师提出的，他们对"定位"下的定义为："定位并不是要您对产品做些什么，定位是您对未来的潜在顾客心智所下的功夫，也就是把产品定位在未来潜在顾客的心中。"这一理论主张在广告策略中运用一种新的沟通方法，创造更有效的传播效果。广告定位论的基本主张有以下五点。

（1）广告的目标是使某一公司、品牌或产品在消费者心目中获得一个据点，一个认定的区域位置，或者占有一席之地。例如，美国雪佛兰"迈锐宝"汽车通过广告打造，在中级车获得一个认定的区域位置；"雅诗兰黛"属于高级品牌化妆品；"百岁山"属于高端水；米克老啤酒实际上并非第一个高价位啤酒，但它定位为美国最高价啤酒，"一等啤酒就是米克劳"；等等。有了位置也就是占有一席之地，有了据点。

（2）广告应将火力集中在一个狭窄的目标上，在消费者的心智上下功夫，要创造出一个心里的位置。例如，高端车沃尔沃定位为"安全耐用"，而放弃了对外观、速度、性能等利益的诉求，成为许多成功人士购买的选择。

（3）应该运用广告创造出独有的位置，特别是"第一说法、第一事件、第一位置"。因为创造第一，才能在消费者心中形成难以忘怀的、不易混淆的优势效果。

（4）广告表现出的差异性，并不是指出产品具体的、特殊的功能利益，而是要显示和实现品牌之间的类的区别。广告商品要着力打造出"最好的一类""最高端层次的商品""最具实力的企业品牌"等心理位置。例如，恒大地产的"无理由退房"承诺，彰显了企业的责任心，也得到购房者们的认可。

（5）这样的定位一旦建立，无论何时何地，只要消费者产生相关的需求，就会自动地首先想到广告中的这种品牌、这家公司或产品，达到"先入为主"的效果。例如，吃中式快餐会想到"真功夫"；吃西式快餐会想到"麦当劳""肯德基"；买手机会想到"华为""

苹果";喝凉茶会想到"王老吉""加多宝"等。

四、企业形象理论

企业形象理论又叫企业识别（Corporate Identity，CI）理论，于 20 世纪 70 年代开始盛行。CI 理论强调塑造企业的整体形象，而不是某一品牌形象，这就要求广告企业的战略理念、企业文化应与企业的整体形象保持一致。CI 理论是一个整体，包括三个基本要素，即企业视觉识别（Visual Identity，VI）系统、企业行为识别（Behavior Identity，BI）系统、企业理念识别（Mind Identity，MI）系统。

该理论强调从企业的经营管理理念到企业的精神文化，从企业员工的个体行为到对企业组织的对外传播活动，从企业传播的视觉识别的基础要素到对所有应用要素予以整合、规划，旨在建构具有高度统一性、独特性和可识别性的企业识别系统，以利于树立起完整而又极富个性的企业形象，并通过对企业内部和外部的一致传播，促进企业内部员工和外部消费者对企业经营理念的全面认同，进而达成提升企业市场地位、增进企业经营业绩的目的。具体来说，CI 理论的基本观点包括以下三个方面的内容。

（1）通过企业理念识别系统对企业灵魂进行塑造。企业灵魂主要指企业精神范畴的存在形式，如企业理念、企业文化、价值观念、经营思想等。企业理念识别系统是企业识别系统的核心和起点，其本身就包含着对企业精神的塑造。

（2）CI 是将企业理念转化为企业行为的物化过程。企业理念需要把企业的行为传播出去，才能树立起企业的形象。而观念形态上的企业理念只有通过企业行为的实施才能变成人们看得见、摸得着的客观实在。人们一般将这种企业理念的行为转化方式称作企业行为识别。

（3）CI 是将企业标准符号化、视觉化的传播过程。企业识别系统的主要功能是把反映企业理念的标志转换成企业员工和广大消费者能够接受的符号系统，如企业的标志、名称、广告语、商标等。VI 是 CI 的具体化、符号化、视觉化的过程，是将 CI 的本质表象化的结果，以此塑造企业形象，形成企业独特的风格，并通过企业形象的传播在目标群体中树立形象，从这个意义上说，CI 是企业形象的塑造工程。

IMB 公司的 CI 理论运用

五、品牌个性论

对品牌内涵的进一步挖掘，美国 Grey 广告公司在 20 世纪 50 年代初期，提出了"品牌性格哲学"。该策略理论认为广告"说什么"时，不只是"说利益""说形象"，更要"说个性"，即要在广告宣传中把品牌当人看待，使品牌人格化、个性化。品牌个性论的基本思想包括以下几种。

（1）与消费者沟通，要从"标志"到"形象"再到"个性"，即个性是最高层面的。因为个性比形象更深入一层，形象造成认同，而个性可造成崇拜。

★案例

苹果牌牛仔裤

1972 年"苹果牌牛仔裤"的广告，画面是这样的：一匹没有鞍的马背上，骑着赤膊的二女四男，其中一位女模特是著名影后，赤裸着上身。一个红苹果从前往后在他们手中一一传递。广告将苹果牌牛仔裤"反叛""个性主义"的品牌性格显露无遗。而类似的广告例子还有李维斯的 501 牛仔裤广告，也是很有个性的。

（2）要将品牌人格化。为了实现更好的传播沟通效果，应将品牌人格化，即思考如果品牌是一个人，它应该是什么样子的，找出品牌价值观、外观、行为、声音等特征。

现在有很多企业已经这样做了。如广州市广百集团，2010 年 9 月推出"广百集团社会责任蓝皮书"，将社会责任战略与企业发展战略对接。"责任广百"成为"广百人"对社会的郑重承诺，掷地有声；明确服务社会、贡献社会、为客户价值最大化服务的价值观；打造情暖社区活动品牌和因地制宜推进扶贫济困项目。广百集团的"反哺扶贫村集体经济项目"还获得了"广东省扶贫济困优秀项目奖"。再如海尔品牌个性，核心价值观集中表现在"海尔兄弟，真诚到永远"。

（3）要塑造品牌个性的特性。塑造的品牌个性具有独具一格、令人心动、经久不衰的特性，其关键是用一定的核心图案或主题文案来表现。

现实中有很多成功企业的例子。核心图案方面有麦当劳的拱门、肯德基的山德士大叔、耐克的钩。主题文案方面有百年润发的"青丝秀发，缘系百年"；平安保险的经典广告文案"平安是五谷丰登的祈盼，平安是吉祥的寄托，平安是人生的愿望，平安是宅第的安宁，平安是未来的希望"；太平洋保险的"平时注入一滴水，难时拥有太平洋"，等等。

★案例

LV 与生俱来的宫廷印记

路易威登（Louis Vuitton，LV）品牌定位为 LV 的流行，铸就了源源动力。LV 能够把自己的品牌做成奢侈品代名词确实不简单。路易威登从法国宫廷的御用箱包的制作者，到工业革命时期被资产阶级新贵们追捧的身份标志，再到现代的路易威登的奢侈帝国的建立，经历了 160 多年的历史。LV 在历史的长河中积淀下了深厚的文化内涵。

LV 品牌以其创始人路易·威登的名字命名，继承了他追求品质、精益求精的态度。从路易·威登的第二代传人乔治·威登开始，其后继者都不断地为品牌增加新的内涵。第二代为品牌添加了国际视野和触觉；第三代卡斯顿·威登又为品牌带来了热爱艺术、注重创意和创新的特色；至今，已有 6 代路易威登家族的后人为品牌工作过。同时，不仅是家族的后人，连每一位进入这个家族企业的设计师和其他工作人员也都必须了解路易威登的历史，真正地从中领悟它特有的"DNA"。并且，在工作和品牌运作中将这种独特的文化发扬光大。不管过去哪一刻，也不管 LV 从宫廷走向贵族又走向了大众，每一款 LV 都是那个时代风尚的缩影。LV 与生俱来的宫廷印记正是整个奢侈品品牌历史的精华所在。

（资料来源：新浪财经，经编者整理、改编）

（4）要寻找和选择好品牌个性的象征物。像奔驰、奥迪、宝马、路虎、雷克萨斯、法拉利等品牌都有自己的象征物。如英国豪车捷豹是用一只飞跃的豹子作为象征物的，花旗参茶是用"展翅的雄鹰"、IBM 是用大象、万宝路是用"牛仔"作为象征物的，等等。

六、ROI 理论

ROI 是一种实用的广告创意指南，由广告大师威廉·伯恩巴克（William Bernbach）提出。伯恩巴克是 DDB 国际广告有限公司执行主席，他根据自身的创作积累，形成了 DDB 广告公司独特的广告创意规则，即广告策略上的一套独特概念主张，也就是 ROI 理论。

在伯恩巴克看来，创意哲学沟通的着眼点主要在心灵的认同、共鸣、冲击上，广告最伟大的工具就是创造力；他的理论轴心始终指向消费者的心理及其情感思维，追求对心灵的冲击与震撼，从而引起注意、产生共鸣，最终导致行动的转变，即购买广告商品。也就是说，好的广告应具备三个基本特质：关联性（Relevance）、原创性（Originality）、震撼性（Impact），这三个原则的英文首字母缩写就是 ROI。

（一）关联性

关联性就是说广告创意的主题必须与商品、消费者密切相关。为了强调商品的特点，生动形象地表达商品的个性特征，广告常常需要为产品找一个关联体，把产品的有关特征从关联体身上反映出来。而关联体又必须具备这样四个特性：关联体是生活中司空见惯的；关联体是生动、形象的；关联体为大众所喜爱；关联体与商品特性的关联性强。两者的关联性越强，消费者就越他够理解，广告效果就越好。

关联体可以是生活中的事，作为产品的物，也可以是消费者认识的道理、观念。名人广告中的名人也是关联体，名人的个性特点应该与产品的特色相吻合。

★案　例

伯恩巴克的"柠檬"广告

伯恩巴克为德国大众甲壳虫所创作的平面广告"柠檬"（Lemon）最为脍炙人口。"柠檬"为俚语，意思是指不合适而剔除的车子，但画面上出现的车子却看不出有任何瑕疵。该广告文案内容大致如下。

这辆甲壳虫没赶上装船启运。

仪器板上放置杂物处的镀层有些损伤，这是一定要更换的。你或许难以注意到，但是检查员克朗诺注意到了。

在我们设在沃尔夫斯堡的工厂中有 3 389 名工作人员（每天生产 3 000 辆甲壳虫，而检查员比生产的车还要多），其唯一的任务就是在生产过程中的每一阶段都去检查甲壳虫。每辆车的避震器都要测验，每辆车的挡风玻璃也要经过详细地检查。大众汽车经常会因肉眼所看不出的表面擦痕而无法通过。

最后的检查实在了不起！大众的检查员们把每辆车像流水一样送上检查台，通过 189 处检验点，再飞快地直开自动刹车台，在这一过程中，50 辆车总有一辆被卡下"不予通过"。

对一切细节如此全神贯注的结果是大众车比其他车子耐用，而且不大需要维护（其结果也使大众车的折旧比其他车子少）。

我们剔除了柠檬（不合格的车），而你们得到了李子（十全十美的车）。如图5-7（a）所示。

（a） （b）

图5-7 甲壳虫汽车广告

（a）Lemon 广告；（b）Think small 广告

案例分析：Lemon 俚语意思是蹩脚货、劣货、次品、无用的东西，在这里关联不合格而被剔除的车子。

（二）原创性

所谓原创性，即广告创意应与众不同，其创意思维特征就是要求"异"，但这种求异思维是有参照系的思维。广告创作的一个根本要求就是新颖，广告必须有所创新，以区别于其他的商品和广告，创新首先要突破常规的禁锢，寻找诉求的突破。

★案 例

Think small

20世纪60年代的美国汽车市场是大型车的天下，大众的甲壳虫刚进入美国时根本就没有市场。伯恩巴克通过调查发现了甲壳虫价格便宜、马力小、油耗低的优点，是与美国汽车相对抗的完全不同的车子。因此，他提出"Think small"的主张，采用反传统的逆向定位手法，运用广告的力量，正话反说引出甲壳虫的优点，改变了美国人的观念，使美国人认识到小型车的优点。从此，大众的小型汽车的销量稳居全美之首，直到日本汽车进入美国市场，如图5-7（b）所示，该广告文案的内容大致如下。

我们的小车不再是个新奇事物，不会再有一大群人试图挤进里边，不会再有加油生问汽油往哪儿加，不会再有人感到其形状古怪了。事实上，很多驾驶我们的"廉价小汽车"的人已经认识到它的许多优点并非笑话，如 1 加仑①汽油可跑 32 英里②，可以节省一半汽油；用不着防冻装置；一副轮胎可跑 4 万英里。也许一旦你习惯了甲壳虫的节省，就不再认为"小"是缺点了。尤其当你停车找不到大的泊位或为很多保险费、修理费或为换不到一辆称心的车而烦恼时，请你考虑一下小甲壳虫车吧！

案例分析："Think small"是伯恩巴克创作的经典广告，Think small 的主张改变了人们对廉价的小型汽车的看法，更少的油耗、更方便停车、更便宜的保养与维修，这与当时的美国汽车的宣传不同，有自己独特的诉求点。

（案例来源：搜狐网，经编者整理、改编）

（三）震撼性

所谓震撼性，就是指广告作品在瞬间能引起受众的注意并在心灵深处产生强烈的冲击或感动。一条广告作品只有在视觉和听觉以至心理上对受众产生强大的震撼，其广告信息的传播效果才能达到预期的目标。当消费者有很强烈的情绪波动时，就说明你的广告具备了震撼性。

★案 例

汉堡王广告

汉堡王以 2015 年的火灾为素材，策划了一个具有震撼性的广告，并清晰地注明了自1954 年起便采用炭火烧烤的文案，向消费者传达"汉堡王一直坚持真实地烘烤汉堡肉饼，这是我们引以为傲的东西"的理念，如图 5-8 所示。

图 5-8　汉堡王广告

第三节　广告创意过程和思维方法

一、广告创意的过程

广告创意并非一刹那的灵光，而是要经过一个复杂而曲折的过程。因此广告大师詹姆

---

① 1 美制加仑≈3.79 升。
② 1 英里≈1.61 千米。

斯·韦伯·扬将创意的产生比喻为"魔岛的浮现"，是长期知识和信息积累的结果。为了科学地阐述广告创意的过程，詹姆斯·韦伯·扬将广告创意过程划分为以下五个阶段。

（一）搜集资料阶段

搜集资料是广告创意的准备阶段，这一阶段的核心是为广告创意收集、整理、分析信息、事实和材料。它主要分为对特定资料的搜集和一般资料的收集。

1. 特定资料的搜集

特定资料指与广告创意直接相关的产品、服务、消费者及竞争者等方面的资料，这是广告创意的主要依据。所以创意者对其必须有全面而深刻的了解和认识，才有可能发现产品与目标消费者的相关性，才能激发创意的产生。

2. 一般资料的搜集

一般资料是广告创意人员必须具备的知识和信息，包括一切令受众感兴趣的日常琐事，这是产生好的创意的基本条件。所以广告创意人员一定要广泛阅读，拥有渊博的知识，才能在创作中产生灵感，作出正确的选择。

（二）分析资料阶段

由于收集到的资料未必都是有价值的，所以有必要对搜集到的资料进行分析、归纳和整理，从中找出商品或服务最有特色的地方，即找出广告的诉求点，从而激发消费者的兴趣，这样广告创意的基本概念就清楚了。在这个阶段，创意者要用自己的心智，从人性需求和产品特质的关联处去寻求创意，如果能在看似毫无联系处看到联系，找到关联性，会产生更为精彩的创意。

（三）酝酿阶段

广告创意应是独特的、新奇的，这就要求创作人员要有独特的创造性。因此在这一阶段，创作人员往往为想一个好的"点子"而冥想苦思，甚至到了废寝忘食的地步。这一阶段需要的时间可长可短，有时会突发灵感，迸发出思想火花，一个绝妙的主意油然而生；有时可能会有"众里寻他千百度，蓦然回首，那人却在灯火阑珊处"的收获。

（四）顿悟阶段

顿悟阶段是广告创意的产生阶段，即灵感闪现阶段。经过酝酿之后，创造性思想如"柳暗花明"似的豁然开朗。常以突发式的醒悟、偶然性的方式获得，无中生有式的闪现或戏剧性的巧遇为其表现形式。

（五）验证阶段

验证阶段是发展广告的创意阶段。创意刚出现时常常是模糊的、粗糙的、支离破碎的。它往往只是一个十分粗糙的雏形，含有不尽合理的部分。因此还需要下一番功夫，仔细推敲和进行必要的调查和完善。

二、广告创意的方法

广告创意是一种新颖独特、别具一格的创造性的思维活动，但它并非天马行空、率意而得，其思维方法于广告的成败关系极大。运用适当的方法和技巧是广告创意获得圆满成功的根本保证。下面是从"思维"的角度来理解广告创意的方法。

（一）垂直思维和水平思维

1. 垂直思维

垂直思维法也称纵向思维法，是传统逻辑上的思维方法。它按照一定的思考路线进行思考，即在一定的范围内向上或向下进行纵向思考。其主要特点是思维的方向性与连续性。方向性是指思考问题的思路或预先确定的框架不能随意改变；连续性则是指思考从一种状态开始，直接进入相关的下一状态，如此循序渐进，中间不能中断，直至解决问题。如挖井，只能从指定位置一锹一锹连续往下挖，不能左右挖，也不能中间漏掉一段不挖；又如建塔，只能从指定位置将石头一块一块向上垒，不能左右垒，也不能中间漏掉一段。垂直思维法的优点是思路清晰，比较稳定；缺点是思考的空间有局限性，容易使人故步自封，脱离实际，缺少创新，重复雷同。

2. 水平思维法

水平思维法也叫横向思维法，是指创意思维的多维性和发散性。它要求尽量摆脱固有模式的束缚，多方向、多角度、多方位地思考问题，不断寻求全新的创意。

在产生创意的过程中，运用横向思维可以引发灵感，产生新的构思；运用纵向思维，则可以使新构思更加深入、具体和完整。两者必须结合使用才能相得益彰。

（二）发散思维和聚合思维

1. 发散思维

发散思维又称扩散思维、辐射思维、开放思维、立体思维，是一种可以异想天开的、任意抒发的思维形式，是一种由点向面散发，充分运用丰富的想象力，调动存在大脑中的知识、信息和观念，进行重新排列组合，从而产生更多、更新的设想和方案的思维形式。具有这种思维方式的人在考虑问题时一般会比较灵活，能够从多个角度或多个层次去看问题和寻求解决问题的方法。

例如，思考回形针的用途，有人从钩、挂、别、连的角度说出了许多用途。有人根据材质、重量、体积、长度、截面、颜色、弹性、硬度、直边、弧度10个要素举出了3 000种用途，如根据弧度可编成1、2、3、4、5、6、7、8、9等数字；变成ABCDE等英文字；弯成俄文、拉丁文、希腊文等许多种文字的字母；也可以弯成各种符号；还可以根据直边、电、磁等性质，用作导线、线圈，制成指南针等。曾在戛纳广告节获奖的沃尔沃汽车广告，就是通过回形针弯成汽车形状，并与沃尔沃汽车品牌联结的一则平面广告。这些利用的都是发散式思维。

2. 聚合思维

聚合思维又称辐合思维、收敛思维、集中思维，是与发散思维相反的思维方法。它是以某个问题为中心，运用多种方法、知识或手段，从不同的方向或角度，将思维指向这个中心点，以达到解决问题的目的的思维方法。具有这种思维的人一般具有较强的洞察力，看问题比较深刻，善于推理分析，思维严谨周密。相对于发散思维，这是一种异中求同、量中求质的方法。

在采用发散思维和聚合思维时要注意两者的关系。只扩散不集中势必造成一盘散沙、鱼龙混杂，因此扩散后必须进行筛选和集中，通过分析比较，选择出最有价值的设想方案。在创意开发阶段，发散思维占主导地位；在选择创意阶段，聚合思维占主导地位。创意就是在这种分散—集中—再分散—再集中的循环往复、不断提升中开发出来的。

（三）顺向思维和逆向思维

1. 顺向思维

顺向思维是指人们按照从上到下、从小到大，从左到右、从低到高等常规的、传统的序列方向进行思考的方法。该方法用在处理常规性事物时具有一定积极意义。但要注意顺向思维的常规性容易形成习惯性思维，即思维定式，有时会影响创造性思维的开发。

2. 逆向思维

逆向思维是一种反常规、反传统、反顺向的思考方法。逆向思维法是相对于习惯思维而言的，是从相反的方向来考虑问题的思维方法，它常常与事物常理相悖，却能达到出其不意的效果。因此，在创造性思维中，逆向思维是最活跃的部分。按照常规的创作思路，有时会使创意缺乏创造性，或是跟在别人的后面亦步亦趋。与常规思维不同，逆向思维是用绝大多数人没有想到的思维方式去思考问题。运用逆向思维思考和处理问题，实际上就是以"出奇"去"制胜"。当陷入思维的死角不能自拔时，不妨尝试一下逆向思维法，打破原有的思维定式，反其道而行之，开辟新的道路。

★案　例

高露洁牙膏

高露洁牙膏的平面广告，设计者采用逆向的设计思维方式，没有从正面宣传该品牌牙膏的优良品质，而是用一个几乎没有牙齿的老太太的笑容表现"世界健康的微笑"这一主题。快要掉光的牙齿和高露洁保护牙齿的概念看上去似乎背道而驰，但通过仔细分析可以得出这样的认识：人的牙齿正常地脱落属于自然规律，谁也不可能违背，高露洁的作用是让在你口腔内的牙齿永远健康。与众不同的切入角度和与众不同的表现手法必然达到与众不同的效果。

运用逆向思维时要注意把握好两个要点：传达要恰当，语言要实在而且幽默，如"不要太潇洒""不要太瘦哦"等；注意消费者的认同，并不是所有问题都能从反向求解的，能否运用需要进行必要的调研和分析。

实际上人们比较认同的行之有效的创意思考方法有发散性思维、逆向思维、横向思维等。广告创意有赖于广告人的勤奋努力，运用各种思维方式和方法，多思、多想才能出臻品。

（四）思维导图法

思维导图又叫心智导图，是表达发射性思维有效的图形思维工具，是一种革命性的思维工具，简单却又极其有效。思维导图运用图文并重的技巧把各级主题的关系用相互隶属与相关的层级图表现出来，把主题关键词与图像、颜色等建立起记忆链接。思维导图充分运用左右脑的机能，利用记忆、阅读、思维的规律，协助人们在科学与艺术、逻辑与想象之间平衡发展，从而开启人类大脑的无限潜能。思维导图是心理学家东尼·博赞发明的，因其简单、有效、实用，已经在全球范围得到广泛应用。

1. 思维导图联想三法则

（1）接近联想。时间、空间、因果上的彼此接近性和相关性。

（2）反面联想。联想反面性质的东西。

（3）类似联想。形状、结构、功能、性质等相似的事物和状况。

2. 思维导图实施要领

（1）以品牌概念为中心，对概念进行分析；立足受众，洞察他们的心理，与他们一起思考，一起感受，用各种元素激发灵感。

（2）主题概念必须画在白纸中央，从此点出发，开辟出若干不同路线，把思路拉开。

（3）沿着不同路线挖掘元素，根据生活经历和常识，将可能发生的元素沿着路线记录下来，并捕捉闪光元素。

（4）尽量在40分钟内让思维尽快活跃起来。

（5）将有新鲜感的元素标注出来，形成导图的闪光点，或者沉思一下，让大脑对思维导图产生新的观点，进而进行第二次重绘。

（6）将几个有趣的闪光点连接起来，发展成一个创意雏形，继而提炼核心创意。

（五）头脑风暴法

头脑风暴法（Brain Storming，BS）是由美国创造学家奥斯本于1939年首次提出、1953年正式发表的一种激发思维的方法，是一种集体自由讨论的动脑形式，借助会议形式共同思考，集思广益，相互启发和激荡，从而引发创意的一种操作方法。头脑风暴法可分为直接头脑风暴法和质疑头脑风暴法，前者是在专家的群体决策下激发创造性，从而产生尽可能多的设想的方法；后者则是对前者提出的设想、方案逐一质疑，分析其现实可行性的方法。

1. 头脑风暴法组织形式

（1）确定议题。一个好的头脑风暴法从对问题的准确阐明开始。

（2）会前准备。为了使头脑风暴畅谈会的效率较高、效果较好，要在会前做好准备工作。

（3）确定人选。一般以8～12人为宜，也可略有增减（6～16人）。

（4）明确分工。要设定一名主持人，1～2名记录员（秘书）。

（5）规定纪律。根据头脑风暴法的原则，可规定几条纪律，要求与会者遵守。

（6）掌握时间。会议时间由主持人掌握，不宜在会前定死。一般来说，以几十分钟为宜。

2. 头脑风暴法会议原则

（1）自由畅想。参加者不应该受任何条条框框限制，放松思想，让思维自由驰骋。从不同角度、不同层次、不同方位，大胆地展开想象，尽可能地标新立异、与众不同，提出独创性的想法。

（2）延迟评判。头脑风暴法必须坚持当场不对任何设想作出评价的原则。既不能肯定某个设想，又不能否定某个设想，也不能对某个设想发表评论性的意见。一切评价和判断都要延迟到会议结束以后进行。这样做一方面是为了防止评判约束与会者的积极思维；另一方面是为了集中精力先开发设想，避免把应该在后阶段做的工作提前进行，影响创造性设想的大量产生。

（3）禁止批评。绝对禁止批评是头脑风暴法应该遵循的一个重要原则。参加头脑风暴会议的每个人都不得对别人的设想提出批评意见，因为批评对创造性思维无疑会产生抑制作用。有些人习惯于用一些自谦之词，这些自我批评性质的说法同样会破坏会场气氛，影响自由畅想。

（4）以量生质。头脑风暴会议的目标是获得尽可能多的设想，追求数量是它的首要任务。参加会议的每个人都要抓紧时间多思考，多提设想。至于设想的质量问题，可留到会后的设想处理阶段去解决。在某种意义上，设想的质量和数量密切相关，产生的设想越多，其中的创造性设想就可能越多。

本章小结

广告创意一方面包含动词的含义，即思维、构想出某个广告活动的主意的过程；另一方面包含名词的含义，即广告的点子、主意、理念等。广告创意的特征：广告创意要体现广告主题，广告创意要体现新颖性，广告创意要出奇制胜，广告创意要体现独特性。广告创意的原则有目标导向原则、吸引注意原则、简洁明了原则、遵守法律原则、情感原则。广告创意理论主要有 USP 理论、BI 理论、品牌定位理论、BC 理论、ROI 理论。广告创意过程有：搜集资料、分析资料、酝酿阶段、顿悟阶段和验证阶段。广告创意的方法：垂直思维法和水平思维、发散思维和聚合思维、顺向思维和逆向思维、思维导图法和头脑风暴法。

复习思考题

1. 如何理解广告创意的含义及其特征？

2. 广告创意的原则有哪些？

3. 请陈述广告创意的过程。

4. USP 理论的主要内容有哪些？请举例说明该理论的运用。

5. BI 理论的主要内容有哪些？请举例说明该理论的运用。

6. 品牌定位理论的主要内容有哪些？请举例说明该理论的运用。

7. BC 理论的主要内容有哪些？请举例说明该理论的运用。

8. ROI 理论的主要内容有哪些？请举例说明该理论的运用。

【实训演练】

实训名称：广告创意表现手段与形式的探寻。

实训目的：通过对汽车、银行、电视等典型商品进行创意定位分析，掌握技术、市场、外观形象在不同商品广告宣传中的侧重点，并能用图形、符号等视觉化的形式予以准确地表达。

实训内容：

1. 围绕不同的商品特性进行深入的创意分析，使思维保持在创造的临界状态。

2. 充分发挥创造性的思维，探寻上述商品广告创意的表现手法及形式。

实训要求：

1. 在对不同商品定位分析的基础上，以商品销售现场招贴或产品样本（单页）的形式将创意表现出来，力争使别人看后对某一种商品或服务能产生较大的兴趣。

2. 每位同学至少上交一种商品的创意表现图稿。

作业步骤：草图→讨论→师生或学生之间进行点评→确定表现形式→制作创意表现正稿。

【案例分析】

smart 是德国梅赛德斯-奔驰与手表巨头瑞士 Swatch 公司合作的产物。smart 创立于 1994 年，是一个年轻的汽车品牌，它将功能与感性完美融合，创造出个性化的先锋都市交通解决方案，并取得了无人不晓的成功。名称中的 S 代表了斯沃奇，M 代表了梅赛德斯-奔驰，art 意为艺术，代表了双方合作的艺术性。而 smart 本身就有聪明伶俐的含义，也与其品牌理念相契合。

现代都市中车辆愈来愈多，为应对这个问题，许多汽车制造商陆续提出微型都市代步车的概念。而由 Swatch 开发的 smart 也不例外，加上奔驰的技术支持，让 smart 得以保留概念车的创意，同时兼具了流行及实用等优点。小巧的造型，配合智能化及人性化的操控设计，令 smart 的车型如同一个聪明的大玩具。对都市出行方式进行的全盘重新思考，是 smart 创意的基石，事实证明这种创意已大获成功。smart 从诞生之日起，就致力于为都市生活带来更多自由、个性、时尚与乐趣，让每一个人都能拥有属于自己的都市传奇，尽情释放生命活力。

2013 年，BBDO 为 smart 制作的汽车广告"Off-road"斩获夏纳创意节影视制作类金奖，为这个本就创意十足的微型汽车带来了更具创意的广告。时长 48 秒的广告，非常简短，却令人过目不忘，印象深刻。

广告的开头就是 smart 汽车在野外的亮相，一个刹车，虽然小巧却也不失帅气，前面就是一个上坡，感觉 smart 已经准备好了要一冲而上。然而本是动感十足的音乐，此刻也戛然而止，扬起了一阵尘土的 smart 汽车无奈地从斜坡上滑了下来。音乐再次响起，smart 也再接再厉，试图在起伏不平的地面越野，也试图蹚过水塘，却都以失败告终。

看到这里观众也许都会疑惑，这真的是为 smart 量身打造的广告吗？似乎只是在暴露其缺点。若广告到这里结束，那真是一个失败的反面教材，但是作为夏纳创意节的金奖得主，它此处的伏笔必定有所用意。往下看，紧接着跳出的黑色背景上的广告语说明了一切，"As good off road，as an off-road in the city"。姑且粗略地把它翻译成：不止越野，野于城市——这是一辆城市中的越野车！

最后的 12 秒是这个广告的亮点，场景切换到了城市中，能够在野外爬坡蹚水的大型越野车出现了，路过一个车位停了几秒就离开了，因为车位太小停不进去，而这时登场的 smart 则充分发挥了自己的优势，小巧灵活，在城市中自由穿梭。不能在野外越野？没关系！因为适城市者生存！

广告的成功不无道理，创意就是它为人们所称道的法宝！

首先，整个广告制造了一定的悬念，可是说是在结尾出奇制胜。广告的前 36 秒，展现的都是 smart 在野外举步维艰的窘境，过小的车型并不足以支持其翻山越岭、蹚水过河。可以说，广告的制作者们大胆地将 smart 作为微型车的缺点直接暴露在了观众面前，这是非常出人意料的举措，却也调动起了人们的好奇。这个广告究竟想说什么呢？看到最后大家才会恍然大悟：原来前面的铺垫并不是毫无道理的，在野外的艰难出行完全是为了衬托 smart 在城市中的如鱼得水。

再者，整个广告短小精悍，有力地突出了 smart 的个性与优势。smart 设计的立足点就是都市出行代步，城市中道路拥堵、车位难寻的现状是现代汽车共同面临的难题，而 smart 以自己小巧的车身很好地面对了这一挑战。它也并不害怕暴露自己与大型汽车相比性能方面的缺点，哪怕不能越野、不适宜野外出行又怎么样呢？它能够在城市中自由"越野"，其他车辆不能停的车位它也能轻轻松松地进入，这对于城市生活中的人们难道不是更迫切的需要吗？

最后，整个广告简洁而真实。它如实地展现了 smart 在野外与在城市中两种完全不同的状态，并通过配乐的调整烘托了这一状态。广告虽然简洁却紧扣重点，没有用多余的镜头来展现 smart 在技术、外观或其他方面的特征，而是完全突出了"城市中的越野车"这一概念，让人对其产生极其深刻的印象，也使得 smart 的定位更加清晰，在同类产品的竞争中脱颖而出。

由此可见，好的创意可以说是一支广告的灵魂，而一支充满创意的好广告更是对产品的推广与品牌的塑造起着莫大的作用。

问题：

1. 试分析 smart 的"Off-road"广告运用了哪些策略。
2. 试选择另一支创意广告，与 smart 的"Off-road"比较并分析其策略的不同。
3. 试思考创意的产生有哪些方法。

【广告巨擘】大卫·奥格威

第六章

广告文案

■■■\ 导入语

　　找到"说什么"是广告作业过程中的第一步,"怎么说"才是决定人们要不要看、听、相信的关键。而且,如果"怎么说"不成功的话,你花在挖掘"说什么"上的智慧、知识、时间和精力都将付诸流水。

——威廉·伯恩巴克

■■■\ 知识目标

- 理解广告文案的概念和构成;
- 了解广告文案的写作要求;
- 掌握广告文案的标题、正文、广告口号的概念和写作技巧;
- 熟悉广告随文的内容。

■■■\ 技能目标

- 能运用广告标题的创作技巧进行标题创作;
- 提升创新意识和主动学习的能力。

■■■\ 关键词

广告文案　广告标题　广告口号　广告正文

■■■\ 任务导入

广告标题创作

　　在陪伴奥运的路上,伊利一直坚守品质,不忘初心,如今成长为连续位居全球乳业 8

强、蝉联亚洲乳业第一的世界级乳企。携手奥运，伊利一路走来不仅积累了丰富的大型赛事经验，而且积极宣传奥林匹克精神，普及全民健身的理念。在董事长潘刚"登高莫问顶 活力中国梦"的奥运理念推动下，2017年伊利再次与奥运结缘，成为北京2022年冬奥会和冬残奥会官方乳制品合作伙伴。

为鼓励和带动更多民众了解和参与冰雪运动，营造良好的冰雪运动氛围，助力国家"三亿人上冰雪"的目标早日实现，伊利特别开创了"活力冬奥学院"。通过联合全国的滑雪胜地开展活动招募，向广大群众发出真诚邀请，鼓励和带动更多群众勇敢开启冰雪"初体验"，潜移默化地传递冬奥精神，持续倡导健康的生活方式。

任务要求：请以"接棒冬奥，我们准备好了"作为广告创意主题，为北京2022冬奥会合作伙伴伊利乳业创作一则最新的广告文案。

第一节　广告文案概述

一、广告文案的含义

广告文案（Advertising Copy）是指广告作品中用以表达主题和创意的语言和文字符号。它不仅是广告策划与创意的产物，而且是广告的核心，是广告灵魂的集中表达。广告文案有广义和狭义之分，广义的广告文案是指通过广告语言、形象或其他形式，对既定的广告主题、广告创意所进行的具体表现；狭义的广告文案则指表现广告信息的言语与文字。广义的广告文案包括标题、正文、口号的撰写和对广告形象的选择搭配；狭义的广告文案包括标题、正文、口号的撰写。

在创作广告的过程中，无论是印刷广告、电子广告还是网络广告，语言与文字是最基本的传播信息的载体与要素。语言文字首先将创意构思的结果记录下来，又进一步地将创意表现和深化。奥格威曾说"广告是词语的天涯"，广告效果的50%~75%来自广告的语言文字部分，广告作品中的语言文字部分构成了广告文案。

一般说来，一则完整的广告文案由标题、广告口号、正文及随文四部分组成。

★**案 例**

"南方黑芝麻糊"的报纸广告文案

标题：它，还是那个味道！

正文：黑芝麻糊哎……

小时候，一听见黑芝麻糊的叫卖声，我就再也坐不住了。如今，不管过了多久，它还是记忆中的那个味道！南方黑芝麻糊，滴滴好味道。

广告口号：一股浓香，一缕温情。

随文：南方黑芝麻糊　广西南方儿童食品厂荣誉出品。

案例分析：该文案有明确的广告标题、广告正文、广告口号和随文，是一则完整的报纸广告文案。以南方黑芝麻糊纯正的味道为契合点，以温情为诉求点，勾起人们记忆中对它的怀念。

（案例来源：百度文库，经编者删减、整理、修改）

二、广告文案的分类

根据传播媒介的不同，可以分为印刷媒体广告文案、广播广告文案、电视广告文案、网络广告文案等；根据广告目的的不同，可以分为商业广告文案、非商业广告文案；根据传播信息的不同，可以分为产品广告文案、企业广告文案、服务广告文案、公共事务广告文案（包括公共机构广告文案、公益广告文案）；根据篇幅的不同，可以分为长文案和短文案；根据文案自身结构的不同，可以分为单篇广告文案、系列广告文案；根据所采用的文体的不同，可以分为叙事文体广告文案、抒情文体广告文案、议论文体广告文案、说明文体广告文案；根据诉求方式的不同，可以分为理性诉求广告文案、感性诉求广告文案、情理结合诉求广告文案等。下面主要介绍不同传播媒介和不同诉求方式下的广告文案。

（一）不同传播媒介的广告文案

1. 印刷媒体广告文案

所谓印刷媒体，即运用印刷手段来作为广告信息传播的工具。在印刷媒体中，又可以分为大众印刷媒体和一般印刷媒体。大众印刷媒体主要包括报纸、杂志，这是最主要的两种印刷媒体。一般印刷媒体主要包括招贴、产品说明书、邮件、海报、传单、月历、黄页等。

★ 案 例

希尔顿酒店广告文案

标题一：耳之所闻，尽是赞赏之声。

正文：2002 年 2 月 10 日完美见证——重庆希尔顿酒店隆重开幕。由餐厅到客房，由康乐设备到酒店大堂，在重庆希尔顿酒店，我们对您每一项指示、要求都会倾心聆听，因为我们相信只有完全明了您心底所想，服务才能超越期望，让您衷心赞赏。在重庆希尔顿酒店，完美不再是追求，因为我们已经为您做到。

标题二：眼之所见，尽是完美无瑕。

正文：2002 年 2 月 10 日完美见证——重庆希尔顿酒店隆重开幕。由品味豪华的欧洲家具到细致精雅的东方装饰，希尔顿酒店不但在整体布局上汇集中西精粹，匠心更表现在每一个细微之处。眼之所见，皆让您衷心赞赏。在重庆希尔顿酒店，完美不再是追求，因为我们已为您做到。

广告口号：经典时刻，尽在希尔顿。

案例分析：这则刊登在新民晚报的希尔顿酒店的开业广告，通过"耳之所闻，尽是赞赏之声"和"眼之所见，尽是完美无瑕"两则广告标题，吸引了读者的关注。

（资料来源：新民晚报）

2. 广播广告文案

广播广告媒体是把广告信息变成各种声音的纯听觉媒体。它通过语言和音响效果，充分发挥声音的抑扬顿挫、轻重缓急等方面的特点，诉诸人的听觉，唤起人们的联想和想象。我国无线电广播遍及城乡各个角落，为传播各种经济信息创造了有利条件。广播广告媒体已成为现代社会重要的媒体之一。广播媒体传播广告信息是靠声音来表现的，这与报刊媒体中的文稿用印刷品形态传递信息形成了强烈的对比。广播广告的文稿是以时间性的形态存在的，报刊广告是以空间性的形态存在的，这是两者的最大差异。广播广告比起其他任何媒体更有其语言的优势。

在广播广告文案的写作中，首先应该把自己和其他人都当作听众。你或许会在以下地点听广播：厨房、浴室、卧室、车里、船上、饭店、机场候机处……而你在收听广播的同时，你可能正在做饭、学习、修车、吃饭、打扫房间……广播成了一种伴随性媒介，广播可以随时随地地传达到听众，不管听众正在做什么。

广播广告文案还可以充分借助声音的表现力，使用对话、内心独白、广告歌等表现情感与情绪的形式。另外，快板、评书、相声等听众熟悉的听觉艺术形式也可以帮助增强广播广告的生动性和形象性。

★案　例

自觉回收旧电池

(森林里小溪的流水声，小鸟的叫声)

孩子：爸爸，我要和小溪照相。

爸爸：别急，相机没电了。来，帮爸爸拿着这个废电池。

孩子：爸爸，我想让这个电池在小溪里游泳。

爸爸：哎，那可千万不行。

孩子：他不是没有用了吗？

爸爸：可是你知道吗？一粒纽扣电池能污染60万升水。这些水，一个人一生都用不完。一节1号电池能使一平方米的土地寸草不生。你要是把他扔到小溪里，那整个小溪不就都被污染了吗？

孩子：一节废电池的危害这么大呀！爸爸，我记住了。

(音乐渐起)

女旁白：朋友，回收一节小小的废电池，给子孙后代留下的是一个绿色家园。

案例分析： 这则广播广告利用声音的优势，采用父女对话的形式，贴近生活，贴近群众。

(案例来源：百度文库，引文经编者整理、修改)

3. 电视广告文案

有资料显示，纯粹的听觉广告只能吸引受众20%的注意力，纯粹的视觉广告也只能吸引受众40%的注意力，而电视广告由于视听兼备，因此能吸引受众80%的注意力。可以毫不夸张地说，电视已成为当今最具魅力的广告媒体之一。电视利用光电转换系统传播信息，不受时间和空间的限制。电视广告信息传播迅速，到达面广，它可以将信息迅速传递到电波所覆盖的任何区域。电视传播声画结合，符号多样，制作技术手段丰富。立体信息场的传播使电视广告形象具有直观性、生动性和感染性。电视广告的内容与形式，是通过电视广告脚本体现出来的。电视广告脚本，即电视广告文案，是电视广告创意的文字表达，是体现广告主题、塑造广告形象、传播信息内容的语言文字说明，是广告创意的具体体现，也是摄制电视广告的基础和蓝图。

4. 网络广告文案

网络的最大特性就是其交互性和多媒体特性。进入网络世界，看到的是由画面、文案、声音共同组合而成的五彩斑斓的世界。网络媒介给广告人提供了无限创意的空间，既可以选择一般印刷媒体所采用的文图混编的模式，也可以通过动画演示像电视媒体一样用生动的画面来吸引受众，还可以加入音乐，将受众的听觉意识积极调动起来。

（1）网络广告的定向传播。定向传播是指对某些特定的目标受众进行有针对性的传播，对信息作出回应等。

第一，在互联网上，有些企业通过一些特定机构购买潜在消费者名单，利用电子邮件、电子新闻组等方式，向潜在消费者发布广告信息，这种做法与直邮广告比较相近。好处在于针对性强，广告投入较少浪费，但如果运用不当，极易引起受众的反感，招致大量抗议邮件，甚至导致企业声誉受损。因而，准确选择目标受众，把广告发给希望得到有关信息的人是这种广告策略成功的关键。

第二，把生动的网络广告放在能吸引某些特定细分市场的站点上，对提高企业品牌知名度非常有效。尽管网络广阔，但还是可以细分成很多部分，这些细分的受众有特殊的兴趣与需要，给定向传播提供了更精确的传播途径。比如，关于跑鞋的广告放在与跑步相关的网站上，化妆品的广告放在女性网站上，都会有较精确的到达率。

（2）网络广告文案撰写要求。

第一，语言要简洁生动。由于各网站对广告尺寸有一定限制，而且网络媒体也不适合长时间阅读，因而简洁、生动的网络广告文案才会有较高的注意率。至于深入的信息传播，可以通过诱导受众点击，链接接到企业主页实现。由于访问者的眼睛很难一直盯着屏幕看，这就要求网络广告的句子越短越好。一个句子十来个字，最多不超过二十个字，太长了就会让访问者视觉疲劳，没有耐心看下去。

第二，注意语言与画面的配合。动画技术的运用为网络广告增加了不少吸引力，因而在一般的网络广告中，应充分利用动画技术所产生的视觉效果，利用字体大小、位移的快慢变化，来增加信息传播的趣味性和表现力。

第三，运用受众熟悉的语气、词汇。由于网络可以根据不同兴趣爱好，把受众高度细分化，因而在针对目标受众诉求时，注意运用他们所熟悉的语气、词汇来增强认同感。网络广告还可以借助热点信息作为网络广告文案的宣传素材。

第四，根据受众的文化背景的不同，调整语言形式，虽然网络无国界，但受众还是会受到语言的限制，因而要根据企业的传播目标选择站点，决定运用何种语言。不同国籍的受众，其文化背景也不尽相同，对广告文案的表现形式也会有不同的认知，所以应根据受众的文化背景、喜好等及时调整语言形式。

★案　例

京东"220 V带电新人类"广告

京东在2019年的"618"活动期间投放了一个网络广告宣传视频，该视频由20支小广告组成，下面主要截取了其中6支小广告文案进行展示说明，如图6-1所示。

（a）

（b）

（c）

（d）

（e）

（f）

图6-1　2019年京东"618"广告

（a）飞利浦牙刷；（b）努比亚红魔手机；（c）创维电视；

（d）手机钢化膜；（e）惠而浦洗衣机；（f）扬子空调

案例分析： 20支广告的核心表达元素是由无厘头视频、网络段子引导文案及产品核心卖点文案构成。每支广告的开头都用无厘头、荒诞的视频制造悬念,引发受众的好奇心;其后通过迎合受众兴趣的段子文案为引导;最后将品牌及产品名称、核心功能卖点和盘托出。如此循环往复,给受众带来 20 次刺激。

每支广告时长仅 20 秒,但是把每一个产品的特点都通过核心卖点、文案和场景 3 种表现方式明确地表达了出来。无厘头的创意表现,看似荒诞,却增添了广告的趣味性,在消费者心中留下深刻印象。

值得一提的是,广告在高密度的信息点输出时,也不忘灵活"埋梗",将受众喜闻乐见的"网络热梗"植入文案中,与产品紧密结合,给受众带来"意料之外,情理之中"的惊喜。

(资料来源:编者根据优酷视频《220V 带电新人类》整理)

三、广告文案的写作要求

(一)定位准确

广告信息要进入潜在消费者的心里,就必须把握住消费者的心理特点,找到一种进入并占据消费者心里的办法,这就是定位。定位从产品开始,可以是一件商品、一项服务、一家企业、一个机构,甚至于是一个人。所谓广告定位,是通过广告宣传,使产品或服务在消费者心中占据位置的一种方法。广告定位源于对产品和市场的实际调查。广告定位是广告文案的重要前提与依据。广告定位越明确,广告的主题才会越准确。确定了广告定位,也就确定了广告文案和画面的"战略要点"。例如,名车的主要购买对象是高收入人群,因此广告的画面应当针对这部分人士进行宣传,突出使用者的身份、地位与风度。选择恰当的、最佳的广告定位,能够给广告主题以定向的引导,使主题能在一个限定的选择点上深化和延伸。

(二)整体构思

广告文案在构思时必须考虑企业或服务形象的整体性。一些企业在表现其品牌形象的基调时甚至在颜色的选择上都有特殊要求,如可口可乐——红色,百事可乐——蓝色。广告文案的整体性还表现在系列广告文案的写作,必须强化各个单篇之间的关联性,使之具有统一的风格。在系列广告创作阶段,通过对广告信息内容的收集整理,将广告内容分成有着内在联系的几个部分,然后就每个部分分别进行写作。就文案的表现来说,它要求在标题句式、正文内容、语言的运用等方面有统一的风格。

★ **案 例**

上海日用化工总厂曾经为其凤凰珍珠膏推出过一系列平面广告,它采取的是以手形作为其系列广告画面的表现题材,在这一系列广告作品中,其标题分别为:

只需一种就行了

每季二瓶最适宜

凤凰有三大系列

凤凰四季都适用

案例分析:在这个系列广告中,"一、二、三、四"与画面手形配合,整体统一,相得益彰，收到了很好的效果。

（三）简洁明了

广告文案，无论是在标题、正文还是随文中，都要求简清明了，这是由广告文案的特点所决定的。从广告主的角度来说，精简的文案意味着降低刊播费用；从受众的角度来说，在信息经济时代，啰唆的文案只会让人厌烦。广告文案在写作上应特别注意炼词、炼句乃至于炼意。例如，鱼牌挂锁的广告"一夫当关"，它省掉的下半句"万夫莫开"，是人们不难联想到的，而这正好是广告对消费者所作的形式独特的承诺。

（四）文图互补

除了小块的分类广告外，广告文案较少以独立的形态存在，一般要与静态或动态的图形和画面配合使用，以达到互相补充、相得益彰的强化效果。美国著名广告专家路克·苏利文在《广告人的福音》一文中指出："让图像说活，文案尽可能简洁，我认为人们不喜欢长篇大论，在机场翻杂志的读者平均2秒钟翻一页，如果你能让他停下来注意你的标题或画面，你的广告就成功了。"这表明，广告文案一定要重视图像的作用，要让文字与图像巧妙配合，实现优势互补，以达到吸引消费者眼球的目的。

文图互补在互联网广告中应用十分广泛。有这样一则药品广告，其文案是："发黄、传染、残缺。祛除灰指甲，从现在开始。"文案先用三个词准确地描述出了灰指甲的症状和危害，配合这三个词的分别是三幅画面：第一幅，一片顶部发黄的绿叶；第二幅，三片顶部发黄的绿叶；第三幅，一片残缺的绿叶。文字与图片形成合力，有很强的视觉冲击力，极容易引起受众的共鸣。

（五）声文并茂

声画对位、声文配合恰当是写作电视、广播广告文案的基本要求。换句话说，电视、广播广告的文案要与画面保持基本一致，其内容出现的节奏也要与画面声音同步。在电视、广播广告中，文案有多种表达方式，既可以画外音的形式表现，也可以人物语言或者字幕的形式表现。画外音、人物语言、字幕的运用及比例都是文案创作者所必须考虑的内容。在写作广告文案的时候，应当为画面的表现留下适当的空间，还要在文案中包含声音的因素。

第二节　广告标题

广告标题，即广告作品的题目，一般位于广告文案最前面，在广告作品的整个版面中处于最醒目的位置。奥格威认为："标题是大多数平面广告最重要的部分。它是决定读者要不要读正文的关键所在。读标题的人平均为读正文的人的5倍。"有效的标题会引起注意，吸引受众，将受众引向广告正文，表现广告的销售信息。因此，如果标题没能打动人心，就等于在浪费广告主的金钱。

一、广告标题的类型和作用

（一）广告标题的类型

按照诉求方式来划分，广告标题可分为直接标题、间接标题和复合标题。

1. 直接标题

直接标题即直截了当地表明广告的主要内容或销售重点的标题，一般无须再读广告正文。这类标题往往以商品、商标或企业名称来命名。如维维豆奶的广告：维维豆奶，欢乐开怀；川贝精广告：止咳有妙药，快服川贝精。

直接标题写作简单、快速，传递信息清晰、准确，一语道破广告主题。采用直接标题的广告有两种情况：一是只有标题没有广告正文，比如路牌广告、招贴广告等。二是标题和正文相配合，标题直接引导读者去阅读正文，而正文是对标题的补充与说明。

2. 间接标题

间接标题，标题本身并不直接揭示广告主题，而是采用耐人寻味的文学词语，诱导读者去阅读正文。如达克宁脚气药广告：双脚不再生"气"。

间接广告标题用词讲究，含而不露，追求一种"曲径通幽"的意境，生动活泼，富有情趣，能有效地激发人的好奇心，去看个水落石出，从而达到广而告之的目的。

3. 复合标题

复合标题通常由引题、正题、副题三种标题组成。引题的作用是交代背景、烘托气氛或引出主题；正题是主要的标题，作用是传达主要的广告信息；副题的作用一般是对主题的补充和说明。

★案　例

1. 三洋

引题——SANYO 三洋

正题—— 三洋卡拉 OK 录像机

副题—— 影、视、歌三重享

2. 顶好

引题——滴滴精纯，风味顶好

正题——顶好清香油

3. 万科

引题：万科城市花园告诉您

正标题：不要把所有的鸡蛋都放在同一个篮子里

副标题：购买富有增值潜力的物业，您明智而深远的选择

（二）广告标题的作用

1. 引导作用

俗话说："看书先看皮，看报先看题。"这是人们阅读报刊书籍的普遍规律。在阅读广

告文案时，这种现象尤其突出和普遍。一则好的标题，就像一双"火眼金睛"，能够一下子"抓住你"，吸引你的视线和注意力。

2. 诱发作用

一个优秀的广告标题，不仅要能够在一瞥之间抓住消费者的视线，使之停留，而且能够激发消费者"一山望过又一山"的好奇心，产生继续阅读广告正文的兴趣。要做到这一点并不容易，必须有高超的写作技巧和娴熟的业务能力。例如，以色列航空公司的广告"从 12 月 23 日起大西洋将缩短 20%"，这个标题就独具匠心，令人感到新奇，广告旨在说明飞机速度快，可以使距离相对缩短。

3. 促销作用

阅读广告标题的人是阅读广告正文的 5 倍。因此，广告标题不仅要精彩有趣，而且要能够传递出主要的广告信息，使人们即使不读正文，也能够获悉整个广告的主要内容，以有效地达到激发购买欲望，促进产品销售的目的。

二、广告标题的表现形式

广告标题的表现形式多种多样，并无固定的模式。下面仅介绍一些常见的形式，如祈求式、夸耀式、提问式、悬念式标题，供写作时参考。

（1）祈求式标题。采用希望、劝勉、叮咛或呼吁等语气敦促消费者采取购买行为。例如：请喝可口可乐（可口可乐广告标题）；用功读书时，灯光不足是最大的忌讳，请保护你的眼睛（台灯广告标题）；别让您头顶的留白随着学识增加（台湾落建洗发水广告标题）。

（2）夸耀式标题。以赞誉的口吻，夸奖商品或劳务的优点、特色。例如：车到山前必有路，有路就有丰田车（丰田车广告标题）；审慎保险公司具有直布罗陀的力量（审慎保险公司广告标题）；非凡成就（XO 马爹利广告标题）。

（3）提问式标题。提出"为什么""怎么样"之类的问题，以引起消费者的注意。例如：乐百氏奶，今天你喝了没有？（乐百氏广告标题）；既然每天要喝水，为什么不用哈慈杯?!（哈慈杯广告标题）。

（4）悬念式标题。在标题中提出一个奇怪的问题，或讲一件奇怪的事情，以引人注意，发人联想。例如：千万不要卖掉你的黄金，除非找到合适的买主（某首饰店收购黄金广告）；几天后将出现一颗什么星（反斗星广告标题）；我的朋友乔·霍姆斯，他现在已经变成一匹马了（美国箭牌衬衫广告标题）。

三、广告标题撰写要求

广告标题是广告主题的具体反映，是对广告正文的高度概括。因此，在拟写时，要言简意赅，用字准确、贴切，措辞别致、生动，引人注目。在创作广告标题时，应明确以下要求。

1. 主题鲜明

标题是广告内容的高度概括，要使人们看到标题就能理解广告的信息内容是什么。因此，广告标题必须结合主题且要鲜明，不能故作离奇之笔，与广告内容毫无关联。

2. 简明扼要

从记忆规律来看，广告标题以 7~12 字为宜，虽没有硬性规定，但还是要坚持简明扼要的原则。

3. 内容具体

广告标题的内容应是具体实在的，而不能含糊其词或过于抽象，以免被人忽视，或由于令人费解而激发不起人们的兴趣。

4. 个性独特

标题具有创意，才能有刺激性和吸引力，因此广告标题要有独特的个性。

5. 引人注目

标题在字体、字形和位置等各方面，都应考虑视觉化和艺术性，要能引起人的注意。同时，对不同的广告宣传对象，广告标题也要有针对性，不可离题。这样，可以充分发挥广告的说服力。

第三节　广告口号

一、广告口号的概念

广告口号（Slogan），也称广告标语，它是广告主长期使用在广告中的特定的商业宣传用语。广告语在相当长的时间内，是通过传播积累来完成认知的，具有一定的稳定性、识别性。很多情况下，广告标语都会和品牌的 LOGO 组合或单独应用，或者以固定的形式出现在电视广告的结尾或者平面广告的相关位置。一个企业或者一个品牌，如果有一个好的广告标语，会给消费者留下深刻的印象。如海尔的广告口号——真诚到永远，深刻揭示了海尔服务的深邃和长远，给人以无限的亲和力。

★案例

山叶钢琴广告

广告口号：学琴的孩子不会变坏。

案例分析：20 世纪 70 年代，山叶钢琴推出的一则广告，被评为第一届台湾地区广告语金奖十大广告流行语之一。其实，山叶钢琴在台湾地区的市场占有率很高，广告的目的并不是竞争，而是希望更多的人来学钢琴，当时创作这句广告语的作者是一位女性，她自己从小学钢琴，其娘家还是山叶钢琴的代理商。那年，她刚生了孩子，想到自己初为人母，想到父母对孩子都充满了美好的希望，就想到了"学琴的孩子不会变坏"这句广告口号。当时，台湾地区的许多儿童沉迷于电子游戏，这自然引起了家长们的担心和不安，这句广告语犹如一股柔和的春风，紧紧抓住了家长们的心，给家长们极大的影响。

二、广告口号的种类

广告口号的种类有很多，如赞扬类、号召类、标题类、幽默式、情感式等。

（1）赞扬类。这种广告口号强调商品的好处，突出其优点。例如：味道好极了（雀巢咖啡广告口号）；如此感觉无与伦比（可口可乐广告口号）；我信雷达（雷达广告口号）。

（2）号召类。号召式的标语，用富有感召力的鼓动性语言，直接动员消费者产生购买行为。例如：请喝可口可乐！（可口可乐广告口号）；只要您拥有春兰空调，春天将永远伴随着您（春兰空调广告口号）；乐百氏奶，你今天喝了没有（乐百氏广告口号）。

（3）标题类。广告标题与广告口号融为一体，既起广告标题的作用，也起广告口号的作用。例如：春风伴你，人生得意（宁波无线电厂春风牌收录机广告）；抽美国云斯顿，领略美国精神（美国云斯顿牌香烟广告）。

（4）幽默式。这种口号使用幽默和富有人情味的言辞来引发人的联想。例如：它能粘住一切，除了一颗破碎的心（某液体水泥广告口号）；心中所爱，尽在掌握（某照相机广告口号）。

（5）情感式。这种口号由富于抒情韵味的言辞构成，以便更好地激发人的联想，使人认同。例如：只溶于口，不溶于手（玛氏巧克力广告口号）；一股香浓，一缕温馨（南方黑芝麻糊广告口号）；全心全意小天鹅（小天鹅广告口号）；一旦拥有，别无所求（飞亚达手表广告号）。

三、广告口号与广告标题的区别

广告口号标语与广告标题在表现形式和写作要求上有许多共同之处。比如，两者都是对广告主要信息的浓缩，都是为了吸引消费者的注意，达到促进销售的目的。但两者又存在着明显的区别。

1. 使用寿命不同

广告标题是一则广告的题目，是广告文案不可分割的有机组成部分。标题随着广告内容而变化，经常是一次性使用。广告口号则是企业广告的普遍标志，是商品观念的长期输出形式，它相对稳定，一般几年甚至十几年不变，适用于一家企业在任何时间、任何地点所做的任何广告，广告口号只有反复使用才有意义。

2. 在广告中的位置不同

标题在广告中的位置是固定的，一般是放在广告作品中最醒目的地方，通常与照片、插图等有机结合在一起。广告口号在广告版面中的位置十分灵活，它可以单独使用，也可以放在广告上下、左右中的任何地方，多出现在结尾部分。

3. 表达风格不同

广告口号因为着力于对受众的传播和波及效应的形成，在表现风格上立足于口头传播的特征，其语言表达风格就要体现口语化特征，自然、生动、流畅，给人以朗朗上口的音韵节奏感。在语言的构造上，要体现平易、朴素，但富有号召力的遣词造句的特点。例如：麦氏咖啡的"好东西要和好朋友分享";康莱蛋酥卷的"把美味和营养卷起来";人头马酒的"人头马一开,好事自然来"。这些广告标语句子完整,意义明确,给人印象深刻。而广告标题可以是一个字、一个词或一个意思不完整的句子,主要目的是引起消费者阅读正文的兴趣。广告标题的表现功能要求它新颖、有特色、能吸引人,因此,可以是生动流畅的口头语风格,但因为它在广告中的提纲挈领的作用和在平面广告中的分量,它更倾向于书面语言风格的运用。

4. 负载信息不同

广告口号所负载的信息,一般是企业的特征、宗旨、商品的特性、服务的特征等,是企业、商品和服务的观念和特征的体现。而广告标题不一定是负载这些信息的,它为了吸引消费者的注意,可以用广告口号中同样的信息内容,也可以负载与广告中不同组信息相关的内容。在信息的负载面上,广告标题与广告口号各显特色。

四、广告口号撰写要求

广告口号是广告文案的重要内容,一则好的广告口号,不仅能突出商品或企业的特色,树立独特鲜明的商品形象和企业形象,而且能成为人们的口头禅,被广泛使用和流传。因此,在创作广告口号时,必须遵循以下几点要求。

1. 简短易记

使用广告口号的目的在于反复强调和宣传,加深和强化消费者对广告内容的印象和记忆。因此,广告口号的用语一定要通俗、简短,朗朗上口,便于记忆。口号一般在12个字左右比较妥当,奥格威提倡最好在8个字以内。如果口号较长,应尽量采用分句、短句。例如:好车用好油(中石化汽油广告口号);营养和口味一样好(劳拉糖果公司广告口号);独一无二的体验——姜汁酒(索姆赛特进出口公司广告口号)。

2. 个性突出

广告口号必须与众不同,才能成为消费者认知、识别的标志,因此,广告口号应结合本广告的主题,突出强调本商品或劳务的独特之处,具有鲜明的个性。广告口号最忌讳模仿和抄袭,这样无异于替对方做宣传。例如,美国奥尔巴赫公司的广告口号:"百万的企业,毫厘的利润。"既反映出它的经营宗旨,又说明了公司的巨大规模及雄厚的资金,有高度的概括力。可口可乐的广告口号:"挡不住的诱惑。"也高度概括了产品的特点。同时,创作广告口号时,最好将公司、产品或劳务的名称放进去,这样能使消费者在接触到广告口号的同时,就认定产品,了解本产品区别于其他产品的特点,从而选购、使用这一产品。如大宝系列化妆品广告"皮肤好,用大宝",上海大众汽车有限公司的广告"上海桑塔纳,汽车新潮流",都是将产品品名商标写入口号,便于消费者认识。

3. 号召力强

广告口号应该像行军打仗时吹起的进军号角,具有极强的鼓动性和号召力,能够立刻调动起消费者的情绪、兴趣、记忆和行动,因此,口号用语尽量押韵、优美、富有情感。例如：要将牙病防，洁银帮你忙（广州洁银牙膏广告口号）；与时尚手携手（戴维斯手提包广告口号）；一百年的年轻（青年之友广告口号）。

第四节 广告正文与随文

一、广告正文的含义

如本章第一节中所述，广告正文就是广告文案的主体部分。广告正文起着介绍商品、服务和树立企业形象的作用。它在写作上的目的是为标题所列的内容提供证明材料。

广告正文的表现内容主要有三：第一，对企业、商品或服务的特性进行说明。企业广告的正文中通常包括企业的历史、宗旨、特性、主要产品及企业的优势等；商品广告的正文通常要对商品的功能、用途、个性特征、使用方法等进行介绍；服务广告的正文主要内容有服务的性质、具体服务项目等。第二，对标题的承诺给予阐释、证实。如运用证言、实例等对承诺的真实性和可信性进行证明。第三，对其他有关信息进行说明。

二、广告正文的结构

广告正文通常由导语开端部分、主体中心段和结尾三部分构成。

1. 导语开端部分

开端也称开头，是广告文案标题与广告文案正文衔接的部分，起承上启下的作用。因此，在文字上要求既能衔接标题，又能为后文的展开简明扼要地提出问题。

2. 主体中心段

中心段也称文案主体，是整个广告文案的主要部分。其任务是根据广告创意的主旨来阐述广告产品的状况、品质及优点。但要注意广告文案的中心段不是作一般性的描述，而是要突出广告产品的品质与特征，用关键性、有说服力的事实给以说明。这部分的结构，要按照说明问题的复杂程度及文字结构的特点进行安排，可以为一整段，亦可以分为几个段落。

3. 结尾部分

结尾部分是广告正文的结束，结尾部分的内容一般带有鼓励性的语句，敦促消费者采取购买行动，同时可说明产品价格、优惠办法、订购办法、维修及服务的承诺，对渲染广告全文、加深消费者印象和刺激消费者购买方面具有极其重要的作用。

★案 例

三菱空调报纸广告文案

标题：如果爱侣说："这个真不错。"我选择三菱电机的空调。

正文：迅速地使房间每个角落都变得舒适，这就是世界上具有特色的"气流控制"。外出回来后按下键钮，迅速地使房间的每一个角落都变得舒适。三菱电机空调的先进气流控制，根据您的喜好和房间的特点，搭载有可选择的"自动""手动""摆动"三种气流控制的机能。不论是谁都认为舒适性非同一般，这就是世界一流水平。

广告语：不同之处，在于世界水平——三菱电机

（资料来源：韩光军. 现代广告学 [M]. 北京：首都经济贸易大学出版社，2003.）

三、广告正文的表现形式

1. 陈述体

陈述体广告正文以简明扼要的叙述方式来介绍广告所宣传的商品或劳务等信息。

★案例

哥伦比亚咖啡，制成世界最香浓的咖啡

哥伦比亚安第斯山脉是世界上种植咖啡最好的地方，那里有肥沃的火山土壤、温和的气候及适量的阳光和雨水，保证了每一颗咖啡豆的完美成长。待到咖啡豆成熟时，人们手工摘取。只有最好的咖啡豆才进行烘烤，以确保其独特的味道及芬芳。假如您是一位咖啡爱好者，一定要选用哥伦比亚咖啡豆制成的各类咖啡。

在中国唯有麦氏超级特选速溶咖啡和生活伴侣杯装咖啡才是您最终的选择。与众不同！

2. 论述型

论述是在事实的基础上进行理性的分析。论述型广告凭借事实的内在逻辑对受众进行诉求，不仅要告诉受众是什么，还要告诉受众为什么，使之有更强的说服力。

★案例

"莎丽雅"护肤品系列之一的广告正文

每个女孩都希望拥有柔润、美丽的肌肤，假如你的肌肤有种种问题，当然要小心护理；即使你的肌肤天生柔美，也不可忽略了护肤的重要性。因为女性细腻的肌肤常常会受天气变化、空气污染、饮食不调等因素影响，产生暗疮、黑头、皱纹种种问题。而且随着年龄的增长，细胞的新陈代谢放缓，皮肤也会渐渐老化。所以你应该及早注意护理肌肤，保持肌肤的柔美健康。

3. 主观表白式

主观表白式广告正文以广告主的口吻展开诉求，直接表白"我们如何"或"我如何"。这种方式在企业广告中被广泛使用。

4. 代言人式

代言人式广告是电视广告最常用的方式。广告中以各种身份（名人、明星、消费者）的代言人为广告形象，与诉求对象说话。例如，雕牌透明皂电视广告，一位正在自家小院里洗衣服的大妈对在一旁读报纸的大爷说："肥皂啊，我一直用雕牌，透明皂我还是用雕牌。雕牌透明皂就是实在，洗得干净还不褪色。"

5. 独白式

独白式广告正文以虚构的人物内心独白展开诉求。在平面和广播广告中，一般以"我"

为口吻；电视广告中则以画外音或字幕出现较多。这类广告多带有个人感情色彩，私密性较强，一般不适合加进关于企业、产品的"硬"信息。

★案　例

美国一女士写的征婚广告正文

作家的头脑，模特儿的外貌，舞蹈演员的体形，这就是我——一个32岁的曼哈顿女画师，作为一个金发女郎，当然希望找个金发男子。我会溜冰、滑雪，网球打得不错，富于幽默，多情，爱跳踢踏舞（倘若你不会，到时候我来教你）。那么，你应该是谁？风度翩翩，肌肉发达，刚柔相济，会体贴人，不吸毒，更不可能是同性恋者，最好能像我一样喜爱小动物，好吧，希望爱神之箭能够同时射中我俩。来信内容，定为保密。

案例分析：这则广告正文自述了年龄、职业、外貌、爱好、性格等情况，也提出对理想中"另一半"的要求和条件。叙述合理清楚、语言风趣生动，属于独白式广告正文。

6. 对白式

对白式广告正文常用于生活片段式和故事式的广播、电视广告中，通过广告中人物的对话与互动展开诉求。这类广告中应避免话剧式的对话、缺乏个性的套话和矫揉造作的言辞。例如，洗衣粉、调味品之类的日用品广告以两个家庭主妇的互问互答来介绍，效果就比较好。反之，让她们介绍科技产品就不合适了。

7. 幽默式

幽默式广告用风趣的笔法与诙谐的语言，轻松、俏皮地宣传广告内容。用词含蓄、活泼、逗趣，但回味无穷，令人深思，能引起受众的注意。如伦敦地铁广告正文：如果您无票乘车，那么，请在伦敦治安法院下车。

★案　例

马来西亚柔佛市一则交通广告

阁下驾驶汽车，时速不超过30公里，可以欣赏到本市的美丽景色；超过60公里，请到法庭做客；超过80公里，请光顾本市设备最新的医院；上了100公里，祝您安息吧！

案例分析：该案例是指政府希望驾车的时速为30公里，最高限制是60公里，超过60公里就违法了，超过80公里容易出车祸（鉴于当地的交通状况），超过100公里很可能会死亡。轻松俏皮地宣传交通法规。

8. 文艺式

文艺式广告即借助丰富多彩的文艺形式，如诗歌、散文、歌曲、小品等，生动形象地介绍广告内容。

★案　例

人间仙境　世外桃源——长春香格里拉歌舞餐厅欢迎您

正文：朋友，您还记得香格里拉吗？英语中它是人间仙境、世外桃源的意思。我们却不敢这么说。长春香格里拉歌舞餐厅只能告诉您：

若是人生路上您感到孤独的时候，这里是您欢乐的所在；

若是生意场上您感到疲惫的时候，这里是您小憩的摇篮；

若是事业成功您获得欢乐的时候，这里是您价值的标志；

若是爱情路上您找到合适的伴侣的时候，这里是您汇合的港湾。

朋友，来香格里拉吧！您会有意外的收获。

（随文略）

案例分析：这是一则文艺体的广告文，这则广告语言巧妙，它用了优美的词句，整齐的排比，以情动人，使人愿意听，愿意前往。假如您听到这段广告词，您能不对香格里拉产生一探究竟的冲动吗？

此外，广告正文还可以有诗歌式、散文式等表现方式。

四、广告正文撰写要求

广告正文主要是把广告的诉求重点传达给消费者，在写作时要注意以下几个方面的要求。

1. 真实可信，不欺不瞒

真实可信，这是广告的生命。广告正文必须实事求是地介绍商品或劳务，以及它们的优点、性能、特点等；对消费者的承诺，也必须一诺千金、言而有信，决不可子虚乌有、夸大其词或欺瞒哄骗。

2. 紧扣主题，围绕标题

正文是对主题的文字表述，要以主题为核心概念展开，否则广告正文就会失去重心，即使正文很华丽、很吸引人，但言之无物，或受众不知道广告想说些什么，都会失去正文的作用，进而影响广告效果。

3. 简明扼要，重点突出

由于受传播时间或版面的限制，广告正文必须从众多的商品信息中选取最突出的优点或给予消费者的独特利益点作为诉求重点，这样才能给人深刻印象。一则广告，一般只能有一个主题，即只能突出宣传商品某一方面的特点。如果广告商品确有许多独到之处，则可以采取系列广告的形式，逐次加以表现。

4. 生动有趣，有号召力

广告正文不但要说理，而且要煽情。因此广告正文应采取叙事、说明、散文、诗歌、曲艺等多种多样的写作体裁，使广告生动有趣、个性鲜明，富有趣味性和人情味。另外，广告正文必须具有极强的鼓动性，通过权威推荐、明星称赞、消费者认可等多种方式，增强广告的感染力和号召力。

5. 语言热情，朴实真诚

正文的撰写要注意流露对广告商品的喜爱，这样才能传递真诚的感受。广告正文创作的艺术性并非要求文字的华丽，而是要强调朴实和真诚。

★案例

东芝 TECRA 系列广告正文

一款杰出的笔记本电脑就像一辆终极跑车，体现拥有者的风度。东芝 TECRA 系列在世界任何角落均备受成功人士的钟爱。全新 TECRA9000，脱胎换骨，前卫而更显尊贵，将先锋科技与前瞻设计完美结合，为您创造完美的操控境界。

案例分析：这款东芝 TECRA，属于笔记本电脑中的高档产品。如何说服消费者购买这种昂贵的电脑呢？广告文案的制作者将电脑比喻为跑车，赋予其代表身份品位的概念，语言简洁、生动，富有表现力，起到了很好的效果。

大卫·奥格威在《一个广告人的自白》中，对撰写广告正文有不少忠告，值得借鉴：①避免唱高调。②不要贪图那种获奖文案。③不要用高级形容词、一般化字眼和陈词滥调。要有所指，而且实事求是。要热忱、友善并且使人难以忘怀，别让人厌烦。讲事实，但是要把事实讲得引人入胜。④不要旁敲侧击，要直截了当。避免那些"差不多，也可以"等含糊其词的语言。⑤除非有特别的要求要在广告里使用严肃、庄严的词，通常应该使用顾客在交谈中用的通俗语言写文案。

五、广告随文

广告随文又称广告附文，指广告文案中向受众传达企业名称、地址、购买商品或接受服务的方法等附加性信息的语言文字，它一般出现在广告文案的结尾部分。随文的具体内容有品牌名称、企业名称、企业标志、企业地址、电话、联系人，以及购买商品或获得服务的方法、权威机构证明标志、特别需要说明的内容、必要的表格等。

随文的内容视广告文案的中心内容和广告的具体目的等实际情况而定，一则随文中不一定包括上述的全部内容，应有所取舍，以突出最主要的信息。

随文的基本功能是：补充正文遗漏，直接促使行动，方便消费者购买。

★案例

广州时代玫瑰园文案的随文

投资商：时代地产广东玫瑰园。

发展商：时代名苑房地产开发有限公司。

园林设计：澳洲格拉斯比。

看楼专车接送点：宏城广场、烈士陵园正门口、广源好又多、三元里地铁站（C 出口）。

公交线路：223、76、529、805、684、804、76A、268、539、832、夜9。

案例分析：有了这些较详细的文字，那些对时代玫瑰园有兴趣的人们，就能够按照提示信息去找。

本章小结

广义的广告文案是指通过广告语言、形象或其他形式，对既定的广告主题、广告创意所进行的具体表现。广义的广告文案包括标题、正文、口号的撰写和对广告形象的选择搭配。狭义的广告文案则指表现广告信息的言语与文字。狭义的广告文案包括标题、正文、口号的撰写。

根据传播媒介的不同，广告文案可划分为印刷媒体广告文案、广播广告文案、电视广告文案、网络广告文案。

根据诉求方式的不同，广告文案可划分为理性诉求广告文案、感性诉求广告文案和情理结合诉求广告文案。

广告文案的写作要求：定位准确、整体构思、简洁明了、文图互补、声文并茂。

一则完整的广告文案由标题、广告口号、正文及随文四部分组成。

标题亦称题目，广告标题即广告作品的题目，一般位于广告文案最前面，在广告作品的整个版面中处于最醒目的位置。按照诉求方式来划分，广告标题可分为直接标题、间接标题和复合标题。广告标题的作用有引导作用、诱发作用、促销作用。广告标题的表现形式：直诉式标题、新闻式标题、祈求式标题、夸耀式标题、提问式标题、悬念式标题。广告标题撰写要求：主题鲜明、简明扼要、内容具体、个性独特、引人注目。

广告口号，是广告主长期使用在广告中的特定的商业宣传用语。广告口号的种类：赞扬类、号召类、标题类、幽默式、情感式。广告口号撰写要求：简短易记、个性突出、号召力强。

广告口号与广告标题的区别：使用寿命不同、在广告中的位置不同、表达风格不同、负载信息不同。

广告正文是广告文案的主体部分，广告文案的正文起着介绍商品、服务和树立企业形象的作用。它在写作上的目的是为标题所列的内容提供证明材料。广告正文通常由导语开端部分、主体中心段和结尾三部分构成。广告正文的表现形式有陈述体、论述型、主观表白式、代言人式、独白式、对白式、幽默式、文艺式。广告正文撰写要求：真实可信，不欺不瞒；紧扣主题，围绕标题；简明扼要，重点突出；生动有趣，有号召力；语言热情，朴实真诚。

广告随文又称广告附文，指广告文案中向受众传达企业名称、地址，购买商品或接受服务的方法等附加性信息的语言文字，它一般出现在广告文案的结尾部分。

复习思考题

1. 请结合具体的广告简述广告文案的构成和种类。
2. 请结合具体的广告简述广告文案标题的种类。
3. 阐述广告标题撰写的要求。
4. 阐述广告口号的写作要求。
5. 阐述广告口号和广告标题的区别。
6. 阐述广告正文撰写的要求。

【实训演练】
实训名称：广告标题创意。

实训目的：通过对不同类别产品的广告标题进行撰写练习，提高学生对广告标题的创意能力。

实训要求：

1. 以不同的创意技巧撰写 10 条广告标题，要求视野开阔，创意独特，能吸引人。
2. 创作长、短文案标题各 5 条，并比较其特点，要求长文案不少于 12 个字。

【案例分析】

新百伦"致匠心"

新百伦（New Balance），1906 年由威廉·莱利（William J. Riley）先生在美国马拉松之城波士顿创立，现已成为众多成功企业家和政治领袖爱用的品牌，在美国及其他国家被誉为"总统慢跑鞋""慢跑鞋之王"。新百伦自创立以来，秉承着制造卓越产品的精神，不断在科技材质、产品外观与舒适感持续进步，唯一不变的是新百伦的高标准道德规范、100% 顾客满意度、团队合作的精神。新百伦是全球唯一在欧美拥有专属工厂的国际化运动品牌，它拥有固执到偏执的品牌美学，并始终引以为傲，有着对品牌精益求精的态度。

2014 年，新百伦为推广英美产系列跑鞋，请来著名音乐人李宗盛助阵，为品牌拍摄了"致匠心"广告，向工匠精神致敬。视频以近乎白描的手法，通过李宗盛的口述，将他亲手制作木吉他的过程与远在地球另一边的鞋匠制作新百伦 990 的步骤温暖地关联在一起。两个素未谋面的匠人，天各一方地执着各自的热爱和信仰。这位音乐界的老大哥，用 3.5 分钟的时间把观众带入手艺人的世界。他引出了《山丘》中想说未说的话："一辈子总是还得让一些善念执念推着往前，我们因此也能愿意听从内心的安排。"的确，每件事未必一定有意义，但总有热爱它的人去赋予其生命，这就是执着于本心的匠人之心。宣传片文案如下。

致匠心文案

人生很多事急不得，你得等它自己熟。我 20 出头入行，30 年写了不到 300 首歌，当然算是量少的。我想一个人有多少天分，跟出什么样的作品，并无太大关联。天分我还是有的，我有能耐住性子的天分。

人不能孤独地活着，之所以有作品，是为了沟通，透过作品去告诉人家心里的想法、眼中看世界的样子、所在意的、所珍惜的。所以，作品就是自己所有精工制作的物件。最珍贵，不能替代的就只有一个字"人"，人有情怀、有信念、有态度。所以，没有理所当然，就是要在各种变数可能之中，仍然做到最好。

世界再嘈杂，匠人的内心绝对必须是安静安定的，面对大自然赠予的素材，我得先成就它，它才有可能成就我。我知道手艺人往往意味着固执、缓慢、少量、劳作，但是这些背后所隐含的是专注、技艺、对完美的追求。所以，我们宁愿这样，也必须这样，也一直这样。为什么，我们要保留自己最珍贵的、最引以为傲的。一辈子，总是还得让一些善意执念推着往前，我们因此能愿意去听从内心的安排，专注做点东西。至少对得起光阴岁月，其他的就留给时间去说吧。

从音乐人向制琴师跨界，李宗盛翻越了一座人生的"山丘"。早在 1997 年，暂别一线歌坛的李宗盛前往因制作顶级手工吉他而闻名世界的加拿大。在那里，他遍访顶级手工制琴

师，从设计到选料再到后期制作，潜心学习每一道工序。十多年来，他为了梦想一路坚持，就像一把原木吉他，任凭时光打磨，始终保持演奏最本色的音符。2015 年伊始，再次开唱的李宗盛演唱会依旧火爆，一票难求。李宗盛说，入行 30 余年，写了近 300 首歌，在音乐人中虽不算多产，但是他对音乐的专注，对细节的把控，对完美的追求，却是音乐人中的做得最好的。这与新百伦想要表现的产品特质非常吻合。

"致匠心"短片，是维拉沃姆公司（Verawom）的涂晓明带领的团队为新百伦英美产系列打造的宣传活动。它也成为近来业界中少有的得到消费者和网民自发性传播的案例。整个活动的执行也非常尊重"匠心"这个主题，提炼"致匠心"这三个字的核心策略，就几乎用了 2~3 个月。这部广告文案扎根于品牌特质和消费心理：新百伦英美产系列从外形设计到价格，吸引的用户从年龄到经历，都偏向成熟。向每个拥有"匠心"的人致敬，广告文案紧扣主题，既不直白又不过于晦涩。李宗盛对人与作品间的关系进行了准确的表达，包括需要平静专注的心境、情怀与坚守，人与作品的相互成就，情感沟通等。广告有一个副标题：李宗盛的人生哲学——将匠心上升到人生哲学高度。它很好地诠释了新百伦的制鞋匠人与鞋子之间的情感勾连，以及匠人精神与历史传承。

问题：结合所学知识，评析该则广告文案。

【广告巨擘】克劳德·霍普金斯

第七章

广告设计与制作

广告的功效应是信息的媒介，而不是某种艺术的形式。鄙夷那些竞争对手，将广告装扮得"拗口、花哨、哗众取宠"。

——大卫·麦肯兹·奥格威

知识目标

● 掌握电视广告的设计制作过程；

● 掌握广播广告的三要素；

● 掌握报纸、杂志广告的设计与制作技巧；

● 了解网络广告制作要求；

● 了解直邮广告、POP 广告、户外广告、橱窗广告的制作要求。

技能目标

● 能运用广告制作的相关原理创作报纸、电视、杂志和网络媒体广告；

● 能够运用所学知识进行广告分镜头脚本的撰写。

关键词

广告脚本　分镜头脚本　广告色彩　设计制作

任务导入

小迷糊自然鲜颜素颜霜广告文案

产品调性：妆效自然，温和养肤。

产品定位：为少女肌研制温和养肤的裸妆产品。

核心卖点：萃取阿尔卑斯冰川水和7种复合植物，打造自然清透妆感的同时深入补水，为肌肤补充多种营养和能量；自然素颜、滋润养肤、无须卸妆。

产品规格：20g；50g。

目标群体：16岁以上、青春时尚、充满活力的年轻女性，倡导健康乐观、积极向上的生活方式。

广告目的：在目标群体中建立品牌个性与形象，提升产品辨识度；围绕品牌理念和产品卖点，结合年轻群体的喜好或行为方式，吸引目标受众体验、接受及购买产品，与其建立情感联系；通过视觉语言，传播"拒绝套路，轻松简单"的生活态度。

任务要求：为小迷糊自然鲜颜素颜霜这款产品撰写视频广告的分镜头脚本。

第一节　电子广告的设计与制作

运用电子手段传送广告信息的媒体有很多，其中广播和电视是最主要的。了解掌握了设计与制作广播及电视广告的要求和方法，也就能够对设计与制作一般电子广告的规律有所认识和把握。

一、电视广告的设计与制作

电视是集声像、色彩、画面、语言文字于一体，同时对受众的视觉和听觉发生作用的大众传播媒体。由于所传递的信息表现形式多种多样、形象生动、娱乐性强，电视已成为大众传播媒体中最受观众欢迎的媒体，因而也成为传递广告信息的主要途径之一。美国一家广告代理商在一次消费者态度调查中指出："电视广告影响美国命脉的跳动。"可见电视广告的巨大影响力。在现代，尽管有网络媒体的冲击，广告主一般还是高度重视电视广告的利用，同时也为拍摄制作电视广告投入大量的人力、物力和财力。如何使电视广告聚焦注意力、抓住观众的眼球？这向广告创作人员提出了新的要求。广告创作人员要充分发挥出自己的才智，摄制出优秀的电视广告作品。

（一）充分发挥电视广告的优势

电视传递广告信息，具有许多独到的特点。要创作出能够吸引电视观众的优秀电视广告作品，首先就要注意发挥电视广告得天独厚的优势，同时弥补其不足。

（1）用画面讲话。尽量做到用画面突出主要信息，紧紧抓住观众的注意力。具体的、直观的信息主要通过画面来表现，而抽象的信息则通过解说来传递，画面与声音相互补充，使观众获得更丰富的信息。

（2）先声夺人。广告开头要富有特色。能够先声夺人，一下子就吸引住观众。要选择新颖独特的角度，富有新意，饶有趣味，别具一格。

（3）让观众记住产品的名称。想办法突出产品的名称，要能在广告的前几秒钟就出现产品的名称，同时形式要尽量新颖，使产品名称对观众有一个强有力的刺激。在广告结束前再次出现，加强已形成的印象。

（4）突出重点。要重点突出一种信息，需要重点突出的信息应精心策划。

（5）画面要有特色。画面、语言要有个性，应有较好的视觉效果。

（6）发掘声音的潜力。广告音乐能够渲染气氛和激发观众情感，能从另一个侧面突出商品的特点，对画面起着补充与深化的作用。广告语言要根据画面内容恰当运用。

（7）用好字幕。注意字幕要与声音相一致，否则会引起混乱。

（8）广告词要简练。切忌啰唆，避免废话和套话，要用尽量少的语言，传递尽可能多的信息。

（二）电视广告的三要素

电视广告的构成要素比广播广告丰富得多，除了声音（包括人声、音乐声、音响声）之外，还包括画面和时间两大要素。

1. 声音

声音是人们从电视上接收到的信息，主要有视频信息（即画面）和声频信息（即声音）。画面是电视广告的主信息渠道，声音从属于画面，是画面进行补充说明的辅助渠道。

声音在电视广告中具有画面所不具备的优势。首先，声音不受空间的限制，具有流动性的特点。接收者即使视线离开了画面，耳朵仍能听到声音。此时，如果电视中的声音极富表现力的话，可以把观众的视线拉回到屏幕上。其次，声音信息不像画面信息那样难以描述，它可以准确地、直接地被观众接受，并且易于模仿，便于传播。尤其是那些精彩的广告口号和通俗易懂的广告歌曲，更可以使广告信息得到更大范围的传播。因此，在电视广告的制作上，应努力把声音的表现潜力发掘出来。

在电视广告中，声音的表现形式有写实音和写意音。写实音是指能从广告画面中交代出的声源所发出的声音，包括台词、音响和音乐。运用写实音是为了把广告信息传达得更加清楚明白、通俗易懂。写意音是指完全脱离写实意义的声音，写意音并不在意说明什么，而是力求创造一种形象、一种情趣、一种意境，从而引发出人们丰富的联想和美好的情感。

2. 画面

画面是电视广告传递信息的最主要载体，是指经过摄影机拍摄记录下来的景象。画面主要包括演员、背景和字幕等。

演员是指广告片中角色的扮演者，主要指人。演员的选择，主要是从表现广告创意的需要出发，力求使演员的形象贴近广告氛围，给人一种亲切、真实、可信的感觉。作为广告演员，必须具备模拟能力、想象力、理解力和各种良好的文化修养，这对广告意图的表达至关重要。广告模特不是要最漂亮，而是要最适合广告的内容。

背景是指广告片中事件发生的具体环境，它包括实景（被摄入镜头的自然环境）和布景（在摄影场地人工布置和搭建的景物）。

字幕是指广告片中出现的文字。字幕可以出现在广告片中的开头、中间或者结尾。常用的字幕有：说明字幕，即对创意做必要的说明，常放在广告片的开头或中间；附印字幕，叠印在影片画面上的文字，对广告创意或商品进行必要的注释或强调；对白字幕，多为广告词或广告歌词的对白，出现在画面的下方；标版字幕，显示广告口号、商品名称、注册商标及有关文字。

在画面的拍摄中，必须规定中心画面，也就是说，要突出表现广告主题的主要信息，尽量把不重要的、有可能干扰主信息的事物排除在外，使画面简洁、明确。正如博加特博士所说："大多数广告客户希望以大量的商业信息加诸观众。事实上这样做并不能引起观众的注意，一个好的电视广告片，最重要的是要有清晰、独特的画面，使观众在许多电视广告中，看一眼便能记住广告的商品。"

一般而言，广告片中的主信息应尽早出现，以 30 秒钟的电视广告为例，主信息一般在 5 秒钟左右出现较好，如果太迟，会使观众感到莫名其妙，从而失去兴趣和耐心。当然，悬念广告例外。

3. 时间

时间是电视广告的第三个构成要素，时间直接影响着人们对电视广告信息的认知。一般来说，人们至少需要 1 秒才能看清楚一个画面，若少于 1 秒，则很难留下记忆。因此，电视广告的中心画面应不少于 1 秒钟。

电视广告片长以不超过 60 秒最为适当，具体来说有 15 秒、30 秒、40 秒、45 秒和 60 秒电视广告。30 秒的电视广告运用较多，它可以表达一个简单的主题，可以宣传一种商品；40 秒和 45 秒的电视广告通常也只表达一个主题，只不过在质感和记忆上有时间深化和巩固；60 秒的电视广告可表达两个主题，亦即诉求两种商品。调查发现，60 秒和 30 秒的电视广告传播效果相差无几。因此，可将 60 秒广告制作成两个 30 秒的广告片连续播出。电视广告以不超过 100 秒为宜，否则，效果将会适得其反。

电视广告三要素之间的组合，以产生"说服性"效果为目的，这是判断电视广告是否有效的主要标准。

（三）电视广告的制作程序

电视广告的制作主要涉及时间安排、播出方式和结构样式等。电视广告的制作，大体上分为以下三个阶段。

（1）设计阶段。这一阶段的工作主要包括：提出广告计划书，完成广告分镜头脚本和故事版的创作，确定广告制作人员的构成，根据脚本的需要选择演员，召开制作人员会议，进行具体分工。

（2）实际拍摄阶段。这一阶段主要有拍摄前各种器材、设备及技术条件的准备，以及现场的具体拍摄工作。

（3）后期制作阶段。这一阶段主要包括编辑、配音、配乐、合成，最后送往电视台播出。

一般来说，上述三个阶段的工作是按阶段进行的，但有时时间紧迫，也可交叉进行。

（四）电视广告脚本撰写

电视广告脚本，又称电视广告剧本，也是电视广告文案，是电视广告创意的文字表达，是体现广告主题、塑造广告形象、传播信息内容的语言文字说明，是广告创意的具体体现，是拍制电视广告的基础和蓝图，为导演进行再创作提供详细的计划和文字说明，是电视广告作品形成的基础和前提。

电视广告脚本分为文学脚本和分镜头脚本。其中，文学脚本是分镜头脚本的基础，分镜头脚本是对文学脚本的切分与再创作。

1. 文学脚本

电视广告文学脚本的创作需注意以下几点：明确广告定位，确定广告主题；运用蒙太奇思维，用镜头进行叙事；每个画面的叙述都要有时间概念；脚本必须写得生动、形象，具有艺术感染力；一般按镜头段落为序进行描述。

★案　例

雀巢咖啡，开启一天美好生活

截取几个清晨的场景，以不同职业的人都选择雀巢咖啡开始一天的工作，来向受众说明"美好生活，始于雀巢"这个主题。

画面一：清晨七点，窗外鸟鸣露浓，高三学子起床穿戴收拾桌面上的课本书包，准备外出上课，临出门之际，突然想起忘了带什么东西，返回饭厅，端起桌上的雀巢咖啡保温杯，并打开嗅一下香味，浅啜一口，表情享受。

画面二：清晨七点半，年轻白领提着公文包，在人来人往的地铁站等待地铁，手中握着速食店卖的纸杯雀巢咖啡，香气袅袅，浅啜一口，表情享受，精神状态良好地去上班。

画面三：清晨八点，装修精致的办公室，中年经理坐在办公桌后，旁边的秘书在递给他一天的行程安排之前，先给他一杯雀巢瓷杯装的咖啡，经理端起咖啡很享受地喝起来。

2. 分镜头脚本

编写分镜头脚本主要考虑的因素有以下四种。

（1）时间因素。对于30秒的电视广告，要充分表达广告信息内容是件不容易的事，所以编写镜头的长度要尽可能考虑时间这一因素。

（2）镜头技巧因素。影视广告的画面要求紧凑、有逻辑性。因此，运用镜头技巧要符合认知规律和逻辑规律，镜头组接技巧要富有节奏感。

（3）画面与解说因素。影视广告的画面是广告内容的重要体现，而解说是对广告内容的陈述。两者要根据创意、表现的要求，尽可能配合得自然、和谐。

（4）音响与音乐因素。音响是为了表现某种逼真效果，音乐是渲染广告的艺术氛围。在编写影视广告分镜头脚本时，何时需要音响、何时出现音乐也是不容忽视的。

★案 例

雀巢咖啡的分镜头脚本如表7-1所示。

表7-1 雀巢咖啡分镜头脚本

画面	镜号	镜头	时间/秒	画面	配音	字幕及效果
一	1	由远景至近景拉近	2	由窗外花园鸟鸣露浓、花开绿意拉近至窗内，书桌上堆满了教科书及作业，墙上挂钟直指七点	清晨鸟鸣、闹钟声响	
	2	近景特写	1	高三学子伸懒腰起床	轻柔音乐	
	3	近景定格	1	学生收拾桌上的书籍，装进书包，突出书多、包重	轻柔音乐	画面左上方配字幕"积极备战的早晨"
	4	近景定格	1	学生于饭厅吃完饭准备出门	轻柔音乐	
	5	近景特写	1.5	特写学生面部表情，突然想起还有东西没带	特殊音效（突出学生突然想起点什么）	画面左上方配字幕"或许你需要"
	6	近景定格	1.5	返回饭厅的学生，拿起桌上放好的雀巢保温杯	稍带活力的音乐	
	7	近景特写	2	学生打开保温杯，特写咖啡冒出热气，学生轻啜一口，表情满足。特写学生喝咖啡时享受的表情	稍带活力的音乐	
二	8	由远景至中景拉近	2	人潮匆忙的地铁站，等待地铁的人群，墙上电子钟时间显示七点半	人潮声、地铁报站声、轻柔音乐	画面左上方配字幕"忙碌不堪的清晨"
	9	中景拉至特写	2	左手夹公文包的年轻白领，右手端着纸杯的雀巢咖啡，神态镇定	轻柔音乐	画面左上方配字幕"或许你需要"
	10	近景特写	1	特写纸杯上雀巢的标志，以及杯中咖啡冒出的香气	轻柔音乐	
	11	近景特写	2	白领端起咖啡轻啜一口，特写喝过咖啡之后享受的表情	稍带活力的音乐	
	12	中景	2	白领精神百倍地往地铁方向走，注意突出他手中的雀巢咖啡	稍带活力的音乐	

画面	镜号	镜头	时间/秒	画面	配音	字幕及效果
三	13	由中景转近景推进	2	镜头从门外推进，装修精致的办公室，坐着三十多岁的经理，墙上时钟指向八点整	轻柔音乐	画面左上方配字幕"一天行程开始之前"
	14	近景	2	左手拿日程表，右手端瓷杯装的雀巢咖啡的秘书，走到经理旁边	轻柔音乐	画面左上方配字幕"或许你需要"
	15	近景	1	秘书微笑着先把手中咖啡递给经理，手中仍拿着日程表	轻柔音乐	
	16	近景	2	经理接过瓷杯，对秘书微微一笑	轻柔音乐	
	17	近景特写	2	经理端着雀巢咖啡，喝一口，表情享受，特写咖啡杯及经理喝后享受的表情	稍带活力音乐	
	18	特写拼贴	1	画面分三竖格，分别是站在七点时钟之下喝咖啡的学生、在地铁站电子钟下喝咖啡的白领，以及八点喝咖啡的经理。注意，画面小但要突出喝咖啡的动态，以及墙面上时钟的时间	稍带活力的音乐	
	19	特写近景	1	三人站在一起手端雀巢咖啡，表情积极向上，三人齐声说"美好生活，始于雀巢"	"美好生活，始于雀巢"三人配音	在画面右下方靠中间位置，添上"雀巢咖啡，味道好极了"的广告口号

案例分析：该广告创意为清晨一杯雀巢咖啡，截取几个画面，向受众说明了"美好生活，始于雀巢"这个主题。

（资料来源：根据广告视频改编）

（五）电视广告表现形式

电视是一种极富艺术表现力的大众娱乐工具，它可以集电影、歌舞、戏剧、文学、美术等多种艺术技巧于一身。因此，与其他广告形式相比，电视广告的表现手段和形式最为丰富。目前，常采用的表现形式有如下几种。

1. 故事式

故事式电视广告多采用情感诉求的方式，将广告信息融入富有戏剧冲突的故事情节中，使观众在关注故事情节的发展变化时，不知不觉地接收广告信息。奥格威说："伟大的广告应该是一个娓娓讲述的故事。"这类广告片可充分发挥电视的特长，具有娱乐性和戏剧性。但在故事情节的选择和展开上要特别注意提炼。情节应以表现广告主题为主，不能喧宾夺主，不能因一味追求情节的精彩而使广告信息淹没其中，使观众莫名其妙，不知所云。一般应将广告信息在剧情的高潮中突现出来，以使观众留下深刻的印象。另外，情节要简单明了，便于展开，使观众一看就懂。如果过于复杂或者冗长，不仅浪费时间，而且容易使观众失去兴趣。

★案 例

百年润发

百年润发的广告案例在京剧的音乐背景下向观众讲述了一个青梅竹马、白头偕老的爱情故事。男女主人公从相识、相恋、分离到重聚都通过周润发丰富的面部表情表现了出来：爱慕状、微笑状、焦灼状、欣喜状。

头发在中国历史上本身就有着深沉的文化内涵，白头偕老的情愫是借助于男主人公周润发一往情深地给"发妻"洗头浇水的镜头表现出来的。此时配以画外音"青丝秀发，缘系百年"，然后推出产品广告语："100 年润发，重庆奥妮!"——把中国夫妻以青丝到白发、相好百年的山盟海誓都融入了"100 年润发"中。广告中祥和朴实的男女主角没有一句台词，时势变迁的悲欢离合，重游旧地、遥想当年的复杂情绪全靠精湛的演技表现出来，加上女演员情真、意浓和毫不逊色的配合，使得爱情故事真正地融进了百年润发品牌中，广告主题在视觉上也更加完美。

该广告荣获第五届全国优秀广告作品，这支广告为企业创造了近 8 个亿的销售收入。

（资料来源：根据广告视频改编）

2. 生活片段式

生活片段式电视广告，通常是将广告信息融入日常生活的一个片段或一个细节中，使观众觉得这种商品是日常生活中必不可少的一部分，从而产生心理上的认同感和亲近感。

★案 例

麦当劳食品广告

荣获 2000 年第三届亚太广告节系列广告金奖的麦当劳食品广告，有游泳、拳击、新娘三个片段。游泳健将每游一个回合就要吃一口麦当劳食品；拳击手在比赛间隙坐下来，由教练一块又一块地往他嘴里塞麦当劳食品；新娘在教堂里一边祈祷，一边利用婚纱的掩护大口、大口地吃麦当劳汉堡。

这些片段是基于生活而又超越生活的，是在意料之外而又在情理之中的画面。这种形式的电视广告不以广告商品为诉求重点，而是以商品的普遍使用者为诉求重点。通过他们对日常生活用品需求的自然流露，不知不觉地或意外地从亲朋好友、邻里同事那里发现广告商品的好处，给人以亲切感、真实感，从而引起共鸣。

此类广告应注意生活片段的选择要有代表性，要有浓厚的生活气息，商品的出现要恰到好处，不能给人牵强附会之感。广告片的结构应简单明了，广告信息要鲜明突出，以免被所选的生活片段淹没。

3. 问题解决式

问题解决式电视广告，是在广告中预设生活中某一情况或问题的发生，然后借助商品的功能成功地解决问题。如海飞丝去头皮屑广告，汰渍洗衣粉的去油渍、污渍广告，都是采用的这种形式。

一般情况下，当一件新商品或改良商品上市之际，多采用此种表现形式，尤其是日用品和药品的电视广告普遍采用。如海南养生堂龟鳖丸的电视广告"不要等失去健康的时候才想到健康的重要"，满足了消费者对健康的需求。

问题解决式直截了当、诉求力强，比较容易使消费者接受。但运用此法必须深入调查了解哪些问题是消费者最关心的问题，广告商品最能解决哪些方面的问题。只有两者巧妙地结合，才能使广告打动人心。

4. 比较式

比较式电视广告是一种竞争型的广告表现形式，通过与同类商品的比较，宣传本商品的特点和优势。

★案 例

温蒂快餐广告

美国一家叫温蒂的快餐连锁店为了与麦当劳争夺顾客，推出了这样一则广告：三位年近八旬的老太太坐在又高又大的柜台前吃午餐，当两个又大又厚的夹牛肉面包送上来后，她们瞪大眼睛四处寻找，甚至爬到桌子底下去看，也没有找到夹在面包中的牛肉，于是其中一位老太太对着镜头大喊："牛肉在哪里？"接着画外音："如果到温蒂去吃午餐，就不会发生这种找不到牛肉的情况了。"

采用这一表现形式时，注意不要在广告中直接攻击或贬低竞争对手来抬高自己。

5. 幽默式

运用这种技巧时，不能哗众取宠、无理取闹或者故意制造噱头，以免引起观众的厌恶感。

★案 例

日本 WOWOW 的电视广告

WOWOW（日本卫星电视频道）为宣传自己的节目好看，吸引观众，设计了"奔跑的女人"的电视广告，该广告曾获第三届亚太广告节最佳电视广告奖。

广告的故事情节是这样的：一个青年女子为赶回家看 WOWOW 频道的节目，一路奔跑。

奔跑中，青年女子与一个正在跑步的外国老头撞在一起。站起来，两人的鞋子互换了。她跑得更快了，而外国老头却穿上了高跟鞋，滑稽地继续跑。拐过街角，她跑入马拉松比赛的队伍，竟然跑在最前面。收看比赛的观众不知道这个没穿运动服的姑娘是谁。桥上，男友正在等她，看她跑过来，张开双臂，她也伸出手臂。然而由于跑得太快，却把男友撞倒在地。餐馆里，一个小朋友正要吹灭生日蜡烛，却被奔跑形成的风吹灭了，小朋友一脸惊讶……

案例分析：这一故事情节幽默、夸张，却又不失真实地表现了人们渴望观看 WOWOW 频道电视的急切心情，极具感染力。

6. 广告歌曲式

广告歌曲出现的形式多种多样，可以是唱歌，可以是演奏，也可以是又歌又舞，这类形式旋律明快、通俗易懂、便于传唱，广告效果较好，几乎适用于任何商品。"孔府家酒·回家篇"广告将电视连续剧《北京人在纽约》主题曲的旋律"千万里，千万里，我一定要回到我的家"稍加变化，引出"孔府家酒，让我想家"的广告主题，给人留下深刻而鲜明的印象。

7. 动画式

动画式电视广告是将广告主题或创意用绘画的形式表现出来，定格拍摄，然后连续放映。如"光明牛奶""小白兔牙膏"就是采取动画式的表现形式。动画式能够极大地增强广告的趣味性、娱乐性和可视性，对不同年龄段的人都有相当的吸引力。

★案　例

麦当劳童趣动画广告

2014 年夏天，麦当劳推出的牛肉产品广告，以充满清新田园风的童趣小纸人呈现，用定格动画制作完成。广告中出现的所有角色，包括工人、动物、植物，都是制作团队手工折纸完成。

广告以售货员递上汉堡开场，接着出现的各种小纸人扮演了农场工和牛奶工的角色。在碧绿的草原上，天然的养料和奶牛都保证了麦当劳出产食物的高度新鲜。用定格动画形式演绎了在纯天然环境下制作优质食品的过程。短片最后以顾客享用汉堡的喜悦表情结束，充分诠释了麦当劳一直倡导的"制作天然食品"的理念。

案例分析：这部短小精致的广告主题为"用爱制作"。文后还附上了本支广告的幕后制作揭秘视频，主要讲述拍摄过程中如何使静止的纸人形象运动起来。

二、广播广告的设计与制作

广播广告利用电波传播信息，在传播速度及传播范围上，要优于报纸、杂志广告；而且广播广告可以随时收听，不受时间和地点的约束，这一点又优于电视广告。但广播广告传播的信息转瞬即逝，无法查寻或保存；另外，广播有声无形，在感染力上不及电视广告。这些都是广播广告的不足。在制作广播广告时，要注意扬长避短，充分发挥声音的优势。

（一）广播广告的设计和制作过程

1. 广播广告的三要素

广播是通过电波传递声音的一种现代化传播媒体。以声夺人、意在声音是广播的最大特点。广播的声音主要包括人声、音乐声、音响声，也就是有声语言、音乐和音响。这"三声"构成广播广告的基本要素。在制作过程中，要注意它们各自的特点。

（1）有声语言。有声语言是指发出声音的口头语言，是以说和听为形式的语言。有声语言是广播广告的主体，也是广播广告最重要的构成要素。设计广播广告的有声语言要考虑以下两方面的因素。

一是广告语言要符合广播特性。由于人们完全是凭听觉来接收广告所要传达的信息内容，因此，广告用语要遵循听觉规律。首先，广播广告用语要口语化，尽量使用结构简单的短句，深入浅出，通俗易懂，上口、顺耳，避免使用文绉绉的书面用语和容易引起误听、误解的同音词。其次，要充分发挥广告口号的作用，通过对合辙押韵、朗朗上口的广告口号的强化，增强广告的吸引力，加强人们的记忆。由于广播是线性传播，稍纵即逝。因此，需要运用反复的手段来强化和巩固广告效果。

二是广告声音要反映商品个性。声音在塑造形象方面有着非常重要的作用，但是一般人都忽视了这一点。著名心理学家艾伯特·梅曾列出了一个公式：

$$一种信息的传递 = 7\% 的言语 + 38\% 的声音 + 55\% 的表情$$

这个公式证明声音在塑造形象、传递信息中的重要性。专门受过声音训练的人都十分注意自己的声音个性。

（2）音乐。音乐也是广播广告的重要表现手段。

在广播广告中，音乐主要发挥三个方面的作用：一是引起听众的兴趣，避免广告平淡、单调；二是突出广告主题，增加广告的感染力；三是创造气氛、情调，加深听众对企业或商品的印象。总之，音乐就像佐料一样，可使广播广告变得有滋有味，色香味俱全。例如，一首柔美抒情的乐曲可以使人们对席梦思的柔软舒适产生联想；一首旋律深沉的大提琴协奏曲可以使人感受到胃部疼痛的呻吟；一首欢快的民族音乐或地方音乐可以引起人们对商品产地的回忆和向往。

一般来说，广告的背景音乐可以是专门创作的，也可以是从现成的作品中节选的。创作背景音乐应以普通听众为诉求对象，旋律宜简单并有个性。选用现成音乐应考虑是否被别的广告使用过，是否能更好地表现广告主题。另外，需要特别注意的是音量要适中，不能喧宾夺主，盖过了广告词的声音。

（3）音响。这里所说的音响是指广播广告中除了人声和音乐声以外的所有声音。

广播广告中的音响主要包括三种：一是环境音响，如风、雨、雷、电、波涛、鸟鸣等自然环境音响，以及车间的机器轰鸣、市场上的人声嘈杂等社会环境的音响；二是商品音响，指广告商品在使用中发出的各种声音，如按动快门的声音、喝啤酒的声音等；三是人物音响，即广告中人物活动的声音，这些音响可以给人一种真实感，有效地增强广播广告的感染力和吸引力。

在运用音响时，首先必须对声音来源进行必要的交代，如刹车前用汽车开动的声音作铺垫，雨声前用雷声进行铺垫。另外，音响的运用必须尽可能单纯，以免把音响变为噪声干扰。

2. 广播广告的制作程序

广播广告的制作步骤可分为三个阶段：设计阶段、制作阶段和审查评价阶段。

设计阶段，这一阶段要完成四项工作：一是提交策划创意；二是确定广告形式；三是编写广告脚本；四是确定播出时间。播出时间包括播出的周期长度和具体的播出时间。

制作阶段，即把写好的广播词制成录音带。制作过程又分制作准备和录制合成两个步骤：制作准备工作包括选择播讲员、演员和审听音乐及广告稿；录制合成工作主要包括对台词、排练、正式录音直至最后播出。这个阶段的工作直接关系到广播广告的质量和效果，应尽量考虑周到、制作精细。

审查评价阶段，审查评价有两个内容：一是播出前的审查评价，二是播出后的审查评价。审查评价的具体内容包括广告的印象记忆效果、引起兴趣效果、内容理解效果、对商品的欲求效果等。通过广告客户、制作人员和普通听众的评价，在播出前，可及时进行有效的调整和修改；在播出后，可作为下次广告创意的参考。

（二）广播广告的表现形式

根据传播信息的方式，广播广告可分为直陈式、对话式、小品式、歌唱式、综合式等。

1. 直陈式

直陈式广播广告，由播音员或演员直接播报广告词，这是最基本的广告形式。这种形式制作简单，可采用现场直播，但广告稿的长短与广播时间要相吻合，适用于有独特优点或极具吸引力的商品或服务广告，以及即时性的大减价或假日让利展销活动的广告。

★案　例

哈尔滨冰灯冰雕艺术展广播广告

（背景音乐）

北极熊——一种只能生存在零下6度以下环境的动物。冰——北极熊的最爱。所有这一切，我们都将在酷夏亲身体验。5月27日至10月15日中山公园。

美丽的哈尔滨冰灯冰雕艺术展，有可爱的北极熊等您到来。

案例分析：该广播广告采用直接播报的方式，阐述北极熊和冰的特点，吸引顾客的到来。

2. 对话式

对话式广播广告，采用至少两人的对话形式传播广告信息。这种形式比直陈式灵活，具有亲切感，制作简单，因此运用较为广泛。

3. 歌唱式

歌唱式广播广告，采用唱歌的方式传递商品信息，这种形式深受听众特别是儿童的喜爱，注意广告歌曲要简单易记，活泼生动。

4. 综合式

综合式广播广告是在广告中同时采用两种以上的表现形式，如既有直陈式，又有歌唱式；或者既有歌唱式，又有对话式。综合式的广播广告表现手法更为丰富，常能取得很好的广告效果，在广播广告中也得到越来越多的应用。

★案　例

三枪自行车广播广告

男：我骑的第一辆自行车，是爸爸的老"三枪"。

（儿时学车的情景音响）

爸：扶好了，向前看，我撒手了！

（自行车摔倒声，摔痛的"哎哟"声）

爸（哼唱）：跌倒算什么……

儿加入：我们骨头硬，骑上"三枪"车向前进。

（父子大笑声）

男：如今伴随我的还是"三枪"车。

（混入发令枪声，现场效果声。"加油"声不绝于耳，压混）

（父子笑声）

歌声（富时代感的新曲调）：跌倒了算什么，我们骨头硬。骑上"三枪"车，骑上"三枪"车，我们向前冲！

旁白："三枪"自行车！

案例分析：把骑车、摔倒与人生处处会遇到挫折联系在一起，有回忆，有歌唱，又有场景。这个广告把两个时空的情节展开得很好，显示了应用音响、音乐的超高功力。"人生处处是赛场"，广告以此为原创点，在表现"三枪"自行车时，传达出向上奋进的精神力量。

第二节　印刷广告的设计与制作

印刷媒介广告是相对电子广告而言，以印刷品作为媒介的视觉化表现，是平面广告的一种。印刷媒介是当前广告市场使用范围较广的一种媒介，包括报纸广告、杂志广告、海报招贴、挂历广告、传单、广告吊旗、小旗、包装纸广告等。本节主要介绍报纸广告和杂志广告的设计与制作。

一、报纸广告的设计与制作

报纸是一种十分重要的广告媒介，报纸广告设计对于广告创意设计来说是一种经常性的工作，必须熟悉报纸媒介特征，掌握报纸广告设计的基本技巧。

（一）报纸广告的设计

就报纸设计而言，主要考虑的构图要素有图形、文字、色彩和布局。

1. 图形

图形是平面设计的重要组成部分，当图形与文字同时出现时，图形的注目率为78%，而文字的注目率为22%。如果要利用文字突出广告，就非得利用图形不可，唯有这样才可能在连篇的文字中吸引受众的注意力。在设计时可以用产品图形，也可使用广告图形；在创意上可以是具象的，也可是抽象的；表现形式上可以是写实的、装饰的、漫画的、变形的等。

2. 文字

文字设计在平面设计中又分为文案和字体两部分，在报纸设计中对文案设计应给予充分的关注。文案设计应具有个性和吸引力，要有办法使得受众以最省力的方式读完文案。字体变化设计也可以提高注目率，特别是像汉字这种由象形文字演化而来的文字具有很强的表现力和诉求感。在目前广告设计中使用的文字有多种，主要有汉字和外文字母，就字体来说有手写体、印刷体、书法体、美术变体等。

3. 色彩

色彩在报纸印刷中运用比较简单，目前常见的有黑白版、套红（绿）版、彩色版，彩色版一般很少见，一些地方小报，没有彩印能力，因此在报纸色彩运用上大多是黑白版。色彩的变化只是借助明暗浓淡和冷暖表达，其次是套红版，偶尔也见到套绿印刷的。套红版在广告注目率上有显著的加强，但套红版的收费要高出许多。而彩版对版面限制较大，通常要求必须是整版和通版，而且收费极高，通常是套红广告收费的2倍，在传播成本上应充分考虑经济原则。

4. 布局

布局是平面设计中必须考虑的一道关键环节，在报纸广告设计中尤为重要，好的布局能起到强化主题创意的作用。反之，布局不合理、不科学，杂乱无章则会阻碍广告作品意念的传达和读者轻松阅读。布局也称为版面编排，是指在设计时将传达的内容要素，如插图、商标、色彩、文字、文案、标题等进行合理布局，同时巧妙地利用空白调整各构成要素之间的关系，以符合视觉导向。布局最终要形成一个统一的视觉效果，在布局设计时，应遵循下面几点原则。

（1）平衡对称原则。这里的平衡对称并非绝对比例的平衡对称，而是视觉的中心平衡。绝对的平衡会给人以呆板拘谨的感觉，而视觉中心应是在布局由下到上的5/8处，即是在绝对中心的略上一点。平衡对称在手法上有规则性和非规则性平衡之分。

（2）视觉导向原则。该原则保证了受众以最省力的方式阅读，人的视觉流动通常是从左右、从上至下流动的，同时在布局时还可使用各种符号、箭头，帮助和引导视线流动。

（3）简洁明晰原则。要求各要素在编排时，力求简单明了、条理清晰，能在视线流动瞬间具有单纯而有力的诉求功能。

（4）比率和对比原则。在各构成要素之间，整体布局时要注意形式美准则，以强化版面整体吸引力。

（5）主题突出原则。在布局上对主题设计要从大小、位置、虚实、形态上予以突出，避免喧宾夺主。

（6）运用视错觉的原则。视错觉是由于外界干扰和生理上的原因，人对物体的知觉发生了错位。视错觉在设计上随处可见，应善于把握和运用。

（7）留白原则。留白原则对版面视觉效果具有重要作用，可以制造集中注意力、突出广告诉求重点的效果。

（二）报纸广告的制作

制作报纸广告，要考虑广告占据的版面空间、位置安排和色彩选用。根据报纸广告的版面大小，可将其分为全版广告、半版广告、半版以内的广告和小广告等，小广告多是指分类广告栏中的广告。一般来说，版面越大，注目率越高。

在实务操作中，报纸广告设计和制作通常包括以下程序。

（1）设计草图。根据前期的构思和设计，拟好草图，并加上标题，征得广告主同意后，再制成更详细的稿样。

（2）确定字体。这主要是确定标题和正文的字体，常用的字体有数十种，标题一般使用黑体字，正文中需特别强调的部分也可用黑体字加以突出。字体的变长、加宽都必须讲究科学，要既能突出广告个性，又能方便读者阅读。现在大多数报纸广告的字体都是楷体和宋体。

（3）终稿草图。将初稿草图送交广告客户审定修改后，即可制作终稿草图了。在终稿草图中，插图、字体大小、字面安排等都已基本到位。定稿尺寸要做得比实际大，在四周留边，并在画稿背后标出广告稿的实际大小和缩放尺寸。

（4）画稿制作。将终稿草图和标题、正文排好，拼接在一起，完成画稿制作。画稿制作是广告各部分的位置和尺寸大小准确到位的阶段，再次经广告主最终审定后送去制版，印出的第一版就是清样，经校对修改后的清样即可交付印刷了。

二、杂志广告的设计与制作

杂志广告是四大媒介广告之一，在视觉化设计上与报纸广告类似，同属平面设计范围。就设计要素来看，图形、文字、色彩、构图也是杂志广告设计的基本要素，只不过在色彩运用上杂志广告较之报纸给予了更高的重视，色彩效果是杂志广告设计的重要内容之一。

（一）广告的色彩

现代平面广告设计是由色彩、图形、文案和编排四大要素构成，图形和文案都不能离开色彩的表现，色彩传达从某种意义来说是第一位的。

色彩由色相、明度、纯度三个元素组成。色相即为红、黄、绿、蓝、黑等不同的颜色；明度是指某一单色的明暗程度；纯度即单色色相的鲜艳度、饱和度，也称彩度。

色彩传达的目的在于充分表现商品、企业的个性特征和功能，以适合商品消费市场的审美。利用色彩设计的创意可塑造一种更集中、更强烈、更单纯的形象，加深公众对广告信息的认知程度，达到信息传播的目的。

色彩在广告中的运用，要表现出广告的主题和创意，充分展现色彩的魅力。具体表现在以下几个方面。

1. 必须认真分析研究色彩的各种因素

虽然人们的生活经历、年龄、文化背景、风俗习惯、生理反应有所区别，但人们对颜色的象征性、情感性的表现却有着许多共同的感受。例如，红色体现的是强有力的色彩，能引起肌肉的兴奋和情感的冲动；绿色具有中性特点，偏向自然美、宁静、生机勃勃，可衬托多种颜色而达到和谐。充分考虑这些颜色的象征意义，可以增加广告的内涵。

2. 色彩配置和色彩组调要合理

在色彩配置和色彩组调设计中，设计师要把握好色彩的冷暖对比、明暗对比、纯度对比、面积对比、混合调和、面积调和、明度调和、色相调和、倾向调和等。色彩组调要保持画面的均衡、呼应和色彩的条理性。同时广告画面还要有明确的主色调，以一种颜色为主，以其补色为辅，使整个版面充满灵气，既有铺陈之章，又有点睛之笔。通常所说的平面设计色彩主要是以企业标准色、商品形象色，以及季节的象征色、流行色等为主的色调。鲜艳、明快、和谐的色彩组合会对诉求对象产生较好吸引力；陈旧、破碎的用色会导致诉求对象的视觉忽略，不易引起关注。因此，色彩在广告表现中具有迅速诉诸感觉的作用，它与诉求对象的生理和心理反应密切相关。

3. 色彩的运用要和谐

色彩的和谐是抓住诉求对象眼球的关键。色彩不是孤立存在的，它必须体现商品的质感、特色，又能美化装饰广告版面，同时要与环境、气候、欣赏习惯等方面相适应，还要考虑到远、近、大、小的视觉变化规律，使广告更富于美感。作为广告的一个重要组成部分，一般而言，和谐的色彩搭配有以下三种常见形式。

（1）同色系颜色的搭配。即在版面上用同一色系的色彩进行搭配，仅在色彩的纯度、明度上进行相应变化。同色系的色彩相配是比较和谐统一的，如浅蓝、青蓝、深蓝同属冷色系，红、橙、黄属暖色系。

（2）相邻色彩的搭配。即在色度上使用相邻近的颜色或使用明度、纯度相近的色彩进行搭配，如黄与绿、蓝与紫的错配。这类相邻色搭配起来，明度与纯度较为相近，给人的视觉感受相对较和谐统一。

（3）补色搭配。即互补色之间的搭配，如红与绿、黄与紫、蓝与橙。这些互补色按一定比例搭配在一起，对比鲜明，能在版面上起到烘托的作用。但在应用时要具体考虑两种颜色的比例，不要过分强调颜色的对比，否则诉求对象会有视觉疲劳感。

（二）杂志广告设计制作应遵循的原则

1. 尽量利用照片

照片真实自然，色彩细腻丰富，具有很强的表现力和冲击力，比图形和文字具有更高的注目效果。

2. 注重图文并茂的视觉效果和记忆效果

照片比文字有更高的注目率，而文字比照片有更好的记忆效果。杂志在长久效力方面的优势可以充分发挥文案的作用，让消费者深入了解商品的品质。杂志广告以彩页为主，印刷和纸张都精美，能最大限度地发挥彩色效果，具有很高的欣赏价值。

3. 尽量利用印刷技巧

杂志借助现代的印刷技术，印制精美，如电脑扫描、自动分色挂网、自动制版打样，可以取得高度逼真的视觉效果，有助于广告表现力的提高。

4. 广告要适合杂志风格

杂志的专业性强，读者层区隔明显，要善于利用读者心理特征指向，设计符合读者心理需求的广告作品。

5. 版面位置策略

杂志广告的成功与所在的版位有很大关系。杂志所有内容中，封面注目率最高，其次是封底，中间彩色插页广告也有较好的注目率。因此广告可以刊登在杂志的封面、封底、封二、封三、中页版，以及内文插页。杂志广告面积较大，可以独居一面，也可以连登几页，形式上不受其他内容的影响，可尽情发挥，要能够比较详细地介绍商品的内容。

6. 充分利用各种制作形式

杂志广告制作形式多样，新颖别致的广告作品能让人多看几眼，如跨页广告、折页广告、有声广告、立体广告、香味广告等。

第三节　网络广告及其他类型广告的设计与制作

一、网络广告的设计与制作

网络广告是指广告主以付费的方式运用网络媒体劝说公众的一种信息传播活动。网络广告（Web Advertising）的市场正在以惊人的速度增长，网络广告发挥的效用越来越被重视。

（一）网络广告设计的原则

1. 真实性原则

对于任何一种形式的广告来说，都有一个真实性的问题。但是，对于网络广告来说，这个原则性问题更加突出。人们经常说网络是一个虚拟的世界，这是因为网络具有匿名性的特点。正因为如此，相对于传统媒介来说，人们对网络上的信息会更多地持一种怀疑的态度。

作为商业信息传播的广告同样也会面临这样的问题。人们更加倾向于相信传统媒介上的广告，而对网络广告的相信程度要低一些。所以，基于与生俱来的特性，网络广告在创意上更应该遵循和坚持真实性原则。

2. 针对性原则

从技术上网络广告可以更加到位地实现针对性原则。现有的 Web 技术使得网络广告可以按照受众所属行业、居住地点、用户兴趣、消费习惯、操作系统和浏览器类型来进行选择性投放，也可以控制同一条广告暴露给同一个受众的次数。这样的定向传播大大增加了广告的针对性。

3. 亲近性原则

亲近性原则是指广告创意要力求贴近消费者，将亲善、坦诚、友好、轻松的态度贯彻到广告中去，加强对消费者的感染力，在亲密的氛围中达到广告的目的。

网络的互动性也使得网络广告具有更加强大的亲和力。网络广告在创意上遵循亲近性原则可以使宣传效果事半功倍。例如，三只松鼠品牌通过拟人化的鼠小贱、鼠小酷、鼠小美三个形象，把握住当前的流行文化、社交文化，有效与消费者建立起情感共鸣，迅速拉近了双方的关系。通过拟人化的沟通，将消费者与客服的关系演变为主人与宠物的关系，让顾客觉得更萌、更被尊重，增加了品牌的趣味性、独特性和互动性，更加注重产品的服务价值与体验价值。

4. 互动性原则

互动指双方的相互作用和相互影响，互动性是网络广告设计最突出的原则。在互联网中，受众不再是被动地接收信息，受众可以选择信息，也可以控制信息。网络广告不再单纯是信息的发布与接收，浏览者也可以参与其中，直接反馈广告效果。网络广告中的互动可以增加广告的趣味性，使广告更像是一个游戏，在用户一步步的操作中了解广告要传达的信息，这样的传播效果往往要比直白的图文广告效果更好。

（二）网络广告制作要求

网络广告在制作时应该注意以下几个方面的要求。

1. 广告内容要醒目，能快速吸引眼球

一个好的网络广告应在其放置的网页上十分醒目、出众，使用户在随意浏览的几秒钟之内就能感觉到它的存在。为此，应充分发挥电脑图像和动画技术的优势，使广告具有强烈的视觉冲击力。从视觉原理上讲，动画比静态图像更能引人注目，有统计表明，动画的吸引力是静态图像的三倍。同时，还要注意广告与网页内容和风格相融合，避免用户误将广告当成装饰画。

对于网络广告，让用户第一眼就能看到你的广告，是提升点击率的关键。制作网络广告时，除了调整好图片、颜色、字体大小等，还需要用文案本身的文字来吸引客户。可以用一些有吸引力的关键词，如"免费""震惊""打折""好处""你将得到""绝招""立刻行动"等，这种关键词会影响人的潜意识。此外，还要多用阿拉伯数字，因为阿拉伯数字更醒目，如汉字的"一百万"和阿拉伯数字的"100万"，看起来长短不一样，视觉冲击力也是完全不一样的。

2. 广告语的句子要短，描述产品好处要具体

在写广告语的时候，不要写太多的文字，且不要过多地考虑语法，因为考虑语法就会把句子写得很长，使得有的文字无法得到展现。最好以数字化的形式把产品的好处表现出来，

产品的好处如果描述得很朦胧是没感觉的。例如，"价格便宜没有风险"和"五折购买、货到付款、随便退"相比，后者能给消费者更直观的感受。

3. 广告语要能激发消费者的行动力

成功的广告语就是一种行动口号，让人不经意间就产生消费冲动，最终影响消费者的购买决策。在营销日益激烈的时代，消费者不喜欢拐弯抹角，消费者喜欢和产品"直接对话"。优秀的广告语就是真诚地面对消费者，把自己的内心独白呐喊出来，激发消费者的购买欲望。

4. 内容更换，常看常新

网友的注意力有限，应该尽力争取回头客，而争取回头客最基本的招数就是经常更换内容。内容常新的广告可以使经常访问网页的用户感觉到广告的存在，因为任何好的广告图像，如果用户看多了也会视若无睹。有统计表明，当广告图像不变时，点击率会逐步下降；而更换图像后，点击率又会上升。广告更新频率一般为两周一次。

5. 精准定位目标受众

网络广告投放前必须准确锁定目标受众，然后根据预算，寻找他们最可能光顾的网站媒体。如果广告预算不宽裕可以选择像新闻邮件、电子杂志之类的小型网上媒体，而不应是广告价位高昂的大型网上媒体。小型媒体网站数量众多，覆盖领域也越来越广，但是发行量相差悬殊，吸引的受众特征也各不相同。

★案　例

MY TIME IS NOW——NIKE 的趣味互动营销

1. 案例背景

2012 年 5 月，耐克足球启动"MY TIME IS NOW"主题活动，期望展示众多世界顶级球员和渴望成功的年轻球员的风采。

2. 项目分析

此次宣传，主要推广耐克足球系列产品，期望通过有趣活动的互动体验，增加产品销量，传递耐克足球系列产品洒脱、自由的运动精神和个性独立、自由、激情的品牌主张，加强消费者对耐克足球品牌的美誉度和好感度。

3. 广告策略

广告以"NIKE: FOOTBALL"为主题，配合"MY TIME IS NOW"主题活动，结合当时火热的欧洲杯足球赛事做推广。内容上，紧扣"MY TIME IS NOW"活动宣传片中的互动环节，通过可塑之才和渴望营销的互动方式，响应主题活动；在创意上，结合了摄像头互动，受众可以点击鼠标挑选人物发型和服饰，将自己打造成心中偶像的造型，较强的趣味性和互动性为广告增辉添彩；广告形式和技术上，运用富媒体技术，通栏画中画联动的表现形式，画面表现有趣、自然，颜色清新活跃，投放在虎扑网等网站，吸引更精准的受众。

4. 网站选择

针对目标受众及 NIKE 的品牌特点，广告选择投放在各大体育类网站，广告受众更精准。

5. 效果评估

广告投放期间，广告点击率近7%；广告互动性强，受众参与度较高，投放效果好。

案例分析：此次宣传，主要推广耐克足球系列产品，期望通过有趣的活动互动体验，增加产品销量，传递耐克足球系列产品洒脱、自由的运动精神和独立个性，加强消费者对耐克足球品牌的美誉度和好感度。

（案例来源：艾瑞网）

二、DM 广告的设计与制作

DM 广告自成一体，它既是媒体又是广告，因而可以不受其他媒体的宣传环境、受众特点、版面安排、印刷纸张等诸多方面的限制，是完全独立的宣传物，所以又称为"非媒介性广告"。DM 除了邮寄以外，还可以借助于其他媒介，如传真、杂志、电视、电话、电子邮件及直销网络、柜台散发、专人送达、来函索取、随商品包装发出等。DM 与其他媒介的最大区别在于 DM 可以直接将广告信息传送给真正的受众，而大众媒介只能将广告信息笼统地传递给所有受众，而不管受众是否是广告信息的有效对象。

（一）DM 广告的设计形式

DM 广告的设计形式不受任何材料、形式的限制（除了邮政投递要求外）。通常，DM 广告采用的设计形式有以下几种。

（1）推销信。推销信指的是采用信件的形式，直接寄给广告对象，可以介绍商品的性能、特点，祝贺节日、生日、新生入学等，用以推销商品或树立企业形象。

（2）明信片。明信片一般篇幅较小，因此文字要求精练，用两色以上色彩印刷，效果更好，同时，也可兼作招待券和优待券。

（3）说明书。产品说明书通常用单页纸，以单面或双面印刷，可印成各种颜色，较详尽地介绍商品，也可折叠，和信函一起放进信封邮寄。

（4）小册子。在产品内容比较复杂、需要详细说明时，可印刷成小册子。小册子一般要图文并茂，印刷精美。

（5）产品目录。产品目录这种广告形式类似小册子，主要是介绍企业经营商品的品名、规格、型号、款式、价格、产地，有的还附上商品图片。

（6）样本。样本设计有平面设计和立体设计两种。平面设计，即将商品样本贴在小册子的页面上，如布料、油漆等样品，并加以说明；立体设计，将原件缩小成小件样品，如酒类、化妆品等。这两种样本设计均可邮寄或专人送给购买者试用后选购。

（7）企业刊物。企业刊物由企业自己编印，定期邮寄给经销商和零售企业。

DDB 的 DM 广告

由于 DDB 确定的目标客户都是高强度的脑力劳动者,所以他们必然有很大的压力需要释放,而 DDB 为他们准备的这个小盒子,正符合其心意。因为这些盒子打开后里面是一个西红柿玩具,而展开的盒子变成了一件白色的 T 恤,同时 T 恤上还有靶子,这些脑力劳动者们可以通过向 T 恤上的靶心扔西红柿减压,西红柿打在盒子上时就会变成一摊黏糊糊的形状,一会儿又可以复原成完整的西红柿,如图 7-1 所示。这正好变现了 LavOnline 的卖点:快速除污,简单操作。

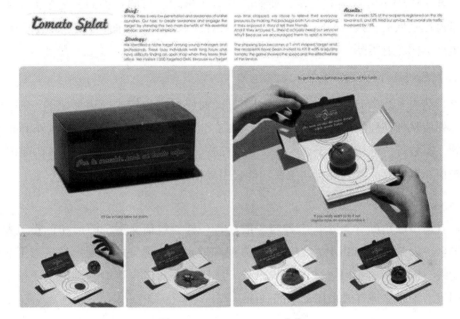

图 7-1 LavOnline DM 广告

(二) DM 广告的制作过程

制作 DM 广告,通常包括如下过程。

第一,确定宣传对象,即确定 DM 广告所宣传的是产品还是企业形象,并确定产品与企业形象的定位。

第二,确定广告受众名单,即收集、整理目标受众的通信录,以便按计划邮寄。

第三,了解目标受众的需求。对目标受众要做需求调查,使邮寄的广告有的放矢,提高推销效果。

第四,制作广告稿,包括文案与广告画的创意、设计、制作。

第五,邮寄品的准备。

三、POP 广告的设计与制作

POP (Point of Purchase) 意为"卖点广告",是商业销售中的一种店头促销工具,其型式不拘，但以摆设在店头的展示物为主，如吊牌、海报、小贴纸、大招牌、实物模型、旗帜等。

1. 必须特别注重现场广告的心理攻势

因 POP 广告具有直接促销的作用，设计者必须着力于研究店铺环境与商品的性质及顾客的需求和心理，以求有的放矢地表现出最能打动顾客的内容。POP 广告的图文必须有针对性地、简明扼要地表示出商品的益处、优点、特点等内容。

2. 造型简练，设计醒目

因 POP 广告体积小，容量有限，要想将其置于琳琅满目的各种商品之中而不致被忽略且又不显得花哨低俗，其造型应该简练，画面设计应该醒目，版面设计应突出而抢眼，阅读方便，重点鲜明，有美感，有特色，和谐而统一。

3. 注重陈列设计

POP 广告并非像节日点缀一样越热闹越好，而应视之为构成商店形象的一部分，故其设计与陈列应从加强商店形象的总体出发，加强和渲染商店的艺术气氛。室外 POP 广告包括广告牌、霓虹灯、灯箱、电子显示牌、光纤广告、招贴广告、活人广告、商店招牌、门角装饰、橱窗布置、商品陈列等，其主要功能是引导消费者走进商店。

4. 考虑立体造型因素

从广告造型的角度看，POP 广告与一般广告一样，包括文字、图形和色彩三大平面广告构成要素。但是，由于 POP 广告的特殊方式和地点，从视觉的角度出发，为了适应顾客的流动视线，POP 广告多以立体的方式出现。所以在平面广告造型基础上，还得增加立体造型的因素，如增添声音或采用动态的画面。

5. POP 广告最重要的是确立整个促销计划

设计师面临着市场商品的多元化生产，因而研究和分析消费者的购买心理和消费心态的变化，以及特定店铺与商品的性质是设计 POP 广告的基本要素。

6. POP 广告要突出强调购买的"时间"和"地点"

POP 广告的设计既要具有鲜明的个性，同时还要与企业的形象相符合，要从企业和商品的主体出发，站在广告活动的立场上，全盘考虑。POP 广告设计的秘诀在于强调购买的"时间"与"地点"，在特定的销售环境中，提供给消费者一个面对具体商品作出选择的最后机会。

7. 解答顾客的疑虑

导致顾客产生购物犹豫心理的原因是他们对所需商品尚存有疑惑，有效的 POP 广告应针对顾客的关心点进行诉求和解答。价格是顾客所关心的重点，所以价格卡应置于醒目位置；商品说明书、精美商品传单等资料应置于取阅方便的 POP 展示架上；对新产品，最好采用口语推荐的广告形式进行解释说明，诱导购买。

8. POP 广告的设计总体要求就是独特

不论何种形式 POP 广告，都必须新颖独特，能够很快地引起顾客的注意，激发他们"想了解""想购买"的欲望。

9. 强调现场广告效果

根据零售店经营商品的特色，如经营档次、零售店的知名度、各种服务状况及顾客的心理特征与购买习惯，力求设计出最能打动消费者的广告。

10. 以形象为主导

POP 广告的最终目的是把商品卖出去，所以常见的 POP 海报大多以减价、打折、优惠等促销方式，凭借价格差吸引顾客购买。以价格为主导的 POP 广告，的确能在一段时期内产生"激励"，诱导顾客购买，但时间一久，则会由于过度刺激而失去功效。

四、户外广告的设计与制作

Asia Poster 公司 CEO 史沫伍德说："户外广告才是真正的大众传媒。不是所有的人都看电视、读报纸或上网冲浪。但是，任何人，只要他离开家，就会看到户外广告。"如果一则户外广告不仅能引人注意而且还能让人驻足观赏，那就是一则成功的广告。现代人的生活节奏越来越快，可谓是"来也匆匆去也匆匆"，要在几秒钟内夺人眼球，颇为不易。户外广告是三秒钟艺术的特征，决定了它必须能够快速吸引人。

（一）户外广告设计的原则

1. 严密的计划性

设计者在进行广告创意时，首先要进行一番市场调查、分析、预测活动，在此基础上确定广告的图形、语言、色彩、对象、宣传层面和营销战略。广告一经对外发布，不仅会在经济上起到刺激作用，同时也会作用于意识领域，对现实生活起到潜移默化的作用。因而设计者必须对自己的工作负责，使作品起到积极向上的美育作用，同时设计师要根据周边环境来确定广告的位置、大小，使户外广告外形与背景协调，产生视觉美感。形状不必强求统一，可以多样化，大小也应根据实际空间的大小与环境情况而定。

2. 信息传递的清晰性

一份心理研究资料表明：在人们日常接受的外界刺激中，视觉感官获取的信息量比重最高。在大脑每天接收到的信息中，65% 都是通过心灵之窗——眼睛进来的，通过听觉接收到的占 25%，其他途径只占 10%。因此，户外广告如何吸引受众的目光并在头脑中形成深刻的记忆，将对户外广告发布的总体效果起到至关重要的作用。

3. 文字简洁、明了

广告文案在户外广告中的地位十分显著，好的文案能起到画龙点睛的作用。户外广告的设计完全不同于报纸、杂志等媒体的广告文案设计，因为人们在流动状态中不可能有更多的时间阅读，所以户外广告文案力求简洁有力，一般都是以一句醒目的话（标题语）提醒受众，再附上简短有力的几句随文说明即可。标题语设计一般不要超过10个字，以7~8个字为宜，否则阅读效果会相对降低。字体尽量避免使用过粗或过细的字体，因为在远处看的时候，过粗的字体容易变成模糊一团，而过细的字体又可能会看不到。如果有英文字，尽量不要全部都使用大写，使用大小写混合的方式排列，从远处较容易看懂。例如，图7-2戒烟网站广告，巨大的烟头被网站牌给压垮，样子虽不太好看，但广告主题很简单易懂。

图7-2　戒烟网站广告

4. 利用色彩关系，刺激视觉

尽量使用单色或反差较大的颜色，从色彩学角度来说，以互补色、对比色最好。因为互补色关系的色彩最醒目，容易刺激人的视觉，引起人们的注意。例如，红和绿、黄和紫、蓝和橙及红和白、黄和黑等强对比色彩。

5. 图形设计简洁醒目，富有创意

户外广告的图形最能吸引人们的注意，所以图形设计在户外广告设计中尤其重要。好的户外广告创意，要找到品牌定位与消费者需求的紧密联系，利用图形体现出来，力求与众不同，树立独特的品牌形象，这样才能有效地抓住观者视线，引导他们进一步阅读广告文案，激发共鸣。

（二）户外广告设计与制作的要求

1. 要醒目、刺激

户外广告面对的是流动性的观众，它不可能选择观众类型。因此，其特点是让行人随时有可能看到，比其他传播媒体更广泛地接近公众。由于户外广告往往是无意间看到，时间短促，距离较远，无法准确地测定其效果，所以广告内容要简洁、明快，色彩要鲜艳、富有感染力，以突出表达商品的特点来吸引行人的注意。例如，图7-3 Oldtimer餐厅广告，这个发布在隧道口上的户外广告，无疑是"吸睛"的。开车路过的人，有谁的心里不会抖上两抖呢？

图7-3　Oldtimer 餐厅广告

2. 要简单、易读

户外广告是一种简练的艺术，诉求的主题要单一，要删去与广告主题无关紧要的文字与插图，要保证诉求重点突出地刻画出来。理想的户外广告设计，应该是简短、单纯、生动的广告标题和少许文案，再配以简练、鲜明的图形。

3. 要对比鲜明

为了加强户外广告的视觉效果和诉求力，在设计户外广告时，要注意强调广告版面的对比关系，这表现在广告版面上诸多因素的对比上，只有加大这些因素之间的"反差"，有意识地制造一种带有叛逆性的矛盾感，才会使观众产生异常的兴趣，赢得对广告的注目。

4. 要突出产品

路牌广告的制作要求突出产品，文字简短并且轻松、紧凑、富有刺激性。字体适当，以保证从不同位置、距离都可以看到。设计集中，画面要大，能充分体现识别产品或信息的各要素。例如，图7-4 Liquor 广告，这个广告牌被称为是最具有创意和设计感的广告牌，被命名为"酒"。

图 7-4　Liquor 广告

5. 结构与制作材料选择适当

结构与制作材料一般都采用活动板块悬挂固定在支架上。固定支架可利用一些建筑墙面或公共设施的表面，但一般都采用搭设钢架的方法。此方法的优点是施工简单、快捷，即用性强，容易拆装，材料耗费低，可多次使用。缺点是外形不美观，占地较多。

6. 采用拼贴

拼贴是将广告创意先设计成摄影稿件，然后放大并分割成十大部分来制版印刷，印刷出十张一套的彩色成品，再按其分割的模数拼贴在大广告栏上，就成为一幅写真度极高的大型彩色图片。拼贴可以表现出手工无法绘制的高难度的光、色、形效果，并具有防晒、防水功能，使广告历久如新，适宜长年使用。

7. 设置夜间照明

户外广告应该设置夜间照明，以增加从黄昏到午夜这段时间的广告阅读量，增加广告效果。

五、橱窗广告的设计与制作

橱窗广告（Window Advertising）是现代商店外 POP 广告的重要组成部分，它借助玻璃橱窗等媒介物，把商店经营的重要商品，按照巧妙的构思，运用艺术手法和现代科学技术，设计陈列成富有装饰美的货样群，以达到刺激消费的目的。

在现代商品活动中，橱窗广告是商超（商场里面的超级市场）经常采用的广告形式之一，同时也是装饰商超店面的重要手段。一个构思新颖、主题鲜明、风格独特、手法脱俗、装饰美观的橱窗，与整个商超建筑结构和内外环境所构成的美的立体画面，能起到美化商超的作用。

（一）橱窗广告的陈列类型

一般情况下，为了使橱窗广告主题明确，有利于消费者了解商品，通常采用以下几种陈列形式。

（1）专题陈列。它是将一些专用商品、同类型的商品用一个橱窗进行单独陈列，突出表现，实质上是同类商品的综合展示。

（2）特写陈列。这类橱窗陈列方式主要是向消费者较全面地推荐重点商品，集中表现某一厂家单一品牌的一种产品或某一品牌的系列产品，目的在于重点展示、树立品牌形象。

（3）系统陈列。系统陈列也称综合陈列，是指将几种类型不同但又相互联系的产品陈列在一个橱窗内。

（4）季节和节日陈列。在换季前或重大节日前，根据顾客在下一季节或节日的消费需要和消费习惯，选择适合下一季节或节日使用的商品，在橱窗中以新颖的方式展示出来。

（5）展示卡片或照片。由于新产品上市较快，顾客不熟悉的商品也越来越多，因此采用写有商品特点、性能、使用方法的说明卡及写实照片展示在橱窗中，不但方便可行，而且也能起到刺激消费者购买的作用。

（二）橱窗广告设计的要求

（1）形式多样化。人们受多姿多彩的社会生活影响，必然要求橱窗广告风格形式的新奇多变。在宣传商品的前提下，大力提倡不同的创作风格，无论是学习传统，还是吸收外来技艺，不要互相排斥，可以通过实践，互相比较，取长补短。

（2）陈列有序且具有欣赏价值。季节性商品应按目标市场的消费习惯陈列，相关商品要相互协调，并通过顺序、层次、形状、色彩、灯光等来表现一定的诉求主题，营造一种融洽的氛围，使整个陈列具有较高的艺术品位和欣赏价值。

（3）显示商品，强调美感。商品展示要有一定的"艺术美"。橱窗是展示商业经营者文化品位的一面镜子，是体现现代商业经营的一个窗口，顾客对它的第一印象决定着顾客对企业的态度，进而决定着顾客的进店率。橱窗广告的任务是展示商品，为消费者服务，因此，在橱窗广告中所采用的各种技艺措施都是为了显示商品。橱窗广告中所显示的商品应该是非同寻常的特色商品，如果商品缺少特色，就会减少交易机会，也就失去了橱窗广告的宣传意义。

（三）橱窗广告设计与制作的注意事项

（1）橱窗横向的中轴线应与顾客的平视线一致，以便使整个橱窗的陈列尽收眼底。

（2）既不能影响店面的外观造型，也不能忽视商超的建筑特色而一味追求橱窗本身的艺术效果，橱窗广告应与商超的整体规模、风格相适应。

（3）主题必须明确突出，一目了然，切忌主角与陪衬位置不清。只有主次分明、整齐和谐地统一于一体，才能达到众星捧月、突出主题的效果。

（4）注重整体效果与局部突出，要让顾客从远、近、正、侧均能看到商品。富有经营特色的商品应陈列在视线的集中处，并采用形象化的指示标记引导消费者的视线。这样，从远处看，橱窗广告的整体形象感强，容易引起注意；近看则商品突出。

（5）注意保持橱窗的清洁与卫生。橱窗是展示商店的第二脸面，清洁卫生与否直接关系到商超的形象。

（6）橱窗陈列应经常更新，给人以新鲜感。

（7）橱窗陈列必须在消费热潮到来之前完成，以起到引导消费者的作用。

其实，橱窗艺术所追求的是一种形式美法则，是点、线、面、体等图形的综合运用。但需要强调的是橱窗广告并不是点、线、面、体的机械组合，而应通过巧妙自然地配置，使之产生新的创意。例如：垂直是一种直立向上的感觉，上下走向的垂直线可引导视线上下移动，使橱窗空间感更强烈；水平线组合使橱窗显得开阔，给人以安静稳妥之感；斜线给人以动感，易于表现出现代的快节奏；曲线表现阴柔之美，较易突出商品的质感和特色。恰当的组合、繁简有序的排列既可使视线集中，又可突出商品，而且会让整个橱窗显得活泼新颖。

★案　例

COACH 橱窗广告

2016 年 COACH 的橱窗，是由 BOOMA 集团为其制作的。用皮革、金属板、陶土、金箔材质制作成的吊牌形状，组合成一个"COACH 吊牌"主题的橱窗，如图 7-5 所示。

图 7-5　COACH 橱窗广告

本章小结

电视广告的构成要素比广播广告丰富得多，除了声音（包括人声、音乐声、音响声）之外，还包括画面和时间两大要素。电视广告的设计主要涉及时间安排、播出方式和结构样式等。电视广告的摄制，大体上分为三个阶段：设计阶段、实际拍摄阶段和后期制作阶段。

电视广告脚本分为文学脚本和分镜头脚本。在电视广告文学脚本创作时，需注意以下几点：明确广告定位，确定广告主题；运用蒙太奇思维，用镜头进行叙事；时时考虑时间的限制，每个画面的叙述都要有时间概念；电视广告脚本必须写得生动、形象，具有艺术感染力；一般按镜头段落为序进行描述。而编写分镜头脚本主要考虑的因素有时间因素、镜头技巧因素、画面与解说因素、音响与音乐因素。

广播广告的三要素：有声语言、音乐和音响。广播广告的制作步骤可分为三个阶段：设计阶段、制作阶段和审查评价阶段。

报纸广告的设计主要考虑的构图要素有图形、文字、色彩和布局。报纸广告设计制作的程序：设计草图，确定字体，终稿草图和清样。

杂志广告设计制作应遵循的原则：尽量利用照片；注重图文并茂的视觉效果和记忆效果；尽量利用印刷技巧；广告要适合杂志风格；版面位置策略；充分利用各种制作形式。

网络广告设计的原则：真实性原则、针对性原则、亲近性原则和创新性原则。网络广告制作要求：广告内容要醒目，能快速吸引眼球；广告语的句子要短，描述产品好处要具体；广告语要让人看了就想行动，进行更进一步的了解；内容更换，常看常新；目标受众精准定位。

DM 广告的制作过程：确定宣传对象；确定广告受众名单；了解目标受众的需求；制作广告稿；邮寄品的准备。

POP 广告的设计原则：造型简练、设计醒目；重视陈列设计；强调现场广告效果。

户外广告设计的原则：严密的计划性；信息传递的清晰性；文字简洁、明了；利用色彩关系，刺激视觉；图形简洁醒目、富有创意。

橱窗广告设计与制作的注意事项：橱窗横向的中轴线应与顾客的平视线一致；橱窗广告应与商超的整体规模、风格相适应；主题必须明确突出，一目了然；注重整体效果与局部突出；橱窗陈列应经常更新，给人以新鲜感；橱窗陈列必须在消费热潮到来之前完成。

复习思考题

1. 简述电视广告三要素在广告制作过程中的运用。
2. 广告色彩在平面广告中运用的注意点有哪些？
3. 如何创意设计电视广告分镜头脚本？
4. 电视广告常用的表现形式有哪些？
5. POP 广告设计的遵循原则有哪些？

【实训演练】

实训内容：请为某产品设计一个视频广告分镜头脚本，制作手段不限。

实训要求：要求必须有自己的设计思路和新、奇、特的创意，符合广告媒体的特征和要求，广告主题鲜明，定位准确，视觉传达到位，真正达到能够为企业促销产品的广告宣传目的。

【案例分析】

南京苏果超市广告

在南京，提到超市，家喻户晓的不是大名鼎鼎的"麦德龙""家乐福"等，而是在石城大街小巷星罗棋布的苏果超市。"苏果"1997年涉足超市，是不折不扣的后来者，但"苏果"却创造了一个超市业界的奇迹，后来者居上。1999年，创办仅3年的苏果超市的连锁店已逾250家，除覆盖南京外，还遍布苏、皖、豫、鲁等省市，销售额高达25亿元，居江苏零售业首位，全国连锁超市第7位。

苏果超市早期的几幅广告如图7-6所示。

图7-6　苏果超市广告

第一幅：过去不当之处请多包涵。

此广告设计于1998年七八月份，苏果初创时，为抢占市场份额、争地盘，拼命铺摊子，忙于布点。服务上的规范与周到便退而求其次，一时间与顾客产生矛盾，媒体接连曝光。为了缓和、弱化商家与消费者的"敌对"情绪，1998年七八月份，一方面狠抓服务质量，一方面借苏果连锁店突破30家契机，设计了"过去不当之处请多多包涵"这则广告。"这边有礼了！"双拳致歉画面，给人以耳目一新之感；再辅之以给顾客购物赠礼、倾情回报，送儿童晴雨伞、精美手提包、玩具、饮料，公布热线电话等实惠举措，着实让受众改变了观念，增加了苏果的亲和力。难怪不少广告人调侃到，这双介于匪气与义气的抱拳一揖，让多少不快烟消云散。

第二幅：百店开业瓜熟蒂落。

平民化的东西往往是生活化的。当苏果连锁店、加盟店总数突破百家时，已是又一年的初夏时节。逢此百店开业，创意人员没有选择传统喜庆的做法，而是借势选中了老百姓喜闻乐见的大西瓜造型，创造了"瓜熟蒂落，我们邀您共尝这甜蜜之果"这则广告，从煽情角度来诠释这样一句潜台词：苏果一年来从辛勤耕耘、灌溉、施肥，终于迎来了收获的季节。一种与消费者共成长、同分享的荣耀感跃然纸上。

第三幅：开业三年请吃寿面。

在苏果所有广告中，至今让南京人津津乐道的还是这则"今天，是我们三周岁生日！"的广告，大面积留白的构图上，只有一个极具传统文化底蕴的瓷碗、一双筷子、虚化的连锁店变形而成的"寿面"。3 年，1 095 个日夜，风风雨雨从第一家连锁到近 150 家分店开张，一切尽在"寿面"中。过生日吃长寿面这一民间习俗被信手拈来，巧妙地成为广告人创意灵感之源。

第四幅：创意无涯，品牌无价。

平心而论，苏果品牌之所以成为江苏超市翘楚，得益于始终坚持民族的、平民的、生活的、亲情的创意思路。苏果广告投放，迄今为止，主要依赖于平面媒体发布，并没有进行地毯式电视广告轰炸，以最少的投放取得了最好的品牌宣传效果。苏果广告见诸媒体的不多，但每一次"亮相"总给人以眼睛一亮的惊喜。从俗套中走出来，正是苏果系列广告创作人员追求的目标。

（资料来源：联商资计，引文经编者整理）

第八章

广告媒介

如果我们使用 20 种杂志，我们可能也会采用 20 种相互区别的广告。这是因为各个杂志在发行上有差异，也因为每一种广告都可以吸引相当比例的一部分人。我们希望到达所有的人。

——克劳德·霍普金斯

▰▰／ 知识目标 ----

- 掌握传统大众广告媒介的优缺点；
- 掌握小众广告媒介的优缺点；
- 理解影响广告媒介选择的评价指标；
- 理解广告媒介选择的影响因素；
- 掌握广告媒介组合运动的形式。

▰▰／ 技能目标 ----

- 通过对广告媒介的学习和理解，能从实际出发，帮助企业制作具有可行性的广告媒体计划书。

▰▰／ 关键词 ----

广告媒介　户外媒介　POP　广告选择　广告投放

▰▰／ 任务导入 ----

广告媒介计划制订

2010 年上海世博会首次全面引入互联网这一科技工具，腾讯正式成为上海世博会互联网服务高级赞助商。腾讯抓住这一机遇，全力打造世博网站、网上世博 3D 体验、城市世博互动社区这三项世博产品。2010 年上海世博会对腾讯来说是一个非常好的机遇，腾讯希望利用和把握好这个机遇，有效利用自身优势，通过广泛宣传将品牌形象提升至一个新的高度。

任务要求：请站在腾讯角度，制订网上世博会的推广活动媒介计划。

第一节　广告媒介概述

广告信息的传播是广告活动的重要实施环节，广告媒介作为广告主最终与受众接触的渠道和承载商业广告信息的载体，需要企业营销者认真对待。同时企业用于支付媒介的费用占广告费用的绝大部分，广告媒介决策已经直接影响到了企业的经济效益，所以广告媒介分析是广告学研究的重要内容。

一、广告媒介的含义

媒介，是由英文 "media" 翻译而来的，是信息的载体和渠道。凡是能把信息从一个地方传送到另一个地方的工具就可以称为媒介。

经济学家马歇尔·萨林斯将广告形容为 "通过世间万物与人交谈"，其中 "世间万物" 便指广告媒介。所谓广告媒介，就是发布广告所借助的通道或介质，习惯上也可指拥有这些广告发布媒介的机构或组织。

在媒介的发展史上，不同的学者从各自的角度出发，对媒介进行了不同的解释和定义：香农认为 "媒介就是技术概念上的介质"；施拉姆称 "媒介就是插入传播过程之中，用以扩大并延伸信息传送的工具"；麦克卢汉则将媒介概括为 "媒介即信息、媒介即人的延伸、媒介即按摩"。对于广告媒介的理解和把握，可以从以下几个方面着手。

（1）从形式上讲，广告媒介是多样的、无所不包的，一切可以用来承载广告信息的物质都可以称为广告媒介。

（2）从发展上讲，广告媒介是不断丰富的，它随着人类活动范围的扩大而扩大。从声音到电波，从肢体到车体，再到航天飞机，正如麦克卢汉所说 "媒介即人的延伸"，一切人类能够到达的地方，都是媒介的诞生之所，也是广告媒介的出现之处。

（3）从用途指向上讲，宏观层面的广告媒介从来都不是广告信息的专属媒介，也不会是广告信息的专属媒介；微观层面的广告媒介是单独的某一类广告媒介或某一个广告媒介组织，它既可能是专门的广告媒介（如 DM、楼宇电视等），也可能是与生俱来有着广告媒介功能的大众媒介（如电视、广播、报纸、杂志等），还可能是兼有广告媒介属性的其他介质或设备（如墙体、手机等）。

（4）从传播技术上讲，一切能够制作、储存、运输、传播（或放大）、发布广告信息的物理介质、信息编码、神经系统等都可称为广告媒介。

（5）从媒介经营上讲，广告媒介就是一个个媒介机构或组织，它们通过其广告媒介的属性来取得利润，以维持其个体的生存和发展需要。

（6）从影响层面上讲，通常所说的广告媒介一般是指杂志、报纸、广播、电视及互联网这五大媒介，因为它们占有全球广告市场的绝大部分媒介资源，能够对全球广告市场产生直接、广泛、深刻的影响。

（7）从规范上讲，那些满街"小广告"的刊载之处不是本书所指的广告媒介，因为它不符合法律和道德的规范。广告媒介必须受到法律、法规和道德等社会规范的约束，这也是一切事物得以存在和发展的前提。

二、广告媒介的基本功能

1. 广告媒介策略是企业广告策略能否成功的关键因素之一

广告媒介策略是现代广告的主要策略之一，它与定位分析策略、创意策略、文案策略一起，构成了广告活动的主体。

2. 广告媒介的选择直接决定广告目标能否实现

企业广告的目标是塑造商品与企业形象，促进并扩大商品销售。在广告媒介的选择和组合上，版面大小、时间长短、刊播的次数、媒介传播时机等，都对广告有一定的影响。例如，通过不同方式延长广告时间会给受众带来不同的感受。延长广告时间，包括广告时间的绝对延长和相对延长。一般而言，时间长比时间短更易引人注意。但是绝对延长时间（即时间延长而内容枯燥乏味），会降低注意力。相对延长时间（即广告反复重现），增加了广告的频率，也易引人注意。但是，反复出现广告也有一定界限，过分长久的反复，会使受众感到厌烦甚至产生对抗心理。因此，在广告媒介的选择上，选用媒介空间大小和时间的长短，都会直接影响到广告目标的实现。

3. 广告媒介决定广告是否能够有的放矢

任何一则广告其目标对象只能是一定数量或一定范围内的社会公众。广告目标对象是广告信息传播的"终端"，也是信息的"接受端"。撇开受众也就无所谓传播，广告也就无效。如果在广告活动中把握住了广告目标对象，但是广告媒介把握不当，那么整个广告活动也就前功尽弃了。

4. 广播媒介决定广告内容与采用的形式

在任何广告中都包含有"说什么"的问题，在不同的传播媒介上，"说的内容"和"说的形式"就有着很大不同，这是由不同的广告媒介的特点所决定的。对于某些广告活动，在其广告内容上要注意分析和把握其不同传媒的价值功效，以相适应的传播媒介去完成特定的广告信息传播。

5. 广告媒介决定广告效果

任何一个企业做广告都希望以尽可能少的广告费用取得较好的效果，或者以同样的广告费用取得最好的效果。由于广告费用中的绝大部分用于媒介，从这个角度来分析，媒介费用决定了广告效果的好坏。按照国际惯例，在一种正常的经济运行状态中，用于广告媒介的费用应占企业广告费用的 80% 以上。

三、广告媒介的类型

由于广告媒介不断发展，广告媒介的分类也日趋复杂，最常见的分类有以下几种。

（1）按媒介的物质属性分类：印刷品媒介，如报纸、杂志、书籍、传单等；电波媒介，如电视、广播、有线传播等；邮政媒介，如销售信、说明书、商品目录等；户外媒介，如广告牌、招贴、交通工具、橱窗等；销售现场媒介，如店内灯箱广告、货架陈列、实物演示等；礼品媒介，如年历、手册、小工艺品、精美印刷品等；其他，如气球、建筑物等。

（2）从接受者的感觉角度分类：视觉广告媒介，如报纸、杂志、广告牌、电视等；听觉广告媒介，如广播、音响、叫卖等。

（3）从传播空间角度分类：国际性广告媒介，一切国际发行的出版物、国际交通工具、出口商品的包装物、赠品等都可作为国际性广告媒介；全国性广告媒介，全国范围内发行的报纸、杂志，全国范围的广播、电视等都可作为全国性广告媒介；地区性广告媒介，主要包括地区性的杂志、报纸、电台、电视台、一般户外广告媒介等。

（4）其他分类，广告媒介还可以从时间角度分类，如长期广告媒介、短期广告媒介、快速媒介和慢速媒介等；此外，还有新兴广告媒介，如国际互联网广告、电子信箱广告等。

第二节　大众广告媒介

大众广告媒介主要是指报纸、杂志、广播、电视、网络媒体，这五种是广告传播活动中最为经常运用的媒体。

一、报纸

报纸作为一种印刷媒介，是以刊登新闻为主、面向公众发行的定期出版物。报纸的种类繁多，发行量很大，覆盖面较广。有全国性的，又有地方性的；有综合性的，也有专业性的；有官方报纸，也有民间报纸。而今在新媒体的冲击下，报纸销量下降，报纸广告也受到了很大的冲击，但是报纸依然是重要的新闻传播媒介之一。

（一）报纸广告的分类

一般而言，报纸广告会按照其版面的不同来进行分类。

1. 报花广告

报花广告版面很小，形式特殊，不具备广阔的创意空间，文案只能作重点式表现，突出品牌或企业名称、电话、地址及企业赞助之类的内容，不体现文案结构的全部，一般采用一种陈述性的表述。

2. 报眼广告

报眼，即横排版报纸报头一侧的版面，版面面积不大，但位置十分显著、重要，引人注目。如果是新闻版，多用来刊登简短而重要的消息或内容提要。这个位置用来刊登广告，显然比其他版面广告注目率要高，并会自然地体现出权威性、新闻性、时效性与可信度。

3. 半通栏广告

半通栏广告按尺寸不同一般分为两类：一种是 50 毫米×350 毫米，另一种是 32.5 毫米×235 毫米。由于这类广告版面较小，而且众多广告排列在一起，互相干扰，广告效果容易互相削弱。因此，如何使广告做得超凡脱俗、新颖独特，使之从众多广告中脱颖而出，跳入读者视线，是应特别注意的。

4. 单通栏广告

单通栏广告也有两种类型，一种是 100 毫米×350 毫米，另一种是 65 毫米×235 毫米。单通栏是广告中最常见的一种版面，符合人们的正常视觉，因此版面自身有一定的说服力。

5. 双通栏广告

双通栏广告一般有 200 毫米×350 毫米和 130 毫米×235 毫米两种类型。在版面面积上，它是单通栏广告的 2 倍。凡适于报纸广告的结构类型、表现形式和语言风格的广告都可以在这里运用。

6. 半版广告

半版广告一般有 250 毫米×350 毫米和 170 毫米×235 毫米两种类型。半版与下文中的整版和跨版广告均被称为大版面广告，是广告主雄厚的经济实力的体现。

7. 整版广告

整版广告一般可分为 500 毫米×350 毫米和 340 毫米×235 毫米两种类型，是我国单版广告中最大的版面，给受众以视野开阔、气势恢宏的感觉。

8. 跨版广告

跨版广告，即一个广告作品刊登在两个或两个以上的报纸版面上，一般有整版跨板、半版跨板、1/4 版跨版等几种形式。跨版广告很能体现企业的大气魄、厚基础和较强的经济实力，是大企业所乐于采用的。

（二）报纸广告的优缺点

1. 报纸广告的优点

（1）传播面广。报纸发行量大，触及面广，遍及城市、乡村、机关、厂矿、企业、家庭，有些报纸甚至发行至海外。

（2）传播迅速。报纸一般都有自己的发行网和发行对象，因而投递迅速准确。

（3）具有新闻性，阅读率较高。报纸能较充分地处理信息资料，使报道的内容更为深入细致。

（4）文字表现力强。报纸版面由文字构成，文字表现多种多样，可大可小，可多可简，图文并茂，又可套色，引人注目。

（5）便于保存和查找。报纸信息便于保存和查找，基本上无阅读时间限制，传播费用较低。

2. 报纸广告的缺点

（1）时效性短。报纸的新闻性极强，因而隔日的报纸容易被人弃置一旁，传播效果会大打折扣。

（2）传播信息容易被读者忽略。报纸的幅面大、版面多、内容杂，读者经常随意跳读，因此报纸对读者阅读的强制性较弱。

（3）理解能力受限。报纸媒介因纸质和印刷关系，大都颜色单调，插图和摄影不如杂志精美，色泽较差，缺乏动感，更不能与视听结合的电视相比。

（4）感染力较差。难以像电视新闻、广播新闻那样产生强烈的现场感和真实感。

二、杂志

杂志也是一种印刷媒介，它是定期或不定期成册连续出版的印刷品。在新媒体的冲击下，杂志销量下降，杂志广告也已不复从前，但作为重要的传播媒介，杂志仍有其存在的重要意义，也具有其他传播媒介不具有的优势。

（一）杂志广告的优势

（1）保存周期长，传阅率高。杂志的阅读有效时间较长，可重复阅读，它在相当一段时间内具有保留价值，因而在某种程度上扩大和深化了广告的传播效果。

（2）读者对象明确，针对性强。每种杂志都有自己的特定读者群，传播者可以面对明确的目标公众制定传播策略，做到精准推广。

（3）主动阅读，说服力较强。与其他传播媒介相比，杂志属于主动阅读，所以对于杂志广告的接受度较高；阅读杂志时往往注意力较为集中，所以对杂志广告的印象也会较深；杂志广告往往独占一页，内容醒目、简洁、突出，极易引起读者注意而且干扰较少；杂志的读者文化水平较高，一般消费能力也较强，对新产品及服务的反应较灵敏，比较容易接受广告的说服。

（4）印刷精美，表现力强。杂志广告的纸质优良，印刷效果比报纸精美得多；色彩鲜艳，容易引人注目；有较强的艺术感染力，给人以美的享受；逼真的在线商品形象可以充分体现出产品的品质，能有效激发受众的购买欲望。

★小资料

专家做过一项调查，发现买报纸的80%是男性，而买杂志的76%是女性。对于女性消费者而言，时尚杂志类颇具影响力的有《时尚》《世界时装之苑ELLE》和《瑞丽》等，而在《世界时装之苑ELLE》的广告名录上都是国际一线品牌，如兰蔻、碧欧泉、香奈儿、CD、欧米茄、卡地亚等。时尚类女性杂志一般定位于20～40岁，受过高等教育，月收入在5千元或1万元以上的都市白领女性。杂志把读者市场细分得非常具体明确，广告的针对性也就非常强。

《时尚芭莎》是一本服务于中国精英女性阶层的时尚杂志。《时尚芭莎》杂志广告内页采用铜版纸，纸张精美、手感舒适，优质的纸张使杂志中的图片显示得更加真实、具体、美观，更真实地还原了商品的细节。《时尚芭莎》的受众为固定的都市成熟、经济独立、有固定经济来源的精英女性，《时尚芭莎》根据受众在时尚、穿搭、美容等方面的需求而有针对性地刊登相关广告，当其传递的广告信息确实是读者所需要的信息时，受众的接受度就会高于其他传媒媒介。

（二）杂志广告的劣势

（1）出版周期长。杂志的出版周期大都在一个月以上，因而时效性强的广告信息不宜在杂志媒介上刊登。例如，《时尚芭莎》为半月刊杂志，当某品牌推出时尚新品，受众往往要在 20 天后才能知晓，并且杂志的受众集中会造成发行量小、知晓范围有限等问题。

报纸、杂志广告媒介在时尚界的发展

（2）声势较弱。杂志媒介无法像报纸和电视那样造成铺天盖地般的宣传效果。

（3）理解能力受限。像报纸一样，杂志不如广播、电视那么形象、生动、直观和口语化，特别是在文化水平低的读者群中，传播的效果受到制约。

（4）成本较高。杂志广告受众对象较为特定，人数相对较少，千人成本高。

三、广播

广播是指通过无线电波或导线传送声音的新闻传播工具。广播分无线广播和有线广播，通过无线电波传送声音的称无线广播，通过导线传送声音的称有线广播。广播与电视同属于电子媒介。广播在播报新闻、广告时，能及时、有效地影响公众，是非常重要的广告传播手段。

（一）广播广告的优势

（1）传播面广。广播使用语言作为工具，用声音传播内容，听众对象不受年龄、性别、职业、文化、空间、地点、条件的限制。

（2）传播迅速。广播传播速度快，能把刚刚发生和正在发生的事情告诉听众。

（3）感染力强。广播依靠声音传播内容，声音的优势在于具有传真感，听其声能如临其境、如见其人，能唤起听众的视觉形象，有很强有吸引力。

（4）伴随性强。广播收听非常简单，没有太多的场所或条件限制，设备简单，而且便于携带。听众可以在户外活动时收听广播；可以在做家务时收听广播；也可以在大街上和商场里，戴着耳机，边走路边收听广播；现在更多的人在开车时，收听广播，这就是广播传媒的伴随性。

★小资料

车载广播

车载广播，对于开车和乘车的人，是一种理想的收听方式。这些广播时间被称为驾驶时间，它能为广告主提供更多的目标受众，而且目标受众被封闭在车内，受干扰因素小，广告效果较为明显。有调查显示，交通类、新闻综合类、音乐类强势频率，依靠多元化的节目资源优势，吸引着大量的听众，形成了第一竞争梯队。其中交通类频率的到达率为 48.5%，位居首位，其忠实度同样位居前列。

（二）广播广告的劣势

（1）传播效果稍纵即逝，耳过不留，信息的储存性差，难以查询和记录。

（2）通过线性传播，即广播内容按时间顺序依次排列，听众受节目顺序限制，只能被动接受既定的内容，选择性差。

（3）广播只有声音，没在文字和图像，听众对广播信息的注意力容易分散。

★ 案 例

第九届大广赛广播类一等奖

作品名称：《妈妈的唠叨》

母亲：闺女呀！第一次去上大学，给新同学尝尝咱家乡的特产，哎哟，我差点忘记了，这风油精可得拿好，还有……[快进]

女儿：妈！装不下了！

母亲：放心吧，早就给你准备好啦！诺，爱华仕箱包，行李再多也不怕，超大空间装得下，而且啊！还轻便，不怕摔！保你喜欢。

女儿：谢谢妈妈！

四、电视

电视广告是一种经由电视传播的广告形式，它将视觉形象和听觉综合在一起，充分运用各种艺术手法，能最直观、最形象地传递产品信息，具有丰富的表现力和感染力，因此电视广告是近年增长最快的广告媒体之一。电视广告播放及时、覆盖面广、选择性强、收视率高且能反复播出以加深收视者印象。

（一）电视广告的优势

1. 视听结合，直观性强

电视是视听合一的传播媒介，人们能够亲眼见到并亲耳听到如同发生在自己身边一样的各种事物。电视用形象和声音表达思想，这比报纸只靠文字符号和广播只靠声音来表达要直观得多。单凭视觉或单靠听觉，或视觉与听觉简单地相加而不是有机地结合，受众都不能产生如此真实、信服的感受。电视广告的这种直观性，是其他任何媒介所不能比拟的。它超越了读写障碍，成为一种最大众化的宣传媒介。它无须对观众的文化知识水准有严格的要求。即便不识字，不懂语言，也基本上可以看懂或理解广告中所传达的内容。

2. 冲击力和感染力强，有现场感

电视是一种能够进行动态演示的感性型媒体，因此电视广告的冲击力、感染力特别强。电视媒介是用真实的记录手段再现讯息的形态，即用声波和光波信号直接刺激人们的感官和心理，以取得受众感知经验上的认同，使受众感觉特别真实。而这种冲击和感染力强的效果是其他任何媒体的广告所难以达到的。

3. 传播迅速，影响面大

电视与广播一样，用电波传送信号，可以把信号直接送到观众家里，传播速度快，收视观众多，影响面大，娱乐性强。由于直接用图像和声音来传播信息，因此观众几乎不受文化程度的限制，适应面很广泛。

4. 激发情绪，增加购买信心

由于电视广告形象逼真，就像上门推销员一样，把商品展示在受众面前，易促使人们对广告商品产生好感，引发他们的购买兴趣和欲望。同时，观众在欣赏电视广告时，会有意或无意地对广告商品进行比较和评论，通过引起注意来激发购买兴趣，进而作出购买决定。电视广告适用于选择性强的日常消费品、生活用品和新投入市场的商品等。

（二）电视广告的劣势

1. 费用高

电视广告的制作和播放成本非常高，这对于中小型公司来说，如果预算非常有限的话，电视广告不是一个合适的选择。2017 年春晚黄金时段的 30 秒广告位，被小米以 4 457 万元拿下。

2. 干扰多

电视广告的干扰因素非常多，如国家广播电视总局等有关部门对于广告播放时间和时段的规定就是一种限制。另外，30 秒的广告、电视台间隙广告、信用服务广告和大众服务广告的增加，使电视广告的可视性和说服力下降。还有很多地方性电视台对自己节目的促销，也造成了一定程度的干扰。

3. 受众选择性差

电视台对观众缺乏选择性，广告主不能确信观众就是恰当的受众。例如，在面向不符合目标市场特征的受众传递信息时，不一定能激发他们的购买兴趣。

4. 瞬时传达，被动接受

世界范围内的电视广告长度基本都是以 5 秒、10 秒、15 秒、20 秒、30 秒、45 秒、60 秒、90 秒、120 秒为基本单位，超过 4 分钟的比较少，而最常见的电视广告则是 10 秒和 15 秒。一则电视广告只能在短短的几十秒之内完成讯息传达的任务，而受众又是在完全被动的状态下接受的。

五、互联网

互联网是现代电脑技术、通信技术的硬件和软件一体化的产物，代表了现代传播科技的最高水平。互联网这种全新的媒介科技，具有与传统的大众媒介和其他电子媒介不同的传播特征。

（一）互联网广告的优势

网络媒体与各种传统媒体相比，发挥潜力巨大，有其自身独特的优势。

1. 范围广泛

互联网实际上是一个由无数的局域网（如政府网、企业网、学校网、公众网等）联结起来的世界性的信息传输网络。因此，它又被称为"无边界的媒介"。

2. 超越时空

互联网的传播沟通是在电子空间进行的，能够突破现实时空的许多客观限制和障碍，真正全天候地开放和运转，实现超越时空的异步通信。

3. 高度开放

互联网是一个高度开放的系统，在这个电子空间中，没有红灯，不设障碍，不分制度，不分国界，不分种族，任何人都可以利用这个网络平等地获取信息和传递信息。

4. 双向互动

互联网成功地融合了大众传播和人际传播的优势，实现了大范围和远距离的双向互动。受众通过网络可以主动地选择和接受所需的信息。通过链接，用户只需简单地点击鼠标，就可以从厂商的相关站点中得到更多、更详尽的信息，可以在网站上表达自己的购买意愿，可以在线得到厂商的反馈，还可以在网上逛商场、选商品。厂商也可以随时得到宝贵的用户反馈信息，网络进一步缩短了用户和厂商之间的距离。

5. 个性化

在互联网上，无论信息内容的制作、媒介的运用和控制，还是传播和接收信息的方式、信息的消费行为，都具有鲜明的个性，非常符合信息消费个性化的时代潮流，使人际传播在高科技的基础上大放光彩。

6. 多媒介，超文本

互联网以超文本的形式，使文字、数据、声音、图像等信息均转化为计算机语言进行传递，不同形式的信息可以在同一个网上同时传送。互联网综合了各种传播媒介（报纸、杂志、书籍、广播、电视、电话、传真等）的特征和优势。

7. 低成本

相对其巨大的功能来说，互联网的使用是比较便宜的。传统媒体做广告的费用高昂，而且发布后很难更改，即使更改也要付出很大的经济代价。而网络媒体不但收费低于传统媒体，而且可按需要变更其内容或改正错误，使广告成本大大降低。

8. 信息容量大

在互联网上，广告主提供的信息容量是不受限制的。网络上一个小小的广告条后面链接的常常是广告主的网站，广告主可以把公司的概况及其所有产品和服务消息制作成网页放在自己的网站中。可以说，在费用一定的情况下，广告主能够不受限制地增加广告信息。

9. 传播速度快

网络广告一经制作完成就可以将产品信息尽快地传递到目标市场，及时地满足市场需求。网络媒体具有随时更改信息的功能，广告主可以根据需要随时进行广告信息的改动，随时调整产品价格、商品信息，及时将最新的产品信息传递给消费者。网络媒体也可以长久保存广告信息，随时等待消费者查询。

（二）互联网广告的劣势

网络媒体也有一定的劣势，概括地讲主要有以下几点。

（1）效果难以把握。网络广告的效果难以把握，企业难以在投放广告之前有一个准确的收支评估。

（2）网络广告的供求难以平衡。中国互联网信息中心最新的调查数据显示，截至 2018 年 12 月，10～39 岁群体占整体网民的 67.8%，其中 20～29 岁年龄段的网民占比最高，达 26.8%。这些人对商品的需求和购买力，与大部分企业广告的内容还存在很大差距。

（3）受众不明确。网络广告具有匿名的特征，这使广告主无法辨清受众所提供的信息的准确性和真实性，在一定程度上影响了资料收集和调查分析的准确性。

如今，"网上公关""网上广告"对大多数组织与公众来讲，已经不再是一个陌生的词语了。作为广告策划人员，如果不懂得如何运用互联网的强大功能来从事广告活动的话，他就可能成为一个信息化社会的落伍者。

第三节　小众广告媒介

小众广告媒介一般是指户外广告、售点广告、直邮广告、橱窗广告、交通广告等多种形式的小范围传播媒体。

一、户外广告媒介

户外广告主要指室外的各种媒体（如建筑物、旅行沿线、交叉道口、商业中心、机场）上的广告，也称室外广告或 OD 广告（Outdoor Advertising）。有些户外广告也展示在非露天场合，如交通设施内部的候车亭、地铁站台、购物中心等。户外广告一般是敞开的，它面对所有的过路行人，这种公众化的媒体，决定了其独特的设计风格。户外广告是众多广告媒体中最富有竞争力的媒体之一。

（一）户外广告的优点

1. 广告费用低

与其他媒体相比，户外广告的千人成本非常具有竞争力。在所有广告媒体中，户外广告单位信息的传递使用材料成本最为低廉。户外广告的制作费用因其表现手法简单、内容单一而维持在较低水平，且长时间的发布又降低了平均每天的广告费用。以路牌广告为例，根据目前国内情况而言，路牌广告一年的全部费用仅相当于几秒钟的电视广告制作费。

2. 吸引力强

吸引力强主要表现在品牌提醒、较高的认知率和频度上。如街道两旁的广告牌、商店门口的售点广告对于认牌购买就具有非常有效的提醒作用。广告牌长时间放置在繁华或者人口流动性大的地区，对来往的行人有反复诉求的效果。

3. 选择性强

户外广告的形式和所使用的媒体都有极大的选择性，这种选择性几乎可以满足广告客户的所有要求。如广告客户可以自由选择自己认为最需要广告支持的地区、地点。

4. 观众接触度高

由于户外广告购买周期较长，少则一个月多则一年，甚至更长，所以受众接触频度较高，广告重复暴露次数多。

（二）户外广告的缺点

1. 到达率浪费

借助户外媒体可以将信息传达给特殊受众，而在大多数情况下，户外广告虽有很高的到达率，但由于并不是每个驱车经过广告牌的人都是目标受众，所以到达率并不高。

2. 传递的信息有限

大多数经过户外媒体的受众行走速度较快，展露时间较短，这就要求广告信息必须是几个字或一个简短的概括，太长的诉求通常对受众无效。据测算，过往行人能在 5 秒钟以内读完信息内容的广告才会产生良好的广告效果。而 5 秒钟最多看清 30 个字，可见信息量相当有限。

二、POP 广告媒介

POP 广告（Point of Purchase Advertise），又称售点广告，起源于美国超级市场和自助商店。广义的 POP 广告，指凡是在商业空间、购买场所、零售商店的周围和内部及商品陈列的地方所设置的广告物；狭义的 POP 广告，仅指在购买场所和零售店内部设置的展销专柜，以及在商品周围悬挂、摆放与陈列可以促进商品销售的广告媒体。

POP 广告可以在有限的时空里对吸引顾客、引导顾客购买、激发顾客欲望、促成顾客的购买行为，具有特殊的功效。据美国 POP 广告协会公布的数据显示，有近 2/3 的购买决定是在店内作出的，有些产品类别甚至有 80% 的购买行为属于冲动性购买。这些结果说明了 POP 广告媒体的效果。

（一）POP 广告媒体的类型

POP 是商业销售中的一种店头促销工具，其型式不拘，但以摆设在店头的展示物为主，如吊牌、海报、小贴纸、纸货架、展示架、纸堆头、大招牌、实物模型、旗帜等。常见的

POP 广告有以下几种。

（1）悬挂式 POP 广告。通常悬置在柜台展台上、商场通道、货架上方、店面门口，大多为两面、四面或多面立体式。

（2）柜台式 POP 广告。柜台陈列式 POP 广告是置于商场内销售柜台、陈列台或大型商品上的小型广告形式。通常，放在柜台上的 POP 广告最能吸引顾客的注意力，并能直接协助购买者确认商品品质和了解其性能特点。

（3）橱窗陈列 POP 广告。橱窗陈列是将产品用艺术的形式表现出来，是商业与文化相结合的集中体现。橱窗陈列 POP 广告就是指放置在橱窗内的展示物或具有装饰效果的作品。

（4）招牌式售点广告。招牌式售点广告的主要位置在商店的门口，或者综合商场的各层入口。招牌式售点广告的内容均为宣传商品，一般来说分为两类。一类是常规性的商品宣传，比如麦当劳的黄色大 "M" 字，可谓是成功招牌的代表之一，金黄色大 M 字给人一种温暖的感觉，加上标志简洁，便很容易烙印在顾客的脑海中；另一类是焦点式的商品宣传，根据季节、时令，选定一些人们特别关心的商品，作为宣传的焦点，以吸引顾客。

（二）POP 广告媒体的功能

1. 新产品告知

几乎大部分的 POP 广告都属于新产品的告知广告，当新产品出售时配合其他大众宣传媒体，在销售场所使用 POP 广告进行促销活动，可以吸引消费者视线，刺激其购买欲望。

2. 激发潜在购买意识

尽管厂商已经利用各种大众传播媒体，对产品进行了广泛的宣传，但有时当消费者步入商店时，可能已经将广告内容遗忘，此刻再利用 POP 广告在现场展示，可以唤起消费者的潜在意识，重新拾起记忆，促成购买行动。

3. 无声的售货员

POP 广告经常被运用于超市中，而超市属于自选方式，当消费者面对诸多商品无从下手时，摆放在商品周围的 POP 广告，真实、全面地向消费者提供商品信息，可以起到吸引消费者并促成其购买的作用。因此说 POP 广告有 "无声的售货员" 和 "最忠实的推销员" 的美名。

4. 创造销售气氛

利用 POP 广告强烈的色彩、美丽的图案、突出的造型、准确而生动的广告语言，可以创造强烈的销售气氛，吸引消费者的视线，进而促成其购买。如图 8-1 所示，场内悬挂的 POP 广告，可以让顾客在任何角落看到广告的宣传内容，很好地烘托了气氛。

图 8-1　商店内悬挂的 POP 广告

5. 提升企业形象

国内的一些企业不仅注重提高产品知名度，同时也很注重企业的形象宣传。POP 广告同其他广告一样，在销售环境中可以起到树立和提升企业形象，进而保持与消费者良好关系的作用。

（三）POP 广告媒体的优势和劣势

（1）POP 广告媒体的优势：直接面向消费者，针对性强；营销造势，效果明显。

（2）POP 广告媒体的劣势：接触面局限于现场；要求有比较专业的设计人员；干扰因素多。

三、直邮广告媒体

直邮广告（Direct Mail Advertising），简称 DM，直接邮寄的意思。它是传达商业讯息的一种宣传手段，是针对某一市场区域或某一特定阶层的人，以邮递的方式寄给消费者的一种宣传品。

DM 广告类型多种多样，常见的有广告明信片、产品宣传册（单）、折叠式说明书、请柬、贺卡、年历等。此外，还有手机短信广告和电子邮件广告。手机短信广告是利用手机短信进行点对点或点对多的广告发送，确保"一对一"传递信息，强制性记忆，保证较高阅读率。电子邮寄广告是从搜集的客户资料中筛选出目标受众，然后通过电子邮件、专题网页进行点对多广告发送或投放，寄发电子杂志、产品信息、会议通知、邀请函等。

（一）DM 广告媒体的优势

（1）对媒体对象有选择权。DM 广告直接将广告信息传递给真正的受众，广告主在付诸实际行动之前，可以参照人口统计和地理区域因素选择受众，以保证最大限度地使广告讯息为受众所接受，因此具有强烈的选择性。

· 169 ·

（2）一对一直接送达。DM 广告可以实现一对一地直接发送，从而减少信息传递过程中的客观流失，使广告效果达到最大化。

（3）形式灵活。与报纸杂志广告不同的是 DM 广告的广告主可以根据自身具体情况来任意选择版面大小，并自行确定广告信息的长短，选择全彩或单色的印刷形式；广告主还可以自行决定投递方式及广告预算的多少。DM 广告内容自由、形式不拘，有利于第一时间抓住消费者的眼球。

（4）广告效果比较容易测定。DM 广告是一种深入潜行的非轰动式广告，不易引起竞争对手的察觉。广告主可以通过回执、赠券方式，或分析产品销售数量与广告投放数量之间的关系，来了解广告投放后的效果。广告主可根据这个效果重新调配广告费和调整广告计划。

（二）DM 广告媒体的劣势

（1）传播面狭窄。DM 广告传播的范围较小，广告效果很难放大。

（2）易让人产生戒备心理。针对性强，推销的功利性就很明显，往往会使人产生一种戒备心理。

（3）发挥作用小。行政区划、地址、对象经常变动，常使一部分邮件无人接受，不能较好地发挥作用。

★案　例

彭尼百货直邮广告业务

时隔五年，彭尼百货重新恢复了直邮广告业务。2010 年，这个总部位于美国得克萨斯州普莱诺的连锁百货公司正身陷残酷竞争中，并取消了自 1963 年以来就一直存在的庞大的直邮广告业务。彭尼公司表示，此次恢复这项业务是因为数据显示，很多消费者是从直邮广告上看到了商品，然后才到实体店购买或到网站下单的。

每年发行三本"巨型图书"，有的甚至厚达 1 000 多页，这个惯例彭尼百货曾经坚持了 47 年。与此同时，彭尼百货还邮寄很多小型的分门别类的直邮广告册，如厨房用品、校服或者客厅配饰等。可以说，彭尼百货一度将直邮广告营销开展得风生水起。尤其是自竞争对手西尔斯百货 1993 年停止印刷直邮广告后，美国的零售业直邮广告业务几乎被彭尼百货垄断，但彭尼百货 2009 年停止了寄发"巨型图书"，并在一年后把 70 种小型直邮广告也给取消了。

放弃直邮广告的不单单是彭尼百货一家，很多百货公司在改革的道路上都撇下了直邮广告这个曾经的"营销伙伴"。美国直销协会的报告显示，自从 2007 年达到 196 亿次的巅峰，直邮广告的邮寄量就呈下降趋势。

苹果公司前高管罗恩·约翰逊在 2011 年加盟彭尼百货后，并未给这家零售连锁公司带来很大的改善，于是，其前任麦伦·乌尔曼重回彭尼百货担任 CEO，并决定将重拾直邮广告，让公司重获生机。他曾在接受媒体采访时说"我们失去了很多顾客"，似乎觉得公司放弃直邮广告是个错误。滑稽的是，2010 年结束直邮广告的那个决定，也是乌尔曼做的。

2015 年，彭尼百货恢复直邮广告第一本面世的 120 页的册子包含彭尼百货的众多商品，有了它，消费者就不用在电脑上浏览商品了。虽然科技的便利性已经证明消费者喜欢电子商务的概念，但很多人仍然喜欢从直邮广告上选择自己喜欢的物品，如衣服，可能是因为更直观或者更有质感吧。

　　乌尔曼表示，彭尼公司这次将集中更多力量在始终高居公司销售榜的家居用品上，它占据了公司40%的销售额，2014年一整年的销售额为118.6亿美元。彭尼百货的做法可能也受到了一直寄送直邮广告的全球家居巨头——宜家家居的启发。

（资料来源：《国际商业时报》）

四、交通广告媒体

　　交通广告是流动的广告，以公共交通工具为广告媒介，主要有交通工具内容的广告牌、广告宣传画、车站内的广告牌、公共汽车的车身广告等。

（一）交通广告的类型

　　（1）设置于公共汽车站、电车站及地铁站等公共场所的固定型交通广告。

　　（2）以车辆作为载体的流动型交通广告。

　　（3）安置于公共交通工具内部的交通广告。

（二）交通广告的优缺点

1. 交通广告媒体的优点

　　（1）到达频度高。乘客重复接触交通广告，有助于扩大广告的影响，产生较好的促销作用。

　　（2）展露率高。一般来说，人们乘坐交通工具的时间较长，交通广告可以有充足的时间面向受众。乘客在乘坐交通工具时常会感到闲暇无聊，这时交通广告能填补他们的时间空白，从而增加了广告的阅读量。

　　（3）制作简单，费用低廉，适合中小广告客户的需求。

2. 交通广告媒体的缺点

　　（1）受众相对固定，传播范围有局限性，尤其是公交线路，乘坐人群的类型特征比较明显。

　　（2）传播的信息有限，不适合篇幅较长的广告和专业产品的广告。

五、橱窗广告媒介

　　橱窗广告是在橱窗里宣传产品的广告，是POP广告的一种。我国橱窗广告大约起于1927年，最早是由外商委托上海中西、中法等西药房布置"勒吐精"奶粉橱窗。自从有了可以用来作为橱壁底色以衬托商品的绉纸，有些设计人员便将绉纸拉成长尖角，一幅幅钉在橱窗四周，然后拉到橱壁中心，向后推移钉牢，形成方型范围内的透视形式。在当代，橱窗广告已发展得丰富多彩，各大商店均有橱窗陈列商品，发挥广告作用。

（一）橱窗广告媒介的特征

　　（1）真实性。不仅做到"橱窗里有样，店堂里有货"，而且通过道具、色彩、灯光、文字、图片等手段，将商品的美感尽量地显示出来。

（2）具有可利用的空间。橱窗空间虽小，但它同样具有上下、左右、前后的三度空间的层次变化，能容纳真实的商品。商品陈列通过总体的造型图案的构思和形象的内在联系，组成一幅幅多姿多彩的立体画面。

（3）适应性强。能适应季节气候的变化，适应消费心理的变化，适应购买力的变化。橱窗广告不能有什么就陈列什么，要根据顾客兴趣和节气变化，及时调整商品陈列位置，最好把热门货和新产品摆在显眼的地方。

（二）橱窗广告的功能

从商业心理学的角度来说，橱窗广告将商超所经营的重要商品巧妙地进行组合搭配，形成一组富有情趣的商品群。橱窗广告能够引起消费者注意，激发消费者的购买兴趣，促进消费者的购买欲望，增强消费者的购买信心。此外，橱窗广告还可以及时宣传商品，指导消费，扩大销售，提高卖场形象。

（三）橱窗广告的特点

橱窗广告作为商家营销最重要、最常用的手段，即使现在网络高速发展的时代，橱窗广告依然凭借着其独有的优势傲立于广告业。

1. 橱窗面积越大，越能吸引消费者注意

为了吸引足够多的眼球，广告主绞尽脑汁，只为吸引用户的注意力。然而在这个创意过剩的时代，一般的创意对于普通用户来讲已经麻木，起不到预期的广告效果。而过度的创意，反而会引起用户的反感。因此，越来越多的品牌希望在橱窗里作出更多内容，希望以此来打动消费者。而这一切，只有足够大的面积才能引起消费者的注意，才能满足品牌主做内容营销的计划。

2. 数字化优势

数字化橱窗，借助于 4G 的快速发展，以及科技的快速发展，可与数字化设备紧密相连。方便接入的 WIFI 设备、室内天然的应用优势，让数字化橱窗具有更多优势与品牌所期待的更多功能。结合大数据业务，橱窗媒体不仅可以实现面部识别功能，同时还支持流量统计等功能，再借助于基于实时的 DSP 功能，数字化媒体的优势将逐步显现。

3. 场景优势

对许多广告主来讲，广告投放要具备一定的营销场景，尤其是在目前低头一族占据人们视线的同时，如果利用橱窗这一特定场景来实现广告营销效果，将是每个品牌都期望的。相对于电梯广告定位于上下班的白领，橱窗广告正好可以弥补上下班回家的路上及逛街的空闲，形成"上班看分众，下班看橱窗"的场景。而这种将用户置于订制的场景中，是实现营销的最高境界——"感觉不到营销的营销"。

第四节 广告媒介的选择和组合

一、广告媒介的选择

根据广告的目标市场策略、定位策略、诉求策略，对可供选择的广告媒介进行评估，从而选择出最符合要求的媒介。

（一）广告媒介评价指标

1. 视听率

所谓视听率，指某一时段内收看（收听）某一节目的人数占电视观众（广播听众）中总人数的百分比，这是一项用来统计广播电视节目拥有观众、听众人数多少的指标。视听率作为科学、精准地对广播电视受众进行研究最主要的方式之一，也依赖于统计学的成熟与发展。视听率的调查只有运用概率抽样的方法，才能以最少的样本测量来推断一个地区，甚至一个国家全体的视听行为。

2. 毛评点

毛评点又称总收视率或总收听率，它被用来衡量某个目标市场上一定的媒体所产生的总影响力。这既可能是只在某一个媒体上播出一个商务广告，也可能是整个活动项目期间在多个媒体组合上播出若干个商务广告。

3. 视听众暴露度

视听众暴露度是指在某一特定时期内收听、收看某一媒体或某一媒体特定节目的人数（户数）总和，实际上是毛评点的绝对值。

4. 到达率

到达率是表示在一定时期内，不同的人或家庭接触某一媒体刊播的影视广告的比例，可用百分数表示。

5. 暴露频次

暴露频次是指在一定时期内，每个人（或户）接收到同一影视广告信息的平均次数。

6. 千人成本

千人成本指影视广告信息到达 1 000 个人（或户）平均所付出的费用成本。

（二）影响广告媒介选择的主要因素

在选择一个具体的成本效益最佳的媒介工具的时候，主要考虑以下因素。

1. 媒介的传播范围与对象

任何媒介都有特定的传播范围与对象，如国际性的、全国性的、地区性的。应该注意的是，泛泛的传播范围实际上是无意义的，重要的是媒介传播范围的分布及分布范围内的主要对象。如杂志一般是全国性的，但杂志的分布一般又比较特殊，很多杂志在某个地区的发行数量要占总发行量的70%左右，而在其他地区的很少，所以如果认为在杂志上进行的广告就是全国性广告，就是一种误解。杂志的目标对象一般很明显，在所有媒介中，杂志属于指向性最明确的媒介之一。如果一个广告选错了杂志，则不会收到很好的效果。因此，范围、分布、对象三者是不可分割的。

2. 媒介被收听、收看情况

传播范围广，但收听、收看率低的媒介是无效的。因为，在广告媒介大发展的今天，消费者与媒介接触无论是在数量上还是频率上都在大幅度增加，这本身就造成每一种媒介的被注意率与收听、收看率下降。在广告的汪洋大海中，每一则广告都很容易被淹没。媒介收听、收看率的确定比较复杂。最常见的方法是抽样调查和专家预测。

电视媒介一般被认为是效率较高的媒介。它的传播特点是范围广，几乎包括所有社会阶层，容易被注意和记忆等。但是，随着我国卫星转播和有线电视的发展，一般城市和地区电视台数量都在逐渐增多，而且每家电视台都有众多栏目，这就造成了不同的收视率和不同的收视对象。所以在电视上进行广告也可能效果不佳。

3. 媒介的费用

媒介的费用分绝对费用和相对费用。绝对费用是指使用媒介的费用总额。不同媒介的绝对费用是不同的。在现代四大媒介中，电视最高，其次是杂志、广播和报纸。相对费用是指向每千人传播广告信息所支付的费用，又称媒介的千人成本（CPM），其计算公式如下：

广告媒介的相对费用（千人成本）＝广告媒介的绝对费用÷预计传播对象的人数（以千人为单位）

在媒介费用中，分析相对费用具有更重要的意义。广告绝对费用高，并不等于相对费用高。如电视虽绝对费用高，但由于传播范围广，其相对费用可能低于其他媒介。

4. 媒介的威信

媒介的威信对广告内容有很大影响，在媒介的选择过程中，应了解受众对媒介的评价。一般不宜选择那些信誉较差的媒介进行广告（特殊需要除外）。另外还应注意，媒介的威信是有范围的，如对某一读者群有威信的杂志，对另一读者群可能是一堆废纸。

5. 媒介的传真程度

媒介的传真程度是指媒介能否对商品实物、照片、绘画进行较好的还原。传真程度取决于媒介的制作、印刷、传播水平。传真程度低就限制了某些广告形式，限制了产品造型、商标识别。

6. 媒介的使用条件

媒介的使用条件主要指购买广告时间或广告版面的难易程度、手续简便程度、服务质量及信誉等，这直接影响到广告信息能否及时传递及传递的质量。

除了上述因素外，还应考虑以下因素：目标顾客习惯、偏好，例如，对青少年顾客采取电视广告效果最好；产品种类，例如，为妇女服装做广告，选择彩色印刷的杂志广告最有吸引力；广告信息，选择何种媒介与广告信息本身有着密切的关系，如复杂的技术信息在广播、电视中难以说清，而通过报纸或专业杂志效果较好；成本费用，不同的广告媒介，费用支出存在着很大的差异，如电视广告成本较高、报纸广告成本相对较低。

（三）广告媒介选择的方法

1. 按目标市场进行选择

目标市场明确后，广告媒体的选择可紧紧瞄准这个确定的目标市场进行分析。若以全国范围为目标市场就应在全国范围内展开广告宣传，选择媒体时应寻求覆盖面大、影响面广的传播媒体。若以特定细分市场为目标市场，此时考虑的重点是传播媒体能否有效覆盖与影响这一特定的目标市场。

2. 按产品特性进行选择

不同产品适用于不同的广告媒体，因此，应按产品的特性慎重选择广告媒体。一般说来，印刷类媒体适用于规格繁多、结构复杂的产品。色彩鲜艳并且需要进行性能演示的产品，最好运用电视媒体。对于工业产品，若技术性较强，则选择专业杂志或专业报纸；若技术性一般，可选择电视和一般报刊。生活消费品多属于情感型购买品，宜选择广播、电视、报纸、杂志等媒体。

3. 按消费者层次进行选择

一般而言，大多数产品均有其较为固定的消费者层，因此，选择广告媒体时应根据其目标指向，确定消费者喜欢的媒体。例如，新型美容化妆品，其使用对象是女性，主要购买者是青年女性，根据这一特性，就应该选择年轻女性最喜欢的传播媒体来发布该产品的广告。

4. 按广告预算进行选择

每一个广告主的预算都是不同的，这就决定了对广告媒体选择必须量力而行。广告主在推出广告前，必须对选择的媒体价格进行精准的测算，如果广告价格高于广告后取得的经济效益，就不要选择高价格的广告媒体。

5. 按广告效果进行选择

在选择媒体时，应坚持选择投资少而效果好的广告媒体。

★ 案 例

麦当劳愤怒的小鸟 "快乐怒 FUN"

1. 营销背景

麦当劳同时面临传统西式快餐品牌的竞争和来自网络外卖及本土餐饮品牌的竞争。随着消费者的选择更加多元，麦当劳试图拉近与年轻消费者的距离。

麦当劳作为一个为大家提供快乐的地方，一直秉承与你 "好" 在一起的理念。为了进一步拉近与消费者的情感距离，2016 年 4 月，麦当劳推出愤怒的小鸟主题食物及配套玩具——让我们继续一起 "FUN"。

2. 营销挑战

（1）如何将愤怒的小鸟主题和麦当劳简单快乐的概念结合在一起？

（2）麦当劳于2012年活动中已经使用过愤怒的小鸟形象，而且市场上也有其他品牌在用此形象。如何做到与众不同，重新唤醒受众对此游戏的记忆和热情，进一步创新突破引起年轻消费者注意和兴趣？

（3）如何促进到店和销售转化？

3. 传播策略

（1）消费者洞察：核心目标用户是22～29岁的年轻人，他们在生活中有些压力，但不管这一天过得如何，他们都希望生活中有那么一刻来释放内心的一点小小快乐。

（2）媒体策略：利用年轻人喜欢使用手机与社交媒体的特点，以"快乐怒FUN"为主题，通过全媒体平台宣传，从移动端出发，结合线上、线下全方位立体式的传播方式，搭建麦当劳"快乐怒FUN"平台，将快乐体验从店内扩散到店外，从线下分享到线上，让更多人可以体验到麦当劳带来的快乐。帮助大众建立对产品的认知度及关注，进一步增加品牌喜好度及促进到店与销售转化。

4. 创新点

（1）创意：快乐怒FUN。

（2）行业内首次采用创新双屏互动（移动端+户外）。

（3）更有趣的门店体验。

5. 媒介/传播接触点

围绕用户的媒介习惯，通过跨媒介组合（电视、户外、OTV、DIGITAL）进行360°曝光。

6. 传播效果

（1）TVC：触及人口超过2亿人次。

（2）户外：触达548万人次。

（3）网络：新闻端产生1 300多万次曝光，其中新浪微博的视频信息流互动率43%，点击率3%（互动率和点击率是常规视频信息流的3倍）；95秒的病毒视频共播放了1 500万次，视频千次播放成本是常规OTV投放的一半价格；通过多平台引流，活动页访问人数超过400万名用户。

（4）线下活动：吸引超过10万人驻足观看，并成功引流人员到店兑换优惠券，兑换率高于行业平均水平。

案例分析： 多数情况下，营销会同时选择两种或两种以上媒介进行广告，该案例围绕用户的媒介习惯，通过跨媒介组合（电视、户外、OTV、DIGITAL）进行了360°曝光。

二、广告媒介的组合运用

所谓广告媒介组合就是同时利用两种或两种以上媒介进行广告传播。媒介组合的价值在于最大可能地提高广告效果对目标市场的到达率，整合不同媒体的传播优势，形成合力，扩展传播效果。不同的媒介具有不同的传播对象，即使针对同一对象，其效果也不同。在媒介组合中，一般有主要媒介和辅助媒介。

（一）广告媒介组合的功能

（1）广告媒介组合能够弥补单一媒介在接触范围上的不足。在广告媒介领域，几乎没有哪一种媒介能够100%地到达每一个广告主所预定的目标对象。

（2）广告媒介组合能够弥补单一媒介在暴露频率上的不足。在媒介选择上，有的媒介能够以比较大的接触范围到达目标市场，但是由于广告费用太高，往往限制了广告主多次使用。

（3）广告媒介组合有助于广告的少投入、多产出。任何企业对广告费用都有一定额度的预算，在特定时期，广告费用是一个常量。在企业无法以大的广告费用投入广告媒介上进行宣传时，可以将广告费用合理分配在低费用的媒介上，再辅助以其他促销活动，常常会达到理想的效果。

（二）广告媒介组合形式

1. 视觉媒介与听觉媒介的组合

视觉媒介是指通过视觉要素表现出来的媒介，如报纸、杂志、户外广告、招贴、公共汽车广告等。听觉媒介主要是指借用听觉要素表现出的媒介，如广播、音响广告、电视。视觉媒介更直观，给人以一种真实感；听觉媒介更抽象，可以给人丰富的想象。视觉媒介与听觉媒介的组合，可以集中体现两种媒介的优势。

例如：报纸与电视媒体搭配，这种组合方式是利用了报纸信息量大、目标消费群集中的优势与电视传播速度快、视觉冲击力强的特点进行组合，先将平面广告信息传播给广大受众，使之通过文字资料详细地了解产品，再通过电视图像展示产品的优良品质和产品形象，从而使品牌认知和产品功能得到同步发展。

2. 瞬间媒体与长效媒体的组合

瞬间媒体指广告信息瞬时消失的媒体，如广播、电视等电波电子媒体，由于广告一闪而过，信息不易保留，因而要与能长期保留信息、可供反复查阅的长效媒体配合使用。长效媒体一般是指那些可以较长时间传播同一广告的印刷品、路牌、霓虹灯、公共汽车等媒体。

例如：电视与户内外媒体搭配，户内外媒体具有提醒、强化的效果，与电视媒体组合，不仅能够使电视媒体的效果得到延伸，而且能够增强在销售上的提醒、强化使用的效果。

3. 大众媒体与促销媒体的组合

大众媒体指报纸、电视、广播、杂志等传播面广、声势大的广告媒体，其传播优势在于"面"，但这些媒体与销售现场相脱离，只能起到间接促销作用。促销媒体主要指邮寄、招贴、展销、户外广告等传播面小、传播范围固定、具有直接促销作用的广告，它的优势在于"点"。若在采用大众媒体的同时又配合使用促销媒体，能使点面结合，起到直接促销的效果。

例如：报纸或电视与销售现场搭配，这种组合有利于提醒消费者记忆中已经没有印象的产品。

4. 媒体覆盖空间的组合

媒体有各自的覆盖空间，在媒体组合时要考虑到空间上的互补性。几种媒体组合，不仅能够将空缺处弥补，还会提高其中某一部分的暴露频次。

例如：电视与广播媒体搭配，这种组合有利于城市与乡村的消费者能够普遍地接受影视广告信息传播，提高品牌认知，吸引消费者对产品的兴趣。

5. "跟随环绕"媒体组合

消费者每天在不同的时间会接触不同的媒体，如早上听广播、看电视，中午看报纸，晚上浏览网站、看电视。如果根据消费者从早到晚与媒体接触的规律，采用一种"跟随环绕"的媒体组合方式，能够随时进行宣传和说服。

★ 案 例

百事可乐的媒体组合策略

1986年1月23日，广州百事可乐汽水厂投产，同年4月份就占领了广州市场，月销量达到2 000多吨。之所以取得如此业绩，正是因为他们采取了行之有效的媒体组合策略。首先派业务员穿着百事可乐工作服在各个销售点张贴商标广告，紧接着他们又以"百事好味道，全球都赞好"为口号，配以有实物图案的广告画进行宣传，并在市内选择了5个地点进行免费赠饮活动，又及时投放一批印有"注意交通安全，百事可乐汽水厂"的太阳伞到交通岗上。此外，他们还赞助了社会公益事业和群众性活动。

案例分析： 在这次广告活动中，他们采用了广告画、POP广告伞等载体，而且组合得相当成功，所以才能在极短的时间就打开并占领市场。

本章小结

媒介，是由英文"media"翻译而来的，即信息的载体和渠道，凡是能把信息从一个地方传送到另一个地方的就可以称为媒介。

广告媒介，就是发布广告所借助的通道或介质，习惯上也可指拥有这些广告发布媒介的机构或组织。广告媒介的基本功能表现为：广告媒介的选择是企业广告策略能否成功的关键因素之一；广告媒介的选择直接决定广告目标能否实现；广告媒介决定广告是否能够有的放矢；广播媒介决定广告内容与采用的形式；广告媒介决定了广告效果。

报纸广告的优点表现为：传播面广，传播迅速，具有新闻性，阅读率较高，文字表现力强，便于保存和查找。报纸广告的缺点表现为：时效性短，传播信息容易被读者忽略，理解能力受限，传播信息生动，直观性差。

杂志广告的优势表现为：保存周期长，传阅率高；读者对象明确，针对性强；主动阅读，说服力较强；印刷精美，表现力强。杂志广告的劣势表现为：出版周期长，声势较弱，理解能力受限，成本较高。

广播广告的优势表现为：传播面广，传播迅速，感染力强，伴随性强。广播广告的劣势表现为：传播效果稍纵即逝，线性的传播方式，听众对广播信息的注意力容易分散。

电视广告的优势表现为：视听结合，直观性强；冲击力和感染力强，有现场感；传播迅速，影响面大；激发情绪，增加购买信心。电视广告的劣势表现为：费用高，干扰多，受众选择性差，瞬时传达、被动接受。

互联网广告媒体的特点有：范围广泛，超越时空，高度开放，双向互动，个性化，多媒介，超文本，低成本。

户外广告的优点有：广告费用低、吸引力强、选择性强、观众接触度高；户外广告的缺点有：到达率浪费、传递的信息有限。

POP 广告媒介的优势有：直接面向消费者，针对性强；营销造势，效果明显。POP 广告媒体的劣势有：接触面局限于现场；要求有比较专业的设计人员；干扰因素多。

DM 广告媒体的优势：对媒体对象有选择权，一对一直接送达，形式灵活，广告效果比较容易测定。DM 广告媒体的劣势：传播面狭窄，易让人产生戒备心理，发挥作用小。

交通广告媒体的优点：到达频度高，展露率高，制作简单、费用低廉。交通广告媒体的缺点：信息容量小，广告印象不易保留，设计难度大。

广告媒介评价指标：视听率、毛评点、视听众暴露度、到达率、暴露频次、千人成本。

影响广告媒介选择的主要因素：媒介的传播范围与对象，媒介被收听、收看情况，媒介的费用，媒介的威信，媒介的传真程度，媒介的使用条件。

广告媒介选择的方法：按目标市场进行选择，按产品特性进行选择，按消费者层次进行选择，按广告预算进行选择，按广告效果进行选择。

广告媒介组合策略：视觉媒介与听觉媒介的组合，瞬间媒体与长效媒体的组合，大众媒体与促销媒体的组合，媒体覆盖空间的组合，"跟随环绕"媒体组合。

复习思考题

1. 广告媒介的功能有哪些？
2. 阐述广告媒介的类型及其特点。
3. 影响广告媒介选择的因素有哪些？
4. 广告媒介组合的形式有哪些？
5. 媒介效果的衡量指标有哪些？

【实训演练】

实训名称：结合广告项目制作广告媒体计划书。

背景资料：自然堂推出自然堂无瑕持妆冰肌粉底液。该产品规格为 30 ml。核心成分是喜马拉雅冰川水——与众不同的喜马拉雅冰川水，源源不断注入肌底，让妆容持续水润；丹参提取物——蕴含活性成分丹参酚酸，具有天然抗氧化力，更长时间保持妆容；喜马拉雅雪脂莲蜜——滋润型特别添加，通过形成保护滋养膜，增强肌肤保水能力；中空控油微粒——清爽型特别添加，吸取面部多余油脂，带给肌肤持续清爽体验。该产品运用到冰封感光调色科技（中韩国际专利），独有智慧感光粒子调节妆面明暗，独特冰封技术封存粉体鲜活色彩。产品的卖点是：轻薄——轻薄透光，细腻——细腻柔焦，帖肤——亲肤服帖。产品的目标消费者是年轻消费群体。

广告目的是通过体现产品卖点，针对目标群体，基于对其生活方式、行为习惯、选择偏好等方面的洞察与调研，提升目标群体对产品的认知度及好感度，使产品成为目标人群的"人生中第一瓶粉底液"，实现产品在年轻人群中的快速渗透。

实训要求：

1. 针对背景资料，运用所学的广告媒介的相关知识，设计一份具有可行性的广告媒体计划书。

2. 老师组织小组之间进行交流，各小组结合项目设计的方案进行讨论和交流，老师负责说明和决策。

3. 小组将完善好的设计方案提交老师进行评定。

【案例分析】

安慕希——体育营销

由于在某个时间段内具有极高的关注度和话题性，国际性体育赛事从来都被品牌主们视为不可错过的营销时机。毫无疑问，在早早贴上"奥运年"标签的 2016 年，国内外的品牌们自然又会掀起新一轮的奥运营销大战。距离 2016 里约奥运会 4 个月时，已经有国内品牌率先打响了品牌奥运营销的第一枪——伊利安慕希牵手奥运冠军热门"小鲜肉"宁泽涛，发布全新奥运特别版安慕希。

1. 先声夺人，安慕希抢占奥运营销高地

从冠名超高人气的现象级综艺《奔跑吧兄弟》开始，安慕希的品牌形象就与"运动"有了某种意义上的联系。在经过与第二季节目的深度合作之后，安慕希在品牌认知度和美誉度上有了一定的基础。因此，安慕希在继伊利携手姚明、刘翔、李娜、孙杨之后，签下了最有希望成为中国体坛新生代标志性人物的宁泽涛作为代言人。在结合《奔跑吧兄弟》宣传节点的同时，抢先一步打响了奥运营销的第一枪。值得一提的是，安慕希此次代言人的选择别有一番意味。首先，作为本届奥运会的夺冠热门，宁泽涛在其职业生涯中还未获得过奥运金牌。这也就意味着，一旦宁泽涛在奥运赛场上成功夺冠，包括国内媒体在内的全球媒体都将为宁泽涛发声，短时期内的爆炸性集中式人物曝光加上全球范围内的话题讨论，由此所造成的影响力与声量让人不敢想象，其重大事件所产生的长尾效应更不容小觑。其次，宁泽涛作为体育明星加入安慕希的代言人阵容中，与身为"跑男团"成员的杨颖（Angelababy）和李晨一同代言安慕希品牌，在国民综艺节目之外，为品牌联想增加了一个新的维度。这对于进一步提升消费者心目中安慕希的品牌形象和品牌美誉度，都有着极大的促进作用。

2. 搭载奥运，安慕希塑造高品质形象

另一方面，站在品牌营销的战略高度上来看，安慕希借势奥运的策略体现了其对自身品牌发展的独到理解和全然不同的思维。从品牌形象塑造路径来看，安慕希早期主打"浓浓的超好喝"的美味诉求，其意在通过来自产品本真的功能体验，让消费者迅速形成感性的品牌认知；后一阶段，安慕希强调"蛋白质含量高出风味酸奶国家标准 35%"，则是将其好喝的感性的主观功能体验向理性的"高品质"品牌诉求过渡。这一时期，安慕希开展的一系列"安慕希美食"活动，也在强调"好喝"的主观体验，潜移默化地传递出"高品质"的产品特点和品牌诉求。然而，产品的"高品质"不是一份检测报告书或者一份认证文件就能够确立的。从沟通层面上来讲，在通过理性沟通向消费者传递体现自身产品"高品质"特点的信息时，消费者心里能够产生的最大共识是"这个品牌自己说这个产品是高品质的"。对于这样的"高品质"品牌形象，消费者实际上是"不完全接受"的。所以，要想实现消费者对"高品质"形象的"完全性接受"，安慕希还需要借助感性沟通来建立消费者对品牌"高品质"形象的联想。于是，以"更快、更高、更强"为宗旨的奥运，成了这一时期不可多得的营销良机。可以想见，通过宁泽涛加入品牌代言人这一合作形式，能够将安慕希的品牌与奥运建立关联，在以宁泽涛本人的良好形象持续为品牌传播带来影响的同时，更以宁泽涛奥运夺冠热门的高水平运动员的印象，为安慕希贴上"高品质"的标签，实现了品牌"高品质"形象的塑造。不可否认，品牌主选择借势奥运，最主要的还是看中了其4年一度全球综合性体育盛会的传播价值——这也是每届奥运会品牌主们挤破头想要获得官方赞助商席位的最大动力。但是，安慕希选择搭载奥运的初衷，或许并不全是想借助全球瞩目的奥运进行简单的品牌传播。实际上，安慕希可能想要达到的目的是借助奥运会的高级别、高水准的品牌形象，来为安慕希品牌自身的"高品质"形象做背书，从而强化安慕希从基于产品的"浓浓的超好喝"的品牌形象到"高品质"品牌形象的延伸。因此，在奥运会开幕前4个月的时候，安慕希率先开启了奥运营销节奏，实现了先声夺人的目的，而在品牌营销的思维高度上，安慕希似乎也已经有了快人一步的优势。

因此，对于提前签下宁泽涛作为代言人的安慕希来说，实际上是买了一注回报率极高的彩票。再加上安慕希在奥运会开幕前便结合节目宣传节点和奥运营销提前布局计划，有效地实现了先声夺人抢占先机的营销效果。

问题： 1. 结合案例分析，广告媒体运用的是什么策略？

2. 安慕希把宁泽涛作为奥运热门冠军进行宣传，请问宁泽涛并未拿到奥运冠军对安慕希有什么影响？

（资料来源：搜狐网）

【广告巨擘】乔治·路易斯

第九章

广告策略

▰▰\ 导入语

广告所进入的是一个策略为王的时代，在定位时代，发明或发现了不起的事情也许并不够，甚至还不重要。一定要把进入潜在顾客的内心做首要之图。

——艾·里斯和杰克·特劳特

▰▰\ 知识目标

- 理解广告策略的概念与作用；
- 掌握广告产品策略及其运用；
- 掌握广告市场策略及其运用；
- 掌握广告心理策略及其运用；
- 掌握广告时机策略及其运用。

▰▰\ 技能目标

- 能学会使用广告的情感策略开展相关广告活动；
- 能综合运用产品定位策略、广告促销策略、广告心理策略、广告时机策略等进行广告活动策划。

▰▰\ 关键词

广告产品策略　广告市场策略　广告心理　广告观念　时机策略

\任务导入

华为终端（东莞）有限公司命题：荣耀手机

1. 品牌名称

荣耀。

2. 品牌简介

荣耀成立于 2013 年 12 月 16 日，与华为品牌一同构成华为集团下的双品牌。荣耀品牌以消费者为中心，坚持"品质、创新、服务"，致力于搭载备受全球消费者喜爱和信赖的年轻科技潮品。荣耀品牌倡导年轻的生活态度，始终探索未来科技，进行创新投入。从技术创新到商业创新，再到服务创新，荣耀坚持为消费者创造价值。

3. 产品名称

荣耀 10 手机（参赛者可选择荣耀任意手机产品进行创作，但选择荣耀 10 新品创作将更具优势）。

4. 产品信息

荣耀 10 手机是一款符合荣耀品牌年轻化调性的全新产品，根据对手机科技行业的不断探索和消费者洞察，荣耀 10 将自身定义为一款专为年轻人打造的科技潮品，以外观、拍照、AI 黑科技三大特性作为加持，不论在颜值还是性能方面，均有不俗表现。

5. 广告主题

Global Hue、年轻潮色（可任选其一）。

6. 广告目的

为荣耀 10 手机在年轻群体（35 岁以下，重点对象为白领、女性用户和学生群体）中制定清晰的营销形式和传播策略，巩固荣耀产品在年轻群体中的辨识度，结合产品卖点，打造年轻活力的品牌形象。

7. 主题解析

全球：广阔天地，荣耀有为！随着荣耀品牌的崛起，从中国走向全球一直是企业所秉持的愿景，不论在世界的任何角落，都有荣耀的身影，企业希望得到来自有为青年的注视，助力荣耀品牌全球出发，提供创新思路、全新视野。

AI：荣耀产品从未停止对前沿科技属性的追逐，超能芯片、面部识别、美摄场景、AR 创意……荣耀希望追求科技范极致，致力于打造人工智能时代的生活与生态。

色彩：荣耀 10 手机的设计灵感来自大自然最美丽的光色，用色彩传递情绪，用光影打造颜值，让荣耀旗舰手机散发出与众不同的神秘气质。

潮生活：年轻是荣耀的底色，荣耀的每一个产品都携带对年轻生活方式的高度关注，用心诠释年轻人的潮生活。认同"勇敢做自己"的理念，企业随时欢迎来自年轻人的任何创意与想法！

（本次命题呈现一种发散性思维，参赛者可结合以上关键词，选择荣耀产品，表达荣耀对于年轻消费群体的关注，希望能够为年轻人发声，与年轻人共同成长，用年轻人喜欢的方式做手机，提高年轻人对荣耀品牌的认知度和好感度。）

8. 广告形式

平面类，需结合荣耀旗舰手机的 AI 属性和潮范属性，设计一款或系列平面作品，类型包括但不仅限于海报、锁屏、壁纸、插画等。

视频类，可结合年轻的生活方式和生活态度，发散各种想象的可能，传递 AI 潮品理念。视频内容新颖有创意，传播平台为社会媒体、户外媒体等。影视广告制作可用于爱奇艺、腾讯视频、微信朋友圈中应用的视频广告。

动画类，可结合荣耀品牌或荣耀旗舰手机进行动画内容、情节、呈现形式的创作，题材不限。

互动类，注重内容和形式的创意创新，强化互动属性，吸引受众主动参与并进行自发传播。

策划案类，基于市场分析、竞品分析、消费者洞察等方面的调研，为荣耀旗舰手机在年轻人群中制定一个清晰的产品定位，并制定 360° 的推广计划（各传播渠道及详细传播方案等）。策划案预算 1 000 万元人民币。

（案例来源：2018 第十届全国大学生广告大赛命题策略单）

第一节　广告策略概述

一、广告策略的含义

广告策略是广告主在广告活动中为取得更大的效果而运用的手段和方法。广告目标是制定广告策略的前提，而广告策略是实现广告目标的方法与手段。市场经济条件下，市场竞争日趋激烈，作为企业竞争手段之一的广告不仅数量繁多，而且形式各异。广告策略已成为企业广告活动成功与否的关键，是企业参与竞争、开拓市场、促进销售的有力武器。在企业广告活动中，应善于运用广告策略，来适应特定的市场环境，提高广告效果，增强企业的竞争力。

（一）运用广告策略要解决的问题

（1）如何使产品在消费者心目中留下深刻的印象？

（2）用什么方法刺激消费者产生购买欲望？

（3）靠什么来扩大产品的销售额？

（4）怎样提高产品的知名度？

（二）广告策略和广告战略的关系

1. 广告策略不同于广告战略

通常来说，策略和战略都是为了一定目标而确定的谋略计划，在广告学领域内，这也是它们之间的共同点。正是基于这一共同点，它们才相互联系起来，共存于广告运动之中。但是，作为广告学的专业术语，它们之间在含义上却又有重要区别。

广告战略这种谋划是从广告运动的全局出发的，在全局上带有指导性质，它是广告运动较长时期内稳定不变的基本方针，它为广告运动的各个方面和各个环节规定了必须奉行遵守的具有长远性的根本原则。广告战略的策划是为了通过广告运动的成功而使企业获得多方面利益。

广告策略则是另一种谋划，它是从广告运动的各个环节或组成部分出发，为了贯彻战略方针实现战略任务而采用的局部性手段或方式。它要根据环境情况在战略原则允许的范围内不断变换，具有很强的机动性和很大的灵活性，以及工作手段和操作方式上的艺术性。广告策略的策划是为了通过各个环节、各个局部的高效率而使整个运动获得成功。

2. 广告战略对广告策略具有制约作用

广告战略与广告策略是全局与局部的关系。广告策略是广告战略的一个部分，它必须服从于战略，接受战略的指导，遵循广告战略所规定的方针原则，为实现战略目标服务。因此，广告战略对广告策略具有制约作用。脱离广告战略，广告策略就无从制定，即使制定了，也无法体现其价值。例如，对甲战略来说，A策略是优秀的，对乙战略来说，B策略是优秀的，而A策略对乙战略或B策略对甲战略来说却可能都是最差的策略。明确这一点，对广告策划，尤其是对广告策略的制定具有重要的实践意义。

3. 广告战略对广告策略具有依存性

广告战略任务的实现，必须通过一个个策略的一步步努力才能成功，离开了策略，广告战略只不过是空中楼阁，难以支撑。没有制定相应的广告策略时，广告战略只不过是一纸空文。因而，广告战略依赖于广告策略。战略和策略因其具有一致性，都是一种谋略计划，因而就各种大小不同的范围来说，它们的区分只是相对的。例如，对企业系列产品总的广告运动来说，有一个整体的广告战略；而就其中某一个产品的广告运动来说，它也有其战略，而这一个产品的广告战略对于企业整个广告战略来说又具有策略性质。但是，在同一个确定的范围内，广告战略和广告策略的区分又是确定的。

二、广告策略的作用

（一）广告策略是实现广告目标和经营目标的重要手段

广告目标是通过广告宣传，在消费者中扩大广告商品的知名度和名誉度，促使消费者在购买同类商品时，能指名购买，以达到扩大市场占有率的经营目标，从而使企业赚取更多的利润。为达到这一目的，企业就必须采取一定的策略吸引消费者喜欢本企业和本企业的产品，并采取购买行动。广告策略作为广告决策实施的基础已成为实现广告目标的手段。同时，广告策略与其他经营策略一道也成为实现企业经营目标的重要手段。

（二）广告策略是完成广告规划的基础条件

广告策略的制定，是正确地确立广告创作方针、提出广告设计方案、制订广告活动步骤、使广告活动具有计划性和科学性的基础和前提。例如，计划推出一项广告，目标是进行创牌活动，宣传某一新产品，提高其知名度。那么根据这项广告任务，就要制定相应的广告媒介策略，考虑运用媒介的情况（传播特点、覆盖率、触及率、权威性等），进行运筹把控。倘若因广告媒介策略不恰当而盲目地用了某一媒介，尽管广告内容写得很好，广告文本制作也不错，也往往因不能恰如其分地得到体现而浪费，这些广告活动的目标也难以实现。

（三）广告策略是决定广告效果的关键

广告活动是有价的传播活动，它需付出费用，而广告预算又是有限的。因此，要想在有限的费用里获得比较理想的传播效益，运用好广告策略是关键。

从信息传播来说，传播者总是希望公众以最小的付出，获取最大的信息量。从广告传播来说，广告主总希望以最少的代价，得到最好的广告效果。恰当地运用组合广告媒介，一方面成本费用比较低，另一面又能达到预期的广告目标，这也需要确定广告媒介策略。

（四）广告策略是企业树立声誉、开展竞争的有力武器

在市场经济条件下，竞争客观存在于经济活动的各个环节。为了在竞争活动中取得主动权，各个企业必须寻找出奇制胜的有效策略，如产品组合策略、价格策略、分销渠道策略等，而广告策略也越来越被企业家们所重视和运用。广告策略运用得好将得到事半功倍的效果；相反，将前功尽弃。

广告策略主要包括广告产品策略、广告市场策略、广告时机策略和广告媒体策略。广告媒体策略已在前面的章节中介绍，本章就不再阐述。

第二节　广告产品策略

广告产品策略是指根据消费者对某种产品属性的重视程度，确定该产品在市场竞争中的方位所采取的广告方法与手段。广告产品策略的特点是突出宣传产品的个性。对企业而言，企业与消费者的关系是通过产品来沟通的，产品是否具有吸引力，能否满足消费者的需要，是企业经营成败的关键。因为消费者对产品的要求，不仅是对产品的占有，更重要的是希望得到某种需要的满足。因此，广告的产品策略不仅是市场营销的重要策略，而且是广告宣传中引导和刺激消费需求的重要战略。

广告产品策略主要包括产品定位策略和产品生命周期策略，另外还有新产品开发策略、产品包装策略等。

一、产品定位策略

所谓产品定位，就是根据顾客对某种产品属性的重视程度，把本企业的产品予以明确的定位，规定它应于何时、何地、对哪一阶层的消费者出售，以利于与其他厂家的产品竞争。广告的产品定位策略，是在广告活动中以符合消费者心理需求的鲜明特点，确立商品在竞争中的地位，促使消费者树立选购该商品的稳定印象。这一策略的特点就是突出产品的个性，即突出同类产品所没有的优异之处，而这些优点正是为消费者所需求的。广告产品能否符合消费者的需求，是广告成败的关键。

广告产品定位策略的具体运用主要分为两大类：实体定位策略和观念定位策略。

（一）实体定位策略

所谓实体定位，就是从产品的功效、品质、市场、价格等方面，突出该产品在广告宣传中的新价值，强调本品牌与同类产品的不同之处，以及本产品能够给消费者带来的更大利益。这是一种差异化的策略，以此确定本产品的独特的市场位置。因此，实体定位策略又可分为功效定位、品质定位、市场定位、价格定位等。

1. 功效定位

功效定位是在广告中突出商品的特异功效，使该商品在同类产品中有明显区别，以增强选择性需求。它是以同类产品的定位为基准，选择有别于同类产品的优异性能为宣传重点的。例如：百事可乐的宣传，就以不含咖啡因为定位基点，以区别于可口可乐；红牌羊绒衫宣传工艺好，蓝牌羊绒衫的宣传就应强调原料的特点；"小霸王"游戏机的电视广告，就是以其特异功效作为广告定位而取得成功的；海飞丝"头屑去无踪，秀发更出众"，也是通过功效定位，准确地传达了海飞丝去屑的功效。

2. 品质定位

品质定位是通过强调产品具体的良好品质而对产品进行定位。例如，福特汽车"坐在福特汽车里，除了丈母娘的唠叨声，什么也听不见"，通过品质定位，幽默地反映了福特车"静"的品质；农夫山泉"我们只是大自然的搬运工"；张裕葡萄酒通过"传奇品质，百年张裕"向消费者传递了张裕的百年品质。

3. 市场定位

市场定位是市场细分策略在广告中的具体运用，是将商品定位在最有利的市场位置上。例如，1959年，广告大师大卫·欧格威给多芬香皂定位，他认为多芬香皂可定位为工人用的香皂，亦可定位为干性皮肤女性专用香皂。结果他选择了后者，三十几年后，多芬"干性皮肤女性专用香皂"的定位，仍在发挥功效。又如，金利来"金利来，男人的世界"，通过市场定位，把目标市场直接瞄准男性，准确清楚。

4. 价格定位

价格定位则是因商品的品质、性能、造型等方面与同类商品相近，没有什么特殊的地方可以吸引消费者，在这种情况下，广告宣传便可以运用价格定位策略，使商品的价格具有竞争性，从而击败竞争对手。价格定位分为高价格定位和低价格定位，企业在利用低价格定位时，强调相当低的价格也可以认为是给消费者带来的利益。高价格定位策略一般是通过高价格和高质量联系起来的。例如，宝洁（P&G）在广州市场推出海飞丝洗发水，采用了"高价格、高质量"的产品定位，与当时广州市场上的众多洗发水品牌进行了明显区分。

（二）观念定位策略

观念定位是突出商品的新意义、改变消费者的习惯心理、树立新的商品观念的广告策略。例如：舒肤佳"有效消灭细菌"，广告的诉求点是香皂既要去污，也要杀菌，同时宣扬一种新的皮肤清洁观念；戴比尔斯钻石"钻石恒久远，一颗永流传"也属于观念定位。观念、定位策略还可细分为逆向观念定位策略和是非观念定位策略。

1. 逆向观念定位策略

逆向观念定位策略是借助于有名气的竞争对手的声誉来引起消费者对自己的关注、同情和支持，以便在市场竞争中占有一席之地的广告产品定位策略。大多数企业的商品定位都是以突出产品的优异性能的正向定位为方向的，但逆向定位则反其道而行之，在广告中突出市场上名气响亮的产品或企业的优越性，并表示自己的产品不如它好，甘居其下，但准备迎头赶上；或通过承认自己产品的不足之处，来突出产品的优越之处。这是利用社会上同情弱者和信任诚实的人的心理，故意突出自己的不足之处，以唤起同情和信任的手法。美国艾维斯出租汽车公司的广告"我们排行老二，我们要加倍努力"就是一个典型的例子。

2. 是非观念定位策略

是非观念定位策略是从观念上人为地把商品市场加以区分的定位策略。广告的是非观念定位策略，同样可用于企业定位、劳务定位。它是根据企业的营销策略、商品差别化、市场细分化、产品生命周期阶段等状况，确定广告最有利的诉求位置的一种有效策略。该策略应用的好坏，直接影响到广告效果。例如，在七喜准备开拓市场的时候，可乐类饮料已经占据美国饮料市场2/3的份额，这对七喜来说是个巨大的挑战。但就是在这样的市场环境中，七喜成功突围，成为继可口可乐和百事可乐之后的美国第三大饮料品牌。七喜的策略就是"非可乐"定位法——将自己的产品与顾客头脑中已经存在的产品联系起来，做了一个是非观念的界定，成为可乐类饮料的替代品。

二、产品生命周期与广告策略

任何一种产品通常都有生命周期，只是周期长短不同。产品处在不同的生命发展阶段，其工艺成熟程度、消费者的心理需求、市场竞争状况和市场营销策略等，都有不同的特点。因此，广告目标、诉求重点、媒介选择和广告实施策略等也有所不同，如表9-1所示。

表9-1 广告产品生命周期策略

产品生命周期	导入期	成长期		成熟期	衰退期
		前期	后期		
广告阶段	初期	中期			后期
广告目标	创牌	保牌			维持
广告目的	创造需要	指导选择性需要			
广告战略	开拓市场	竞争市场			保持、转移、压缩市场
广告策略	告知	说服			提醒
广告对象	最先使用者 早期使用者	早期使用大众 晚期使用大众			晚期使用大众 保守者
媒体使用情况	多种媒体组合，刊播频率高，造成广告声势，广告费投入较多	广告费、刊播频率较初期次之，说服消费者			广告压缩，采用长期间隔定时发布广告的办法，以延续市场

（一）导入期

导入期是指产品从设计投产直到投入市场进入测试阶段。这个时期，产品品种少，顾客对产品是不了解的。除去少数追求新奇的顾客外，几乎不会产生实际购买。企业为了推销自己，会选择投入大量的促销费用，对产品进行宣传推广。广告策略上则会花费更多的精力和金钱，用来提高品牌知名度，使产品进入大众视野。

1. 广告目标

在导入期，广告宣传以创牌为目标；目的是使消费者产生新的需要；执行开拓市场的战略；用告知作为广告策略，突出新旧产品的差异，向消费者介绍新产品的有关知识，使消费者对新产品有所认识，从而引起兴趣，产生信任感，并大力宣传产品的商标和牌名，不断扩大知名度。这一阶段要运用各种与促销相结合的广告手段，促使最先使用者购买，并在带头人的推动下，争取更多的早期使用者，逐步过渡到普遍采用。在媒体使用情况方面，应该投入较多的广告费，运用各种媒介，配合宣传，造成较大的广告声势，以便使新产品迅速打入市场。

2. 广告策略

在该阶段，理性和感性诉求同时启用，着眼于建立独特的品牌个性，并及时回收消费者对新产品形象的反馈，便于后期定位。同时配合高密度的媒体投放，采取一切有力的措施来提高曝光率。

★案　例

"脑白金"市场导入期——通过报纸媒体软文启动市场

脑白金的广告策略，追求最有效的途径、最合适的时段、最优化的组合，不求全但求到位。在市场启动期，脑白金基本以报媒为主，选择某城市的 1～2 家报纸，以每周 1～2 次的大块新闻软文，集中火力展开猛烈攻势。随后将十余篇的功效软文轮番刊登，并辅以科普资料作证。这样的软文组合，一个月后就收到了效果，市场反响强烈，报媒为产品开道，大大唤醒了消费者的需求，刺激引导了购买欲望。与此同时，脑白金也在终端做了些室内广告，如独创的产品大小模拟盒、海报、POP 等。

案例分析：脑白金在广告的初期阶段，投入了较多的广告费，运用多种媒介配合宣传，造成较大的广告声势。

（二）成长期

当产品经过导入期，销售取得成功之后，便进入了成长期。这个时期，产品通过初期的宣传，已获取一定的知名度，购买者也逐渐接受，产品在市场上站住脚并且打开了销路，市场需求量和销售额呈现上升趋势。与此同时，竞争者看到有利可图，纷纷进入市场力图分一杯羹。

1. 广告目标

成长期的广告目标是围绕如何进一步提高市场占有率而建立的。广告能否对商品进行准确的定位会影响产品整个市场生命线的长度。在互联网时代，吸引用户容易，留住用户却很难。想要留住并培养起一批忠实的用户，产品广告的持续创新显得至关重要，无论是体现在服务上的完善还是功能上的扩展。

2. 广告策略

成长期，广告内容要转向说服消费者采取购买行动上。因为竞争加剧，同时产品的定位也逐渐明确，广告不再仅仅向消费者提供告知性的知识，而要加紧品牌形象的塑造，以求得在目标市场中长久稳固的地位。

（三）成熟期

经过成长期之后，市场需求趋于饱和，产品进入成熟期。这一阶段，产品拥有稳定的消费者群体，而且消费者的习惯基本上趋于稳定。所以广告必须强调产品的区别与利益，提醒消费者持续购买，维持品牌忠诚度。

1. 广告目标

成熟期的广告目标是稳定现有市场份额，有效抑制竞争对手的市场占有率。广告形式要多元化，以获取互动带来的成效。

2. 广告策略

成熟期需要保持一定的广告投入，并有一定的增长，提升产品在消费者心中的忠诚度，除了成熟产品市场的持续抢占，也为新产品的市场投入做好预热。广告要向受众介绍产品的新性能、新用途、新个性，宣传新特点，这能为企业树立领先的形象。利用竞争性广告内容劝说竞争者的顾客选择自己。

★ 案 例

"脑白金"成长及成熟期——电视广告轰炸

脑白金在成长期或成熟期，媒体重心则向电视广告转移。电视广告每天滚动播出，不断强化产品印象，广大中老年人有更多的机会接触电视，接受产品信息。脑白金电视广告分为3 种版本：一为专题片；二为功效片；三为送礼片。3 种版本广告相互补充，组合播放，形成了铺天盖地的态势，产生了不同凡响的传播力度。脑白金在产品成熟期，有 8 部专题片，每天播放的科普片不重复。一般在黄金时段、亚黄金时段播放一次，视具体情况而定。脑白金的送礼广告，更趋向于黄金时段，强调组合使用，但时间上要错开。

案例分析：脑白金在成长及成熟阶段，媒体重心向电视广告转移，利用电视广告进行宣传，强化了产品印象。

（四）衰退期

当新产品或替代品出现，原顾客可能会转向其他产品，于是产品进入衰退期。在这个阶段，做什么决策都要谨慎，没有什么产品是长久不衰的。

1. 广告目标

在产品进入衰退期之后，产品供求日益饱和，原有产品已逐渐变成老产品，新的产品已逐步进入市场。这一时期的广告目标，重点放在维持产品市场上，采用延续市场的手段，保持产品的销售量或延缓销售量的下降。其主要做法是运用广告提醒消费者，以长期、间隔、定时发布广告的方法，及时唤起注意，巩固习惯性购买。诉求重点应该突出产品的售前和售后服务，保持企业荣誉，稳定产品的晚期使用者及保守者。例如，腾讯的强大靠的是广告的代代更迭。社交类游戏广告层出不穷。从互联网一开始邮箱便应运而生，多年过去邮箱早已进入"暮年"，但 QQ 邮箱已然成了互联网最基础的产品，有了永久的生命，广告功不可没。

2. 广告策略

衰退期的广告策略应该相应削减广告费用，但也要注意定期更新。开发新产品替换老产品以应对市场竞争及需求，通过品牌的传播，将消费者持续围绕在品牌周围，进而促进新产品的上市销售。虽然对于用户来说，本企业产品已经是老生常谈的东西，但时不时地跳出广告会让用户感到亲切，不至于完全忘记。例如，可口可乐在其品牌的建立和完善中，历经了无数次区域性、阶段性的市场衰退期，正是可口可乐公司及时作出策略调整，才使可口可乐一次次焕发青春。可口可乐百年广告史，蔚为大观，足以写成一部巨著。自 1886 年至今，30 多次变换主题，用过近 100 条广告口号。这些口号，有过强调美味、有身份的人喝的、饮用时机、场合以及气氛情境等不同角度的着眼点，每次变换都是一次广告再造运动。

第三节　广告市场策略

广告作用的发挥不仅取决于广告的产品，更取决于广告对象的态度。因此，广告不仅要告知消费者购买广告产品有什么效用，而且要根据宣传产品的目标市场的特征，采取不同的广告策略。真正能使广告产生效果的是企业目标市场的消费者。所以，企业在广告产品策略的基础上，要注意运用广告的市场策略，以取得广告的成功。一般来说，广告的市场策略主要包括广告目标市场定位策略、广告促销策略和广告心理策略。这三种策略既可独立运用，也可综合利用，主要根据企业的基本情况而定。

一、广告目标市场定位策略

所谓目标市场定位策略，就是企业为自己的产品选定一定的范围和目标，以满足一部分人需要的方法。任何企业，无论其规模如何，都不可能满足所有顾客的整体要求，而只能为自己的产品销售选定一个或几个目标市场，这就是所谓的市场定位。企业的目标市场定位不同，销售策略不同，广告策略也不一样。目标市场是广告宣传有计划地向指定市场进行传播活动的对象。因此，在制定广告策略时，必须依据企业目标市场的特点，来规定广告对象、广告目标、媒介选择、诉求重点和诉求方式等。

企业选择目标市场是在细分市场的基础上进行的，商品市场按消费者的需求和满足程度来分，有同质市场与异质市场两类。同质市场是消费者对商品的需求有较多共性、消费弹性小、受广告影响不大的商品市场，一些生活必需品就属于这一类型。异质市场则与同质市场相反，它是指顾客对同类产品的品质和特性具有不同的要求、强调商品的个性、消费弹性较大、受广告的影响也较多的商品市场，绝大多数商品市场都属于异质市场。

在满足消费者需求时，不仅要考虑到生理上的需求，还要考虑心理上的需求，而生理上的需求有一定的限度，心理上的需求则是变幻莫测的。因此，在同类商品总市场中，企业可以依据消费者生理上和心理上的需求，以及企业自身的经营条件，将市场细分成许多子市场；然后再依据目标市场的特点，制定企业的营销策略，并采取相应的广告策略。由于市场可以细分，在市场经营和广告宣传中就可以运用不同的策略手段，争取不同的消费者。依据市场来制定销售策略，一般可分为无差别市场策略、差别市场策略和集中市场策略。针对不同的情况，广告策略也应采取相应的形式：无差别市场广告策略、差别市场广告策略和集中市场广告策略。

（一）无差别市场广告策略

无差别市场广告策略是在一定时间内，向同一个大的目标市场运用各种媒介，做同一主题内容的广告宣传。这种策略一般应用在产品引入期与成长期初期，或产品供不应求、市场上没有竞争对手或竞争不激烈的时期，是一种经常采用的广告策略。它有利于运用各种媒介宣传统一的广告内容，能迅速提高产品的知名度，以达到创牌目的。但是，这一策略由于针对性不强，不能针对不同的目标市场受众实施广告诉求，因而采用此策略也越来越少。例如，早期的可口可乐公司在相当长的时间里，拥有世界性的专利，但该公司仅生产一种口味、一种大小瓶装的可口可乐，连广告语也仅有一种，这种无差别市场广告策略也为其赢得了一定市场。

（二）差别市场广告策略

差别市场广告策略是企业在一定时期内，针对细分的目标市场，运用不同的媒介组合，做不同内容的广告宣传。这种策略能够较好地满足不同消费者的需求，有利于企业提高产品的知名度，突出产品的优异性能，增强消费者对企业的信任感，从而达到扩大销售的目的。它是在产品进入成长期后期和成熟期后常用的广告策略。这些时期，产品竞争激烈，市场需求分化较突出。由于市场分化，各目标市场各具不同的特点，所以广告设计、主题构思、媒介组合、广告发布等也都各不相同。例如，可口可乐汽水由于百事可乐、荣冠可乐、七喜汽水的崛起，采取差别市场策略，生产瓶装和罐装两种包装类型，罐装可口可乐还采用便启式包装，因而广告主题与表现手法也就不同。

（三）集中市场广告策略

集中市场广告策略是企业把广告宣传的力量集中在已细分的市场中的一个或几个目标市场的策略。此时，企业的目标并不是在较大的市场中占有小的份额，而是在较小的细分市场中占有较大的份额，因此，广告也只集中在一个或几个目标市场上。采取集中市场策略的企业，一般是本身资源有限的中小型企业，为了发挥优势，集中力量，只挑选对自己有利的、力所能及的较小市场作为目标市场。例如，英国一家小油漆企业因无力参与整个油漆市场的竞争，只选择了公寓青年夫妇这一细分市场作为目标市场，依据消费策略和顾客心理要求，广告宣传以产品的"低价"和"满意的质量"为号召，定期更换靠近公寓附近的零售店的商品陈列和广告媒体，这就是一种集中市场广告策略。

二、广告促销策略

广告促销策略是一种紧密结合市场营销而采取的广告策略，它不仅要告知消费者商品具有的直接价值，以说服其购买；而且要结合市场营销的其他手段，给予消费者更多的附加利益，以吸引消费者对广告的兴趣，有力地推动商品销售。在实际生活中，广告促销策略主要包括以下几种。

（一）馈赠广告

馈赠广告是一种奖励性广告，其形式很多，如报刊广告赠券等。报刊广告赠券是颇为流行的一种广告促销策略，即在广告的一角设有回条，读者剪下此回条就可到指定的商店购买优惠价格的产品或获得馈赠的小件物品。食品、饮料、日用品的报刊广告运用此策略较多。这个办法既可以扩大销售，又可检测广告的阅读率。除广告赠券外，广告与商品样品赠送配合也是一种介绍商品的有效方法，但费用很高。

此外，还可以将富有创新意识与促销商品相关的广告小礼品，选择时机在较大范围内，赠送给消费者，从而引起轰动效应，促进商品销售。例如，可口可乐公司曾制作了一种印有"Cacocala"字样的小型红色手摇广告扇，选择在亚运会期间赠送给观众，当时观众席上成了一片"Cacocala"的红色海洋，不但赢取了消费者的好感，还借机进一步宣传了品牌，极大地促进了商品销售，而每把手摇扇的成本只有0.2元（人民币）。

（二）公关性文娱广告

公关性文娱广告指运用文娱形式发布广告以促进产品销售的广告策略。企业出资赞助文娱节目表演，使广告不再是一种简单的、直观的、赤裸裸的硬性产品宣传，而是演变为一种为人所喜闻乐见、多姿多彩的"广告文化"。并且，还可以通过定期做一些文娱活动来发布简明扼要的产品广告。此外，还可以通过定期做一些文娱竞赛节目，如猜谜语比赛、技术操作比赛、问答比赛等，给得胜者奖励。

例如，宝洁公司是电视剧《北京人在纽约》的赞助商之一，随着电视剧的热播，该公司及其产品也随之扬名。

（三）中奖广告

中奖广告是一种抽奖中奖形式的广告推销手段，在国外很流行，也具有一定的效果。但此法也为某些经营作风不正的企业提供可乘之机，如以劣充优、混迹提价、克扣分量，甚至哄骗群众，从中牟取暴利。

（四）体育赞助广告

体育赞助广告是近几年兴起的广告类型，通过赞助运动队、赞助体育比赛、赞助体育用品等，提高企业或产品的知名度和影响力，这是一种有效的广告手段。体育广告不仅可以通过体育场馆、体育活动、体育比赛所发行的刊物，如秩序册、纪念册、画册、门票、奖杯等为媒体，而且还可以通过运动员作为体育广告媒体进行宣传。

★ 案 例

Opus Energy 赞助足球比赛

从 2015 年起，英国电力与能源供应商 Opus Energy 就决定进军足球领域，宣布连续两个赛季赞助当地的北安普顿足球俱乐部。公司业务拓展部负责人琳恩·莫里森表示，他们的管理团队一直认为，体育赞助是投资地方社区的一个机遇，也可以支持员工在闲暇时间进行喜欢的运动。Opus Energy 选择通过长期的社区赞助，取代许多单日赛事和周末赛事，获得了更广泛的影响力。他们选择赞助球衣背部广告，在赛场、媒体照片和新闻报道中都获得了很高的出镜率，同时俱乐部网站上也提到了 Opus Energy 的品牌，在球场上也设有标志宣传牌。

案例分析： 通过赞助运动队、赞助体育比赛、在体育场馆设置广告牌、赞助体育用品等，该企业获得了较高的影响力。

（五）公益广告

公益广告是把公益活动和广告活动结合起来的广告策略。通过关心公益、关心公共关系，开展为社会服务的活动，争取民心，树立企业形象，从而增强广告的效果。公益广告能给人一种"企业利润取之于社会，用之于社会"的好感。公益广告是以为公众谋利益和提高福利待遇为目的而设计的广告。它是企业或社会团体向消费者阐明它对社会的功能和责任，表明自己追求的不仅仅是从经营中获利，还有参与如何解决社会问题和环境问题的广告。

★ 案 例

雅迪"世界环境日"公益广告

2019 年 6 月 5 日是第 48 个世界环境日，这个节日也正逐渐受到政府和媒体的关注。今年的世界环境日由中国主办，主要议题聚焦"空气污染"。作为电动车行业的领导品牌，雅迪多年来持续关注和投入环保事业，大力推进清洁能源的使用和发展。雅迪是唯一参与推广世界环境日话题的企业，十分显眼。

6 月 5 日当天，雅迪拍摄的品牌环保公益片《给地球面子，你才真有面子》，如图 9-1 所示，获得了权威媒体"共青团中央"的高度认可和首发支持。

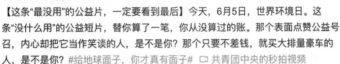

图 9-1　雅迪公益广告

案例分析： 这条视频在不到 24 小时便斩获了超过 300 万人次的播放量，作为品牌的环保宣传片，获得中央级别的权威媒体认可与联动传播，足见公益广告的传播力和影响力。

三、广告心理策略

广告心理学是心理学的应用领域之一，它主要研究说服大众购买商品的心理过程，也就是研究广告传播活动过程中所涉及的心理现象、本质、规律及方法。

（一）广告心理与消费者行为

1. 成功广告的心理学标准

广告设计要想获得成功，必须认真研究消费者的心理需求，注重消费者的感受，使各种设计元素能充分引起消费者的注意，诱发消费者"潜在的需求"和"深层动机"，分析他们的审美需求。艺术创意的源泉来自长期的生活积累和艺术修养，在生活体验和艺术素质的基础上创作出激发消费行为的优秀作品。具体来说，一则成功广告的心理学标准应符合以下要求：唤起消费者注意；启发消费者的联想；说服消费者去行动。

2. 广告心理与 AIDMA 法则

AIDMA 法则可翻译成"爱德玛"法则，是由美国广告人刘易斯提出的具有代表性的消费心理模式，它总结了消费者在购买商品前的心理过程。在创作广告文稿时，要求能够首先做到引起注意，然后激发消费者的兴趣，进一步刺激消费者的购买欲望，加强记忆，最后促成消费者的购买行为，如图 9-2 所示。

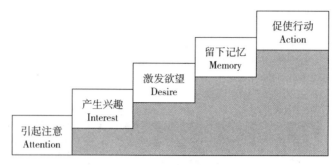

图 9-2   AIDMA 法则

(二) 消费者的需求与广告激发

消费者的需求是指消费者有机体的内部环境和外部生活条件的要求在其头脑中的反映，它常常以一种"缺乏感"来体现。人的欲望是指想得到这些基本需要的具体满足物的愿望。而需求则是指对有能力购买并且愿意购买某个具体产品的欲望。当具有购买能力时，欲望便转化成需求。

1. 需求层次理论与广告激发

马斯洛需求层次理论是人本主义科学的理论之一，由美国心理学家亚伯拉罕·马斯洛于1943 年在《人类激励理论》论文中提出。书中将人类需求像阶梯一样从低到高按层次分为五种：生理需求、安全需求、社交需求、尊重需求和自我实现需求。

第一层次：生理需求，指人类满足自身生存的一种最原始、最基本的需求，如呼吸、水、食物、睡眠、生理平衡、性等。就如马斯洛所言"如果所有需要都没得到满足，并且机体因此受生理需要的主宰，那么，其他需要可能会全然消失，或者退居幕后"。所以食物、饮料、衣服等广告中就应该更多地表现出生理需要。

例如，德芙巧克力"浪漫时光，纵享丝滑"，这短短八个字的广告，准确描述了德芙巧克力给人的香甜感觉与嫩滑口感。广告把德芙巧克力的香甜寓于浪漫时光，把嫩滑的口感用丝绸来形容，充分利用通感，使消费者联想自己品尝后的感觉，从而满足其生理需求。

第二层：安全需求，指人们对自身处境所需要的安全、稳定的保障，如财产安全、保险、汽车、医药、建筑、工程技术及宣传公共安全的公益广告等主要就是满足消费者的安全需求，这是人类要求保障自身安全、摆脱失业和丧失财产威胁、避免职业病的侵袭等方面的需要。马斯洛认为，整个有机体是一个追求安全的机制，人的感受器官、效应器官和其他能量主要是用来寻求安全的工具，甚至可以把科学和人生观都看成是满足安全需要的一部分。

例如，斯巴鲁的"他们还活着"广告片，广告中将事故后严重扭曲变形的车一一展现，让人不得不为驾驶者和乘客的安危揪心。但一句"they lived"令人松了一口气。不管开什么车都会有发生事故的可能，但如果驾驶的是斯巴鲁，它能尽力保护您的安危。斯巴鲁巧妙抓住汽车消费者的安全需求，并以退为进，完成了一次成功的广告宣传。

第三层：社交需求，又称爱和归属感需求，指个体需要沟通交流，保持情绪的沟通，如友情、爱情、亲情等。爱和归属需求表现在以情感为诉求点的广告中，现在的广告抛弃了只见商品不见人的旧观念，越来越人情化。这一层次的需要包括两个方面的内容：一是友爱的需要，即友谊、忠诚和爱情；二是归属感的需求，即一种群体内的归属感。情感上的需求比生理上的需求来得细致，它和一个人的生理特性、经历、教育、宗教信仰都有关系。

例如，中华汽车曾经拍过一个"爸爸的肩膀"的电视广告，广告从一个中年事业有成的儿子的角度讲述一个感人的故事。故事唤醒了人们内心对父爱的感动，片末突出的广告语"中华汽车，永远向爸爸的肩膀看齐"使物质商品汽车附上了情感，引起消费者的共鸣。

第四层：尊重需求，即渴望得到别人的认可，渴望拥有社会地位和荣誉等。因此有许多广告利用这点，宣传产品的高端品质及拥有者的尊贵地位，让消费者认为自己购买使用这种产品后也会被尊重、有地位、获得荣誉。房产、汽车、高级生活用品等广告都采用这种方法。

例如，碧桂园——给你一个五星级的家；世纪村——倾情演绎国际文明居住标准；翡翠郡——品质成就生活；美荔园——钻石地段，美丽恒久；黄埔雅苑——尊贵生活嘉年华，等等。房地产商为了显示楼盘的尊贵，在广告中极力展示其地位感的行为正是对这一需求层次的应用。

第五层：自我实现需求，这是最高层级的需求，泛指发展潜能、实现理想、成就一番事业的需求，如道德、创造力、自觉性、问题解决能力、公正度、接受现实能力等。自我实现需求表现在广告中，不再与产品相关，而是传达某些精神理念、价值观或生活状态。

例如，耐克的广告语"Just do it"；阿迪达斯的广告语"Nothing is impossible"；动感地带的广告语"活出我自己，我的地盘我做主"；安踏的广告语"Keep moving。你没有他的天赋，你没有他的条件，你无人喝彩。世界不公平？但你有梦想的权利。让心跳成为你的宣言，让伤痕成为你的勋章，让世界的不公平在你面前低头！"等。这些都是于自我实现需求的广告诉求点。

2. 动机与广告激发

（1）消费者动机。所谓动机，即是一种激发和维持个体进行活动，并导致该活动朝向某一目标的心理倾向或驱动力。这种动力表现为一种紧张状态，它因为某种需要没能得到满足而存在。

需要是消费者产生消费行为的根本动力，离开需要的动机是不存在的。但是并非所有的需要都能表现为消费动机，而是要具备一定的条件，这些条件主要表现在以下两个方面：第一，只有当需要的强度达到一定程度后，才能引起动机，进而引起、推动或阻止人的某种活动。人的需要是多方面的，甚至是无止境的，但是由于客观条件的限制，人的需要不可能同时全部获得满足，对于消费活动来说，只有那些强烈的、占主导地位的消费需要才能引发消费动机，促成现实的消费活动。第二，需要产生以后，还要有能满足需要的对象和条件，才能产生消费动机。例如，有的消费者想买红旗高级轿车，但是这种车定位很高，并不是有钱就能买得到的，还需要车主提供各种资料，并通过背景审核才能买。当然对于一般消费者来说，也就不可能产生购买红旗高级轿车的动机。

（2）消费者动机冲突。动机冲突是指当个体同时产生两个或两个以上相互抵触的动机时，个体心理上产生的矛盾。消费者的需要可能是多样的，必然也会产生多种动机，但受各种因素所限，不可能什么需要都可以满足，就会产生矛盾、冲突。消费者动机冲突又分趋避冲突、双趋冲突和双避冲突。

趋避冲突，也称"正负冲突"，此类冲突常发生在顾客选购某种商品时，此商品既存在各种促使顾客购买它的积极因素，同时也存在阻碍顾客购买的消极因素。如商品的优点、质量、功能、款式、包装、品牌、服务等对顾客形成一种购买"拉力"；而商品价格较高、使用有难度、体积过大等不足之处，亦形成一种使顾客放弃购买的"推力"。趋避冲突最终的结果取决于对立双方力量的强度大小。拉力大则顾客实施购买，推力大则顾客放弃购买。厂商则应努力提高产品的"拉力"，尽量减少商品的"推力"，才能促使顾客实施购买行为。

双趋冲突，也称"正正冲突"，此类冲突就是前面所涉及的顾客存在两种以上都倾向购买的目标时产生的冲突，冲突的结果是主体作出两种商品选择其一的抉择。选择结束则顾客的心理负担也解除了。顾客究竟选什么商品，取决于哪一种商品对顾客价值更高或者吸引力更大。如果两种商品的吸引力或价值均居于相同水平，顾客常难以迅速作出决策，但经过一段时间的思考，顾客仍会作出抉择，不论做什么抉择，顾客内心还是有满意的感觉。

例如：一个刚得到一大笔退税款的人会为是到夏威夷度假（求新动机）还是买一辆山地车（自我表现动机）的选择而苦恼。这时，一则鼓动采取某一行动的广告可能有助于解决这一冲突。或者，付款条件的稍许修改，如"先乘机旅游，后付款"之类的支付条件会使他"鱼与熊掌兼得"。

双避冲突，也称"负负冲突"，指有两个以上相避免的目标而产生的动机冲突。因为两种结果均不是顾客所愿意接受的，都是使顾客产生不愉快的情况。例如，顾客买到了一件存在缺陷的商品，如果去商店交涉退货，要走很多路，商店是否会同意退货也难以肯定，不去退货则影响商品使用效果。究竟去不去退货，顾客面临两种都不愉快的抉择。假如此商品价值不高，即使存在某些缺陷，如去退货，顾客的时间、精力、体力、路费等消耗损失汇总起来要高于此商品的价值，此时顾客会选择不去退货，会将就着用；若此商品价值较高，即使花费精力、体力、时间、路费，这些消耗损失与商品缺陷造成的损失相比要低，顾客就会选择退货。解决此类冲突只能是选择负向作用力低的一种解决方式。

例如，一个人的旧洗衣机坏了，他既不愿花钱买新的，也不愿修理坏的，又不能没有洗衣机，此时，提供银行信贷是缓解这种冲突的方法之一。另外，强调汽车日常维护保养的重要性的广告，如更换滤油器，也是利用双避冲突，"要么现在付，要么以后付更多。"

（三）消费者情感与广告激发

1. 广告的情感诉求

如今的消费者已不再停留在被动接受和盲目轻信广告的水平上。情感是与人类社会历史进程所产生的社会性需求相联系的体验，如责任感、自豪感、荣誉感等。在广告中常见的情感维度有亲热感、美感、幽默感和惧怕感。

★小资料

日本政府曾进行过一次民意调查，有58%的日本人声称"不想买什么东西了"。因为从使用价值角度看，他们已经应有尽有了。唯一诱使他们购物的因素，是商品的文化、情感附加值。追求时尚与形象、展现个性与发展自我逐渐成为新一代消费者的愿望与需求。

2. 消费者情感与广告激发

（1）了解消费者心理，发掘商品感情。广告要讲究策略，要达到理想的效果必须研究消费者的心理，抓住商品本身所代表的感情进行直接抒情。把商品中人性化的一面充分展示出来，让观众、消费者真正从心里感觉到自己与商品的关联。

（2）抓住产品与情感或价值观的联系。这点可以从产品的功能、特征和受众的心理连接上来进行联想，电话是传递信息的，那么它可以传递爱；巧克力是一种甜的食品，因此它可以代表甜甜蜜蜜的爱情；白酒是很浓烈的，通常是男人们聚会时喝的，因此它可以代表男人之间的友情。将亲情、爱情、友情等情感融入广告中，不仅可以让广告和产品拥有生命力，更重要的是它能让消费者从中找到自己过去和现在的影子，激起产品和消费者之间的共鸣，由此建立起一个产品或品牌很重要的价值——顾客忠诚度。所以，产品或品牌跟情感和价值观之间的连接点是很重要的，这个连接点是决定创意成败的关键，只有先找出了这个点，才有可能继续发展广告故事。

（3）情感广告和品牌营销策略的结合。在营销与品牌建设过程中，经营者主要是对消费者如何感知事物感兴趣，而不是仅对事物本身感兴趣。消费者心理学认为，消费者感知产品或服务的过程是对感觉进行解释并进行推论的过程，而这一心理机制要受到个人过去的经历和预期的影响。在没有产品存在的情况下，消费者对某种品牌的认识必须依靠记忆力，具体地说，是通过认知表征对物质世界获得认知的，也就是依靠这种产品在他们心目中的认知表征或形象来认识品牌的。品牌形象是表象的综合，它受到情感心理机制的影响，反映了人们对品牌以及由此获得的利益的情感。

（4）广告形象应更富艺术感染力。情感广告中的艺术感染力作为艺术传播过程中的一种表现形态，它的实现是一个生成的过程，在这个过程中，广告形象给人以强烈的、鲜明的、耐人回味的视听感受。为了更有效地吸引消费者对广告的注意，并使之产生购买兴趣，必须及时更换广告的表现形式，使之保持新鲜感与感染力。因此，广告表现上的新奇和对美的情趣的追求日益受到重视。

★ 案 例

沉甸甸的"M"，浓浓的情

——麦当劳情感策略

在快餐业竞争日趋激烈的今天，麦当劳能赢得今天的非凡地位，主要靠的是它的"秘密武器"——不是每家餐厅都有，但每个顾客都需要的"温情感觉"。

在麦当劳公司成立之初，麦当劳的广告宣传主题与大多数广告一样，集中表现的是产品和引用高科技、自动化的生产过程等，这也曾引起许多顾客的兴趣。但是，精密电脑控制的生产线上不停制造的食品，服务人员机械呆板地忙碌操作，很快被人们所熟悉并令现代人产生厌倦，于是麦当劳的生意也趋于平淡。他们通过调查研究发现，仅仅依靠机械化、快节奏的管理模式，以节省用餐时间，是难以长久吸引顾客的，温情和家庭气氛才是顾客的永恒追求。

为此，麦当劳公司改变了宣传方向，推出了温暖、轻快的家庭式广告：在晚霞中，年轻的爸爸妈妈手拉着天真活泼的一双儿女，随着轻松明快的音乐，欢乐地走进金色拱门下的麦当劳，礼貌相迎的服务员迅速准备好客人选择的食物，一家人坐在带有金黄、橘红及红色交织的餐厅里，愉快地享受着一天最美好的时光及可口的食物……

案例分析：这就是典型的麦当劳广告，着力渲染麦当劳一再强调的家庭气氛"在麦当劳，你可以享受最美好的时光、最美味的食物。"

麦当劳将温情注入了"M"之中，他们通过大量的广告宣传和促销活动，把温情送给了顾客，使顾客一看到黄色的"M"和麦当劳叔叔，就想到家，就想到温情。以情感人，使麦当劳获得了成功。

（案例来源：MBA 智库文档，引文经整理、修改）

第四节 广告时机策略

一、广告时机选择

正确把握广告时机是提高广告宣传效果、促进企业产品销售的重要一环。过时的广告，意味着广告费的浪费。因此，广告主必须恰当选择广告时机。

（一）提前进入

提前进入就是在产品进入市场之前先行进行广告宣传，为产品进入市场做好舆论准备。在新产品上市的广告时序中，智者之谋，在于巧用时间差。广告先于商品入市，使消费者翘首以待，造成有利的市场地位。如康师傅方便面曾火爆市场，采用的就是这种先声夺人的策略。有些新产品上市前的悬念广告，造成一种"千呼万唤始出来"的局面，往往能起到较好的广告效果。

（二）即时进入

即时进入，即广告与产品上市采取同步策略，这是零售商店或展销会期间常用的方法，满足了消费者对新产品想立即购买的心态，其广告效果显现及时。

（三）置后进入

置后进入，即产品先行上市试销，然后根据销售情况分析这种产品的市场规模与销售潜力，再决定广告投入的时机与数量。这是一种较稳妥的广告发布策略，可能在目标市场上更为准确。

★ 案 例

中国有嘻哈

"中国有嘻哈"是 2017 年夏天最火热的娱乐节目之一，当所有观众都在翘首期待总决赛冠军究竟花落谁家的时候，所有的广告人却更关注小米手机拿下了决赛档唯一的一条 60 秒中插广告。节目热度很高，微博超话阅读量高达 72.7 亿人次，讨论量达 2 730 万条，总决赛冠军之夜的播放量更是达到了惊人的 2.9 亿次！可以说，观看节目 80% 的人都不会错过冠军揭晓前小米投放的这 60 秒广告。

（案例来源：搜狐网，引文经整理、修改）

二、广告时机策略

（一）节假日时机

节假日使得人们闲暇时间增多，往往形成某种消费高潮。节假日消费一般具有明显的特点，如传统的春节、元宵、清明、中秋等，这类广告要求有自己的特色，能推动节日消费。节假日消费以日常生活用品和娱乐性消费为主。零售企业和服务行业一般在节假日数天前便开展广告宣传，让消费者有充裕的时间酝酿和形成消费动机。节假日过后，宣传便告一段落。

★案　例

可口可乐借势节日的广告营销

三八"女神"节：做 Ta 心里的公主，做自己生活里的女王，如图 9-3（a）。

国庆节：第一天，留下你的旅行坐标，看看谁在悄悄地与你同行？可口可乐就是你的街头暗号，如图 9-3（b）。

万圣节：万圣节怎么过？要不要一起看恐怖片？观影时请注意，有伴儿的请搂紧，有宠物的请抱起，关键时刻记得开瓶可口可乐压压惊，如图 9-3（c）。

除了这些，还有情人节、清明节、劳动节、世界地球日等，可口可乐的创意都很别出心裁。

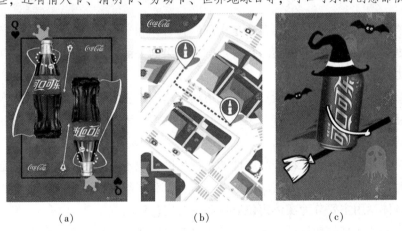

（a）　　　　　　　　　　（b）　　　　　　　　　　（c）

图 9-3　可口可乐广告

（a）三八"女神"节广告；（b）国庆节广告；（c）万圣节广告

（二）季节时机

季节性商品一般有淡旺季之分，企业往往抓住旺季销售的大好时机，投如较多的广告费，增大广告推销力度。转入淡季后，广告宣传在数量和频度上都适当减少。当然，目前少数商品也采用反季节广告宣传方式。例如，广州格力空调在冬季也大做广告，以价格优势为主要诉求点，让用户"冬备夏凉"，从从容容地得到更多的实惠。

（三）"黄金"时机

电视和广播均有广告发布的最佳"黄金时机"，在这些时段发布广告接受率最高，广告传播效果最好。许多企业不惜重金，以竞争投标方式取得这些时段，如中央电视台黄金时段的广告竞拍引起广告界和企业界的高度重视，许多省（市）的电视节目也纷纷仿效中央电视台拍卖广告的黄金时段。

（四）重大活动时机

企业每年的几次重要节日，如企业的开张、庆典或获奖时机，以及某些重要文化或体育赛事等活动，都是广告策划中推出广告的极好时机。这些广告由于注意融入节日或文化气氛，使其信息具有易被接受、传播面广及效果好的特点。

本章小结

广告策略是广告主在广告活动中为取得更大的效果而运用的手段和方法。广告目标是制定广告策略的前提，而广告策略是实现广告目标的方法与手段。广告策略运用得好将得到事半功倍的效果。

广告战略是带有方向性的，而广告策略则是为实现战略目标而采取的手段和方法；广告战略是全局性的，而广告策略仅仅是一个组成部分，广告策略要服从广告战略；广告战略在一定时期内具有相对稳定性，而广告策略则具有更多的灵活性，广告策略是保证广告战略实现的基础。

广告策略的作用表现在：广告策略是实现广告目标和经营目标的重要手段；广告策略是完成广告规划的基础条件；广告策略是决定广告效果的关键；广告策略是企业树立声誉、开展竞争的有力武器。

广告策略主要包括广告产品策略、广告市场策略、广告时机策略和广告媒体策略。

广告产品策略是指根据消费者对某种产品属性的重视程度，确定该产品在市场竞争中的方位所采取的广告方法与手段。

产品定位是根据顾客对某种产品属性的重视程度，把本企业的产品予以明确的定位，规定它应于何时、何地、对哪一阶层的消费者出售，以利于与其他厂家的产品竞争。广告产品定位策略的具体运用主要分为实体定位策略和观念定位策略。

实体定位是从产品的功效、品质、市场、价格等方面，突出该产品在广告宣传中的新价值，强调本品牌与同类产品的不同之处，以及能够给消费者带来的更大利益。

观念定位是突出商品的新意义、改变消费者的习惯心理、树立新的商品观念的广告策略，常见的有逆向观念定位和是非观念定位。

产品处在不同的生命发展阶段，其工艺成熟程度、消费者的心理需求、市场竞争状况和市场营销策略等都有不同的特点。因此，广告目标、诉求重点、媒介选择和广告实施策略也有所不同。

广告的市场策略主要包括目标市场定位、广告促销策略和广告心理策略。

目标市场定位策略，就是企业为自己的产品选定一定的范围和目标，满足一部分人的需要的策略，形式有：无差别市场广告策略、差别市场广告策略和集中市场广告策略。

无差别市场广告策略是在一定时间内，向同一个大的目标市场运用各种媒介，做同一主题内容的广告宣传。

差别广告市场策略是企业在一定时期内，针对细分的目标市场，运用不同的媒介组合，做不同内容的广告宣传。

集中市场策略是企业把广告宣传的力量集中在已细分的市场中的一个或几个目标市场的策略。

广告促销策略是一种紧密结合市场营销而采取的广告策略，它不仅要告知消费者购买商品的直接价值，而且要结合市场营销的其他手段，给予消费者更多的附加利益，包括馈赠、文娱、服务、折价、公共关系等促销手段。

一则成功广告的心理学标准应符合以下要求：唤起消费者注意；启发消费者的联想；说服消费者去行动。

AIDMA 法则：Attention（引起注意）、Interest（引起兴趣）、Desire（唤起欲望）、Memory（留下记忆）、Action（购买行动）。

马斯洛需求层次理论分为生理需求、安全需求、社交需求、尊重需求和自我实现五类。

消费者情感与广告激发包含：了解消费者心理，发掘商品感情；抓住产品与情感或价值观的联系；情感广告和品牌营销策略的结合；广告形象应更富艺术感染力。

广告时机策略包括节假日时机、季节时机、"黄金"时机、重大活动时机。

复习思考题

1. 试述广告策略的含义。
2. 试述广告策略有何作用。
3. 如何理解广告的目标市场宣传策略？
4. 在广告设计中应如何运用心理策略？
5. 如何应用广告促销策略进行广告活动？
6. 如何正确认识广告时机策略？

【实训演练】

实训名称：广告定位策略。

实训目的：引导学生从不同类型的商品中发现其独特的广告诉求点，培养他们敏锐的洞察力，达到从平凡中见到不平凡的思维训练目的。

实训内容：通过对所选项目中的典型商品进行创意定位分析，找出技术、服务、外观形象等因素在不同类型商品广告宣传中的不同侧重点和机会点。

实训要求：

1. 对所选项目中的商品进行深入的调查与分析。
2. 对该企业的服务、形象进行深入的调查与分析。

3. 小组同学于广告定位分析后，在 A4 纸上将创意通过文字的形式有效表现出来。

【案例分析】

百事可乐：实施广告侧翼策略

百事可乐作为世界饮料业两大巨头之一，100 多年来与可口可乐上演了一场宣传大战。"两乐之战"的前期，也即 20 世纪 80 年代之前，百事可乐一直惨淡经营，由于其竞争手法不够高明，尤其是广告的竞争不得力，所以被可口可乐远远甩在后头。然而经历了与可口可乐无数交锋之后，百事可乐终于明确了自己的定位，以"新生代的可乐"形象对可口可乐实施了侧翼攻击，从年轻人身上赢得了广大的市场。如今，饮料市场份额的战略格局正在悄悄地发生变化。

百事可乐的定位是具有其战略眼光的。因为百事可乐配方、色泽、味道都与可口可乐相似，绝大多数消费者根本喝不出二者的区别，所以百事在质量上根本无法胜出，百事选择的挑战方式是在消费者定位上实施差异化。百事可乐摒弃了不分男女老少"全面覆盖"的策略，而从年轻人入手，对可口可乐实施了侧翼攻击。并且通过广告，百事可乐力图树立其"年轻、活泼、时代"的形象，暗示了可口可乐的"老迈、落伍、过时"。

百事可乐完成了自己的定位后，开始研究年轻人的特点。精心调查发现，年轻人喜欢酷，而酷表达出来，就是独特的、新潮的、有内涵的、有风格、有创意的意思。百事可乐抓住了年轻人喜欢酷的心理特征，开始推出了一系列以最酷明星为形象代言人的广告。

在美国本土，1994 年百事可乐花 500 万美元聘请了流行乐坛巨星迈克尔·杰克逊做广告，此举被誉为有史以来最大手笔的广告。杰克逊果然不辱使命，当他踏着如梦似幻的舞步，唱着百事可乐广告主题曲出现在屏幕上时，年轻消费者的心无不为之震撼。为进军中国市场，继邀请张国荣和刘德华做其代言人之后，百事可乐又力邀郭富城、王菲、珍妮·杰克逊和瑞奇·马丁四大歌星为形象言人。郭富城的劲歌热舞、王菲的冷酷气质，迷倒了无数年轻消费者。在全国各地的百事销售点上，消费者无法逃避的就是郭富城那执着、坚定、热情的渴望眼神。不过，因为两个外国歌星在中国的知名度并不高，也造成了资源的浪费。即使如此，百事可乐那年轻、活力的形象已深入人心。在上海电台的一次 6 000 人的调查中，年轻人认为最酷的男歌手是郭富城，最酷的女歌手是王菲，而最酷的饮料是百事可乐，最酷的广告是百事可乐郭富城超长版，年轻人最酷的行为就是喝百事可乐。例如，1997 年北京饮料市场百事可乐与可口可乐占有率为 1∶10，到 1999 年升至 1∶2.5，其中绝大部分贡献就是由年轻人完成的。总而言之，百事可乐以新生代喜欢的超级巨星做形象代言人是它广告策略最成功的一点。

百事可乐广告语也是颇具特色的。它以"新一代的选择""渴望无限"做自己的广告语。百事可乐认为，年轻人对所有事物都有所追求，如音乐、运动，于是百事可乐提出了"渴望无限"的广告语。百事提倡"新一代的选择"，那就是喝百事可乐。百事可乐这两句富有活力的广告语很快赢得了年轻人的认可。配合百事可乐的广告语，百事可乐广告内容一般是音乐、运动，如上述的迈克尔·杰克逊、郭富城都是劲歌劲舞。百事可乐还善于打足球牌，利用大部分青少年喜欢足球的特点，特意推出了百事可乐足球明星，可谓充满洞察力。

　　百事可乐作为挑战者，没有模仿可口可乐的广告策略，而是勇于创新，通过广告树立了一个"后来居上"的形象，并把品牌蕴含的那种积极向上、时尚进取、机智幽默和不懈追求美好生活的新一代精神发扬光大。百事可乐的广告策略是值得推崇的。作为成功运用广告侧翼战的品牌，百事可乐曾被列为十佳广告策略第三名。

　　问题：分析案例中百事可乐用到的广告策略。

（案例来源：一只知更鸟微信公众号）

【广告巨擘】罗瑟·瑞夫斯

广告效果

做广告不要超越人们的普通智力，否则其结果就会落得无人闻问。

——李奥·贝纳

■■■\ 知识目标 ----

- 了解广告效果的含义与特征；
- 理解广告效果测定的原则、意义；
- 掌握广告效果的事前、事中、事后测定的常见方法。

■■■\ 技能目标 ----

- 通过对广告效果评估的学习和理解，能从实际出发，选择适宜的广告效果测定方法。

■■■\ 关键词 ----

广告效果　经济效果　传播效果　事前测定　事后测定

■■■\ 任务导入 ----

广告心理沟通效果测定方案设计

2020 年，RIO（锐澳鸡尾酒）携手周冬雨发布了 2020 年全新品牌电视广告片（TVC）。这支 TVC，看起来还挺别具一格，独具风情。短片很短，短到如一阵清风吹过；又余味悠长，让人想一而再再而三地摸着脸颊回味清风拂过的清凉。整支短片很容易勾起人们对夏天的怀念与向往，走的是清新文艺风。停滞的风扇，微醺的周冬雨哼着《走在雨中》，伴着屋子外晃动的树林，晶莹剔透的雨滴，被风撞出声响的风铃，清凉夏天的惬意扑面而来。但最令人心动的是"终于，我把自己还给自己了"这句文案。繁杂的事务、无休无止的思量与奔跑，是当代大多数人生活的常态。如何保持自我，如何不被各类情绪裹挟？这是现在很多人都有的一种挣扎。这支视频就像是一场凉雨，下在了每一个人心头，浇灭了躁动不安的心火。延伸到 RIO 品牌形象本身，它丰富了"一个人的小酒"的场景，不局限于一个人微醺、一个人惬意的场景，相对应当下的社会情绪，它倡导更多远离纠结、寻找安心惬意的精神园地。换言之，转向自我，而不是停留在一个人的独处这一层面，这是广告里面最打动人的部分。

(a)　　　　　　　　　　　　　　　　　　(b)

图 10-1　RIO 品牌 TVC

(a) TVC 片段 1；(b) TVC 片段 2

任务要求：为该则 RIO 广告设计广告心理沟通效果测定方案。

(案例来源：编者根据视频广告删减、整理)

第一节　广告效果概述

广告界人士经常喜欢引用 19 世纪成功的企业家约翰·瓦纳梅克的一句名言："我明知自己花在广告方面的钱有一半是浪费了，但我从来无法知道浪费的是哪一半。"为了查明究竟是哪一半广告费浪费掉了，哪一半在起作用，广告人员每年要花费大量的时间和金钱进行调查研究工作。更确切地说，他们在设法查明某一则或一组广告是否达到了其预期的效果。广告效果评估或测定在整个广告活动中占有重要的地位。广告运动要落实到广告效果上，要靠效果评估，也只有这样广告主及广告公司才有改进广告运动的指南针，才能选择最好的诉求，创作最有说服力的信息，才能选择最恰当的媒体及媒体组合，达到预定的广告目标。

一、广告效果的含义

简单地说，广告效果就是广告对其接受者所产生的影响及由于人际传播所达到的综合效应。比如，新产品广告，通过广告活动促使消费者了解品牌优点，从而改变已有品牌消费习惯；企业形象广告，通过广告活动宣传企业独特的形象，从而在公众心目中建立企业的良好形象，使消费者对本企业及其各种产品产生亲近感、认同感，最终促进产品销售。

广告效果有狭义和广义之分，狭义的广告效果是指广告所获得的经济效益，即广告传播促进产品销售的增加程度，也就是广告带来的销售效果。广义的广告效果是指广告活动目的的实现程度，广告信息在传播过程中所引起的直接或间接的变化的总和，包括广告的经济效益、心理效益和社会效益等。

二、广告效果的分类

在广告活动中，人们对广告效果的内涵理解不一，可以从不同角度来给广告效果进行分类。

（一）从宏观角度的不同，可分为经济效果和社会效果

1. 广告的经济效果

广告的经济效果指广告对社会经济生活（包括生产、流通分配、消费等活动）产生的影响，既包括广告活动所引起的自身产品的销售变化，也包括由此引发的同类产品的销售、竞争情况的变化。

2. 广告的社会效果

广告的社会效果指广告活动不仅对人们的消费行为、消费观念的变化起作用，也对整个社会的文化、道德伦理等方面造成影响，即广告对社会精神文化生活产生的影响。

（二）从表现形式的不同，可分为销售效果和广告本身效果

1. 广告的销售效果

以销售情况的好坏直接判定广告的效果，称为广告的销售效果。广告是促进产品销售的一种手段，产品既然做了广告，销售情况必须改善，否则该广告就是白做了。

2. 广告的本身效果

广告的本身效果即广告的接触效果或广告的心理效果，是指广告呈现之后对接受者产生的各种心理效应，包括对受众在知觉、记忆、理解、情绪、情感、行为、欲求等诸多心理特征方面的影响，这是广告效果最核心的部分。它不是直接以销售情况的好坏作为评判广告效果的依据，而是以广告的收视率、收听率、产品知名度等间接促进产品销售的因素为依据。

（三）从时间角度的不同，可分为即时效果和潜在效果

1. 广告的即时效果

广告的即时效果是指广告活动在广告传播地区所形成的即时性反应，主要指即时的促销效果。

2. 广告的潜在效果

广告的潜在效果指广告在消费者心目中产生的长远影响，对受众观念的冲击，如消费者对产品及企业的印象的变化。

三、广告效果的特性

广告活动是一项复杂的系统工程，广告效果的取得受多方面因素的影响，这就决定了广告效果具有复杂的特性。而要对广告效果有清晰的把握，就要对广告效果进行科学合理的测

定，了解广告效果的基本特性。具体来说，广告效果的特性表现在以下几个方面。

1. 广告效果的迟效性

广告对不同消费者的影响程度受其所处的社会、经济、文化、时空、地域等多种因素的制约。因此，消费者对广告效果的反应程度也是各有区别的，有的可能快一些，有的可能慢一些。同时，广告对特定消费者的购买心理刺激也必须经过反复的刺激过程，才能达到购买行为阶段。因此，广告对消费者的影响程度，总的来说具有迟效性，即广告效果必须经过一定的时间周期之后才能反映出来（某些特殊的促销广告除外）。时间推移性使得广告效果不可能在短时期内表现出来，因此，要准确地测定广告的效果，必须准确地掌握它的时间周期，掌握广告有效发生作用的时间期限。

2. 广告效果的复合性

广告活动是一种综合性的、复杂的信息传播活动，它既可以通过各种表现形式来体现，又可以通过多种媒体组合来传播，同时它又受到企业其他营销活动、同业竞争广告和有关新闻宣传活动的影响，所以广告效果从总体上来说是复合性的，只有从整体上把握影响广告活动的各种因素，才能测定广告的实际效果。比如，对广告的经济效果、传播效果、心理效果、社会效果等既要分别考量，更要综合评测，从而帮助策划人员选择最佳方案予以执行，在执行过程中进行有效调整和强化，在阶段性完成后进行全面系统的总结。广告作为一种传播手段，传播效果十分有限，需要展会现场促销、公关等其他传播方式及买赠、降价、售后服务等多种经营手段相互配合，才能充分显现其价值。因此，不管是广告策划还是效果测定，都应该将广告与其他营销手段联合起来综合运用并进行全面评价。

3. 广告效果的累积性

广告作用于消费者，促成其购买而产生促销效果，大多数情况下并不是一次、一时或一种信息和媒体作用的结果，而是广告信息的多次重复，造成累积效果的体现。消费者在发生购买行动之前，都可看成是广告效果的累积时期。在这一时期中，消费者的购买行为尚未发生，企业必须连续地、多次地广告，强化影响，通过量的积累转化为质的飞跃，促成消费者购买。而这种购买行动，显然不应看作是最后一次广告的效果，而应看作是在此之前多次广告信息累积的效果。正因为消费者的购买行为是多次广告信息、多种广告媒体综合作用的结果，所以很难测定某一次广告的单一效果。

4. 广告效果的间接性

广告效果不仅具有累积效果性，而且还具有间接效果性。如某消费者接受广告宣传活动的影响，购买了广告商品，使用过一段时间后，觉得质量稳定、物美价廉，便向亲朋好友推荐，从而激起他们的购买欲望。或者，有的消费者接受广告的影响后，在自己对该商品不需要的情况下，也会鼓励别人购买，这些都是广告间接效果的表现。因为广告效果的间接性，所以要求在广告策划时，应注意诉求对象在购买行为中所扮演的不同角色，尤其是一些"意见领袖"所起的作用和价值，由此针对性地发展广告主题、运用有效的表现方式、借助高效的广告载体来传播广告信息，以扩大广告的间接效果。

5. 广告效果的两面性

所谓广告效果的两面性，是指广告不仅具有促进产品或劳务销售增加的功能，同时还具有延缓产品或劳务销售下降的功能。促销是广告的基本功能，促销效果是测定广告效果的一项重要内容。在市场疲软或产品进入衰退期阶段，广告的促销效果表现在减缓商品销售量的急速下降。在这种情况下，如果再从产品销售量的提高方面来评价广告效果，显然是不客观的，因此，在评估广告效果的时候，必须充分地分析市场的状况及产品的生命周期，才能较为客观和全面地测定广告效果。

以上阐述的广告效果的特性，对于正确、有效地测定广告效果是十分必要的。广告效果测定的时间、对象、指标等的选取及对测定结果的评估，都应结合广告效果的特性进行综合考虑，使测定结论更符合客观实际情况。

四、广告效果评估的原则

明确了广告效果的特性及其分类后，在具体的广告评估过程中还必须遵循一定的原则，才能保证广告效果评估的科学性，达到广告效果评估的预期作用。

（一）目标性原则

因为广告效果具有迟效性、复合性与间接性等特点，因此对广告效果的评估就必须有明确、具体的目标。如广告效果评估的是长期效果还是短期效果；如果是短期效果，是评估销售效果还是心理效果；如果是心理效果，是测定认知效果还是态度效果；如果是认知效果，是商标的认知效果还是产品特性的认知效果等。只有确定具体而又明确的广告效果评估目标，才能选定科学的评估方法与步骤，才能取得预期的评估效益。

（二）综合性原则

影响广告效果的因素是十分复杂多样的，在具体评估过程中还有许多不可控因素的影响。因此，不管是评估广告的经济效果、社会效果，还是心理效果，都要综合考虑各种相关因素的影响。即使是评估某一具体广告，也要考虑广告表现出的复合性能、媒体组合综合性能及时间、地域等条件的影响，这样才能准确地测知广告的真实效果。另外，从全面提高广告效益来说，广告效果的评估也应该是广告的经济、社会、心理效果的综合评估。

（三）可靠性原则

广告效果评估的结果只有真实可靠才能起到提高经济效益的作用。因此，在效果评估过程中，样本的选取一定要有典型性、代表性；对样本的选取数量，也要根据评估的要求尽量选取较大的样本；对评估的条件、因素要严加控制，标准必须一致。评估要多次进行、反复验证，才能获取可靠的评估效果。

（四）经常性原则

因为广告效果在时间上有迟效性，在形式上有复合性，在效果上有间接性等特点，因此对广告效果的评估，不能有临时性观点。具体而言，某一时间和地点的广告效果，并不一定就是此时、此地广告的真实效果，它还包括前期广告的延续效果和其他营销活动的效果等，因此，必须保存有前期广告活动和其他营销活动及其效果的全部资料，才能测定现时广告的真正效果。同时，广告效果评估的历史资料，含有大量的评估经验与教训，对现时的广告效果评估具有很大的参考价值。而且，长期的广告效果评估，只有在经常性的短期广告效果评估（并保存有详细的评估资料）的基础上才能进行。

（五）经济性原则

在制订广告效果评估计划时，在不影响评估要求和准确度的前提下，评估方案要尽可能简便易行。同时，进行广告效果评估时，所选取广告样本的评估范围、地点、对象、方法及评估指标等，既要考虑满足评估的要求，也要充分考虑企业经济上的可能性，尽可能地做到以较少的费用支出取得尽可能满意的评估效果。

第二节 广告效果评估方法

依据广告效果测评时间阶段的不同，一般将广告效果测评分为事前评估（创意形成阶段）、事中评估（广告定稿阶段）和事后评估（广告投放阶段）。

一、广告效果的事前评估

广告效果的事前评估发生在广告投放传播之前，主要是指对广告中的文案、广播电视广告脚本及其他广告形式信息内容的检验与评估。广告效果的事前评估可以对广告创意策略、传播策略中的不足之处在投放前予以修正，有效地提高广告的最终效果。常用的广告效果事前测评方法主要以下几种。

（一）专家意见综合法

组织若干有经验、有专业知识的专家小组（包括广告学、营销学、社会学、心理学等行业专家）对设计好的广告文本和具体组合计划进行多角度、多层次的评估，预测广告投放以后可能获得的效果。为了避免测评偏差和随意性过大，对专家小组成员的选择一定要慎重。在专家小组人员构成上应该注重知识结构、创意风格等方面的互补性，以确保广告创意与投放媒体组合取得最佳效果。

（二）广告受众意见法

在广告投放传播之前，抽取少部分广告受众中的人员，让他们对广告文本和媒体组合方式进行切身体验，根据自身体验感受对广告进行评估，这种方法称为广告受众意见法，它又可以分为积分计算法和配对比较法。

积分计算法是让广告受众在既定的态度量表上选择与自己对广告态度相符合的态度种类，然后进行统计汇总和量化分析，得出广告效果的评估意见。这种方法技术简单，容易分析，但是在选取调查对象时，一定要注意调查对象的代表性及调查样本量的可分析性。

配对比较法是让预先选定的广告受众对不同的广告方案进行两两配对比较，每次比较都选出较好的几则广告方案，再将第一轮选出的广告方案再进行两两配对比较，一直到选出最优的一则方案为止。采用这种方法也要注意调查对象的代表性和广泛性。

（三）仪器测试法

仪器测试法是运用若干种心理、生理测定仪器，来测定广告受众接触广告后的心理、生理反应，可以真实地了解广告受众对广告的态度，具有较强的客观性。仪器测试法具体还可分为以下几种方法。

1. 生理电流计法

生理电流计法又称为测谎器法，测试时让被测试者收听或观看广告，同时用仪器检测被测人因情绪变化而引起的电流变化，以此来判定广告的优劣。这种技术优点在于被测者无法控制无意识的反应，结果客观。但是这种方法会产生"顺应"现象，即将相似的刺激施行四五次后，被测者的情绪波动将趋于平缓，这样，对于测试多种广告方案的受众，在后面检测广告方案时，同样的刺激，得到的情绪波动强度要小。另外，被测者的情绪波动是积极的还是消极的，难以用仪器识别，应该辅以对被测试者的面部观察。

2. 视向测验法

视向测验法运用研究视线方向的仪器，记录被检测者在注视作品时眼球移动的时间长短和顺序，来辨别被检测者对广告感兴趣的部分及视觉路线的轨迹，根据视觉路线轨迹判断广告作品引人注目的程度。

★案 例

日本电通1970年曾采用视向测验法对一则获得电通奖的"佳能照相机"广告作品进行测量，测验对象是6名该公司的职员。该广告布局如图10-2所示。

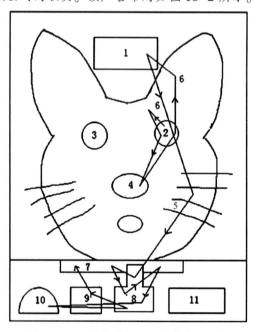

图10-2　"佳能照相机"广告布局示意

测验的结果如表 10-1 和表 10-2 所示。

表 10-1 注目时间和要素注目顺序

视点号码	2	6	2	4	2	6	1	6	5
时间	1.00	0.25	0.50	0.75	0.25	0.75	0.25	0.50	0.50
顺序	1	2	3	4	5	6	7	8	9
视点号码	8	7	8	7	8	10	8	9	7
时间	0.25	0.50	0.450	1.00	0.50	1.25	0.25	0.25	0.75
顺序	10	11	12	13	14	15	16	17	18

（资料来源：樊志育. 广告效果研究 ［M］. 北京：中国友谊出版公司，1995.）

表 10-2 视向测验统计结果

视点号码	广告要素	注目人数	总注目次数	平均注目次数	总注视时间/秒	平均每次注视时间/秒
1	大标题	5	7	1.40	4.00	0.57
2	猫左眼	5	10	2.00	4.50	0.45
3	猫右眼	6	13	2.17	6.50	0.50
4	猫鼻子	5	8	1.60	4.75	0.59
5	猫胡子	5	9	1.80	6.50	0.72
6	猫耳朵和额头	6	19	3.17	10.75	0.57
7	小标题	4	8	2.00	3.50	0.44
8	照相机	5	13	2.60	7.50	0.58
9	文案	2	2	1.00	0.50	0.25
10	标志	4	5	1.25	4.25	0.85
11	其他部分	4	8	2.00	3.50	0.44
12	广告框外	3	4	1.33	2.25	0.56

（资料来源：樊志育. 广告效果研究 ［M］. 北京：中国友谊出版公司，1995：72.）

由表 1 和表 2 结果得出以下推断：所有受试者都先从猫的眼睛及鼻子部分开始看，而后转向大标题，再转向广告下方的商品（照相机）；大多数受试者都注意到插图"猫"，特别是图的右边部分，反复看的频率相对较高；大标题和标志虽然反复看的次数少，但注视时间较长；文字叙述部分不太引人注目。

3. 瞬间显露器测试法

瞬间显露器测试法通过对广告作品的瞬间闪现，让被测者予以辨认，了解被测者对广告作品的理解与记忆状况，借以测评广告作品的辨认度和记忆度。

4. 其他方法

随着测试技术和心理科学的发展，对广告效果评估的仪器设备不断地涌现。除了上述的几种方法外，还有节目分析法、瞳孔照相法、音调分析法，通过唾液测试来测定被检测者对食物或食品广告反应的方法。

二、广告效果的事中评估

广告效果的事中评估主要测评广告作品在定稿阶段所取得的效果与反应。通过广告效果的事中评估，可以准确把握实际环境中广告受众对广告作品的反应。测评依据的是真实的事实资料，测评的结果具有实际性。但是广告效果的事中评估结果对本次广告作品本身和广告投放媒体组合不再具有参考价值。常用的广告效果事中测评方法有以下几种。

（一）市场试验法

选择两个销售市场分别作为观察（试验）市场和对照（控制）市场，在观察市场上投放广告，在对照市场上不投放广告，观察这两个市场的消费者反应，比较两者的差别，测定广告活动的效果。市场试验法简单易行，能够客观、直接地了解消费者的反应与实际销售效果，尤其对于季节性、流行性等周转率极高的商品更为有效。该方法的不足之处在于广告效果的滞后性特征导致广告效果的检测时间难以确定，过早或过晚都会影响测评效果的准确性。另外，观察地区的选择要具备市场地区的代表性，进行对照研究的两个地区市场条件和环境要大致相同，避免因为非广告投放因素引起销售市场业绩的差异，从而影响测评的准确性。市场试验法常用来评估广告的经济效果。

（二）函索测定法

函索测定法的目的是检测不同的广告作品、广告文案的构成要素在不同媒体上的效果，属于邮寄调查方法。具体的操作方法是将同一主题的广告作品在不同广告媒体上投放传播，要求受众在观看广告之后能够将自己的感受通过信函的方式告知广告主，以此了解广告的投放与传播效果。这种方法一般适合对在印刷媒体上投放的广告进行评估，如果能够在投放广告的媒体上设计一个特定的回条，辅以适当的物质刺激，让受众在阅读广告后将其剪下，记载其阅读广告的感受后寄回，则测评的范围和调查对象会更加广泛。这种方法可以有效地了解消费者阅读广告的情况，可以用来比较广告构成要素的相对功能与效果。其缺点是该方法一般只适合印刷媒体，同时回函期比较长，并且要求广告主提供的物质刺激既要能足够引起广告受众的参与兴趣，也要能避免物质奖励过分刺激广告受众。如果广告主提供的物质刺激具有高度的注意价值，可能会吸引非预定受众参与调查，所提供的广告感受可能是非真实客观的，最终引起测评的巨大误差。

（三）分割测定法

分割测定法也是邮寄调查的方法之一，是函索调查法的变种，其过程更复杂一点。具体做法是将同一主题的两幅广告分别在同一期的广告媒体上投放刊出，每一半媒体各刊登一幅广告，然后随机寄给各市场的读者，之后通过回函收集广告受众的广告感受测评广告效果。这种方法在国外比较多见，在国内出现较少，主要原因是印刷排版难度大，广告媒体不太愿意接受该类广告的投放模式。

三、广告效果的事后评估

广告效果的事后评估，是在整个广告活动进行完之后所做的效果评估，是对整个广告活动是否达成预定计划与目标的测定。广告所要达到的目标可以分为两个方面：一是提高商品的销售额，二是树立企业、品牌和产品在消费者心目中的形象，改变或者提升消费者对企业、品牌或产品的态度。从这两个方面出发，也可以将广告效果的事后评估分为销售效果评估和心理效果评估。销售效果的测评方法就是通过对广告前后商品销售状况的对比，来检测广告对商品销售量和销售额的影响程度。这里的广告效果事后测评主要介绍广告心理效果的事后评估。常用的广告心理效果的事后评估主要有以下几种。

（一）认知评估法

广告心理效果的认知评估主要是用来评估广告对消费者认知商品属性、品牌的影响程度。消费者对商品的认知过程是消费者购买决策的重要基础。消费者对商品的认知和选购的心理活动过程，就是对商品个别属性的各种不同感觉加以归纳整合的反应过程。这一过程包含了消费者的感觉、知觉、记忆、思维等一系列心理活动，这些认知既有来源于对商品的直接接触，也有来源于对广告等信息的积累。

比较具有代表性的认知评估法是丹尼尔·斯塔齐所倡导的读者率调查法。读者率调查法是对随机抽样选出的调查对象，询问对刊登在媒体上的广告的标题、文案、插图等方面的印象，了解广告的影响程度。需要注意的是，如果调查的是报纸媒体广告，必须于该报发行次日实施调查；如果是杂志广告，应该在下一期发行之前调查，目的是避免下一期广告的影响，以及时间拖得过长导致被调查者对广告的记忆减退。

认知法的另一种比较有代表性的方法是识别法，它是将投放过的广告文本与其他广告文本混合起来，然后向被调查者展示，看有多少被调查者能够识别出已投放过的广告文本。根据识别程度，可以将广告效果分为初级、中级和高级。初级广告效果是指被调查者能够大致识别出广告文本；中级广告效果是指被调查者不仅能识别，而且能大致复述广告文本的内容；高级广告效果指被调查者还可以进一步分辨出广告中的细微之处，准确地讲出广告中的具体内容。

（二）回忆评估法

回忆评估法是指在广告活动结束后，选择一部分广告受众对广告内容进行回忆，以了解受众对广告中的商品、品牌、创意等信息的记忆、理解和联想情况，以及相信广告的程度，该评估方法主要了解广告对受众的冲击力和渗透力。回忆法有自由回忆法和辅助回忆法两种，自由回忆法就是让被调查者自己回忆出尽可能多的广告内容；辅助回忆法是给予被调查者一步步的提示，引导被调查者逐步回忆出广告的信息内容。一般情况下，辅助回忆法比自由回忆法更能反映真实情况。比较常见的做法是让被调查者在用来测定的报纸杂志上看他被询问的广告，请他说出他记得的广告，在他说出记得的广告中，再询问其所知的广告布局及内容等，询问越复杂，得到的信息越多，也就越能准确获知广告效果的程度。

（三）迪纳广告效果评价模型（DAEE）

迪纳市场研究院和清华大学中国企业研究中心一起对广告效果进行了广泛深入的研究，在总结和吸收国内外广告效果评估研究成果的基础上，建立了迪纳广告心理效果评价模型（Dina Advertisement Effect Evaluation Model，DAEE）。该模型的基本结构如图 10-3 所示。

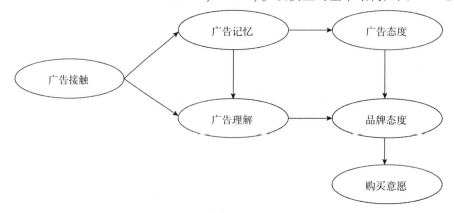

图 10-3　迪纳广告效果评价模型

该模型的主要特点不仅仅在于了解广告心理效果如何，更重要的是揭示了消费者在看过广告后，觉得该则广告在哪些方面做得好、哪些方面做得不好，各个因素对最终购买意愿形成的影响大小。了解这些因素，有利于广告主或广告公司针对目标市场的反馈，制作和投放更高质量、更好效果的广告。在 DAEE 模型中，每个结构变量又通过各种观测变量来测量，比如对广告接触来说，对电波广告可能通过播出频率、广告时长、广告播出时间等指标衡量；对报纸、杂志等平面广告通过广告面积、广告版面等指标衡量；对广告记忆而言，可以通过广告产品、品牌、广告词、代言人、场景（情节）、背景音乐等指标衡量。在具体的广告效果评价时，将根据产品类别（耐用/非耐用消费品）、购买前涉入程度高低、新产品/成熟产品等实际情况，对该指标体系进行调整，以适合委托方的实际情况和广告目标。

第三节　广告效果评估的内容和流程

一、广告效果评估的内容

广告效果评估方法主要围绕经济效果、传播效果、心理效果和社会效果四项指标来展开。其中经济效果是根本，心理效果是基础，传播效果是保障，同时还要兼顾社会效果。

（一）广告经济效果的评估

1. 对广告经济效果评估的理解

广告最基本的功能之一便是扩大销量、增加企业利润，与之对应实现广告这一基本功能的是广告的经济效果。广告经济效果是广告活动最直接的目的，也是广告效果最终的体现。

2. 广告经济效果评估方法

（1）店头调查法。店头调查法是指以零售商店为对象，对特定时间段的广告商品的销售量、商品陈列状况、价格、POP 广告及推销的实际情况进行调查。具体做法是：①利用推销员或导购员在商店里以走街串巷的方式开展商品宣传活动，散发商品说明书，免费赠送小包装样品等。这种模式会直接导致商品销售量的变化。商品销售量的变化程度，能够反映出广告质量的高低。②把同类商品的包装和商标除掉，在每一种商品中放置一则广告和宣传卡片。观察每种商品的销售情况，哪种商品销量有明显增加，则说明哪则广告有较好的传播效果。③把录制好的广告片通过电视在典型的购物环境中播放，观察所产生的销售效果。

（2）广告费用比率法。广告费用比率法用来测定广告计划期内，企业的广告总支出对商品总销售量的影响，或广告计划期内某项商品广告费对该商品销售量的影响。其计算公式为：

广告费比率 = （一定时期的）广告费 / （一定时期的）销售量 × 100%。

例如，某企业某年某季度的广告费为 4 万元，其商品销售额为 100 万元，计算出的广告费用率为 4%。

按广告费比率法计算，广告费越少，广告效果越大；反之，广告效果越小。如果将此年度的广告费比率和彼年度的广告费比率做比较，广告费比率越小，广告效果越好。

（3）促销法。选择两个条件类似的地区 A 和 B，地区 A 只发广告，停止一切促销配合；地区 B 既刊发广告，又配合多种促销活动。经过一段时间后，将两地销量做比较，以此来考量广告效果。

（4）广告效益法。广告效益法又称每元广告费促销法。这种方法是计算每元广告费对商品销售的影响程度，以便用商品增销计划来编制广告预算。一般而言，每元广告效益的得数越大，则广告效果越好。

（5）广告效果比率法。广告效果比率法是在广告结束后用销售或利润的增长与广告费用增长做比较测定广告效果的方法，其测定公式为：

广告效果比率(E) = 销售额增加率($\Delta S/S$) ÷ 广告费用增加率($\Delta A/A$) × 100%。

其中，ΔS 为广告宣传之后增加的销售量；S 为原来的销售量；ΔA 为增加广告费用支出；A 为原来的广告费用。

如果 E 大于 1，表示广告效果较好；如果 E 小于 1，表示广告效果不好。如某公司第四季度广告费比第三季度增长了 40%，销售额增长了 20%，该公司广告销售效果比率为 50%。

（二）广告传播效果的评估

1. 对广告传播效果评估的理解

在广告研究中，广告传播效果通常是指具有说服动机的广告信息对受众心理、态度和行为的影响，即广告传播活动在多大程度上实现了广告目标；同时也包括广告信息带来的一切影响和后果，这种后果可能是广告所期望的方向，也可能是出乎广告传播目标以外的效果。它既可能是积极的，也可能是消极地；既可能是显现的，也可能是潜在的。

2. 广告传播效果的方法

广告传播效果的测定主要包括广告表现效果和媒体接触效果的测定。

（1）广告表现效果的测定。广告表现效果的测定其实就是对广告作品的测评，广告作品的测评就是对广告主题（"说什么"）和广告创意（"怎么说"）进行评价分析。经常采用的测定方法有直接反应法和室内测定法。

直接反应法。在广告刊播之前，广告创作人员可对同一商品制作多份广告原稿，然后邀请预定的诉求对象，对不同的广告原稿进行评价鉴定。一般有两种方法，一种方法是采用消费者评定法，由消费者进行评判或比较，测验出哪一种广告所引起的反应最大、印象最深；另一种是采用要点采分法，即预先根据测评的要求列出评价项目，制成表格，请消费者在表上给各个广告稿打分，以此测定对各个广告稿的印象，确定优劣。

室内测定法。这种方法又叫雪林测试法，是以开发这种调查法的雪林调查公司（Schwerin Research Corporation）命名的测试方法，这种方法是邀请代表性的观众持票入场，挑选自己喜欢的商品观看广告，在广告播放后重新挑选商品对比，经过两次挑选的结果和变化判断哪一个广告效果较好。此过程还可以对观众进行提问，测试观众对广告作品的记忆度，测试主要在室内进行，有两种形式。

第一种是节目测验，比如，召集约300名代表到场，在主持人说明测验方法后，请观众对被测节目按个人意见评分，评分标准分为有趣、普通、无趣三种程度，接着请观众具体说明喜欢或者厌恶哪一节目或节目的哪一部分，以及喜欢和厌恶的原因。节目的评判要素主要有五项，即亲近、接近、气氛、强调、方向，通过进一步询问可以征得观众对节目进行改进的具体意见和建议。最后对测试结果进行统计分析，作为今后改进节目内容或形式的重要参考和依据。

第二种是广告测验，召集有代表性的观众到戏院或摄影棚，让他们欣赏包括所要测验的广告在内的各种广告影片。入场者需要持票入场，根据票号选择自己喜欢的商品广告观看。所供观看的商品广告中，既有被测的商品广告，也有其他一些竞争商品的广告。测试结束后，受测人可以重新选择自己喜欢的商品带走，以此表示酬谢。同时对比受测前后两次挑选的结果和变化，就能够判断出广告效果的好坏。如果重新选择时所测商品的被选择度增高，就会归功于广告效果；反之，则说明广告尚有改进之处。看完广告之后，还可以提问，获取测试观众对于广告商品的记忆程度。

（2）媒体接触效果的测定。广告媒介接触效果测定是调查消费者对各种媒体的接触情形。广告活动要想取得良好的传播效果，往往不能只依赖于一种媒体，而需要进行不同类型媒体的组合。具体的测评内容主要有：广告媒体选择是否正确、是否形成合力、能否被所有的消费者接触到；不同媒体的传播优势是否得到互补，重点媒体与辅助媒体的搭配是否合理；媒体覆盖的集中点是否与广告的重点诉求对象一致；媒体的一些主要指标如阅读率、视听率近期有无变化；媒体组合的整体传播效果如何，是否降低了相对成本；所选择的媒体是否符合目标消费者的接触习惯及其产生的影响力。

不同类型的媒体有各自不同的测评要素，根据媒体的不同特质，测定方法主要分为两大类：印刷媒体和电子媒体。

印刷媒体。对印刷媒体的测定主要包括三个方面，一是发行范围和份数；二是受众成分，即读者对象；三是阅读状况。其中，阅读状况主要通过三项指标进行测定。

第一，注目率。注目率是指接触过广告的读者人数占读者总数的百分比。这部分读者曾经看见过被测试的广告，但对广告的具体内容并不了解，其测定公式为：

$$广告注目率=（接触过广告的人数/阅读印刷媒介的人数）×100\%$$

第二，阅读率。通过向接触过广告的人提问广告的主要内容，如主题、商标、插图等元素，测定能记得这些元素的人数占读者总数的比率，即为阅读率。

第三，精读率。阅读程度不同，能够记住的广告信息量也就不同，当被调查者能够记住广告中一半以上的内容时，就可称之为达到精读程度。认真看了广告并能记住广告中一半以上内容的读者人数占读者总数的比率即为精读率。

报纸广告注目率

电子媒体。测评电子媒体的接触效果，主要是通过视听率来完成。目前电视方面收视率调查主要有日记式调查法、电话调查法和机械调查法三种，本书主要介绍前两种方法。

日记式调查法。通过抽样选择适当数量的被调查对象，由他们将每天所看（听）的节目填入设计好的调查问卷中。一般以家庭为单位，把所有家庭成员每天收视（听）广播电视节目（一般为电视）的情况，按年龄、性别等类别全部记录在个人中，如表 10-3 所示。调查期间，由调查员逐日到被调查家庭访问，督促如实记录，7 天或 10 天为一个调查周期，调查期满，调查员负责收回问卷进行统计分析，算出收视比率。

表 10-3　个人视听调查问卷表

年　月　日（星期）

时间	电视台/电台	节目	4 ~ 12 岁		13 ~ 19 岁		20 ~ 34 岁		35 岁以上		全体
			男	女	男	女	男	女	男	女	
19：00—20：00	A										
	B										
	C										

日记式调查主要采用人工方法，比较费时耗力，有时由于不能及时记录，同时存在强化被调查者收看电视意识的问题，所以准确度难以保证。

电话调查法。通过打电话的方式，向有电视机的家庭询问收看节目的情况，具体做法是：先从电话簿中随机抽样出所要调查的家庭，确定好某一时间段由调查员电话询问被调查对象，调查内容包括：是否在家看电视；如果在的话是收看哪一个台的哪一个节目。然后在调查记录表上记下被调查对象回答的内容。电话调查询问的问题要简洁，特别是就一个节目的收视率所进行的调查。电话调查也可用于印刷媒体的阅读率调查。

（三）广告心理效果的评估

1. 对广告心理效果评估的理解

广告的作用在于引起消费者注意，并引发其心理变化，进而激发购买欲望，直至采取购买行动。一则广告的目的并不一定是直接获得销售效果，有时是为引起消费者的心理变化，改变消费者对品牌的态度，提高消费者对品牌的认知度、好感度，直至对品牌的忠诚度。因此，广告信息被目标消费者接触后，大多数并不能够立即直接导致购买行为的产生，却能够使消费者心里发生某些变化，这些心理变化同样是广告效果的体现。

2. DAGMAR 理论

1961 年，美国广告学家拉塞尔·H. 科利在他著名的《根据广告目标测定广告效果》一书中指出，所谓的广告效果，是在信息传播过程中发生的，应以信息传播影响消费者心理变化的过程为视点，来考察分析广告效果的发生过程，这个理论简称 DAGMAR 理论。该理论把广告目标限定在传播的范围内，设定广告传播目标为认知、理解、确信、行动四个阶段，如表 10-4 所示。

表 10-4　DAGMAR 信息沟通过程

信息传播阶段	消费者的表现
认知（Awareness）	消费者知晓品牌名称
理解（Comprehension）	了解获悉该产品的功能、特色，予以理解
确信（Conviction）	建立选择这一品牌的信念
行动（Action）	产生希望得到产品说明书等有关资料、愿意参观本产品的展览会、到商品经销店考察等行动

3. 广告心理效果评估的方法

（1）态度量表法。态度量表可用于测量消费者心理反应的尺度，列出广告的各种测量元素，请消费者按量度直接作出评价。较常用的是瑟斯顿量表、李克特量表（表 10-5）和语义差别量表（表 10-6）。

表 10-5　李克特量表

项目	很同意	同意	中立	反对	很反对
我喜欢"健怡"可乐的口味	—	—	—	—	—
含糖量高了影响健康	—	—	—	—	—
咖啡因对健康不利	—	—	—	—	—
"健怡"可乐太贵了	—	—	—	—	—
无论如何，我就是喜欢"健怡"可乐	—	—	—	—	—

表 10-6　语义差别量表

项目	绝对	相当	比较	中立	比较	相当	绝对	
口味浓烈	—	—	—	—	—	—	—	口味温和
不含糖	—	—	—	—	—	—	—	含糖量高
不含咖啡因	—	—	—	—	—	—	—	咖啡因含量高
便宜的	—	—	—	—	—	—	—	昂贵的

（2）投射法。投射法是采取引导的手段，让调查对象观看广告方案后，自由地发表意见，以测定调查对象对广告的心理反应。投射技术有多种方式，如字词联想、填句、角色扮演、字谜拼图游戏等。例如，向调查对象展示一个广告画面，要求调查对象叙述他看了这一广告画面的印象，或者要求其编述一个故事，根据调查对象心理投射的反应，间接地推断出广告对象对广告传播信息的态度。再如，设计一个场景，营业员向家庭主妇展示两种功能相同的电饭煲，一种是名牌，价格 1 000 元，另一种为非名牌，价格 800 元，向调查对象询问，选择购买哪一种。结果 25% 的人选择名牌，58% 的人选择非名牌，其余的对两者不置可否。根据调查结果，可以间接地推知家庭主妇对名牌、信誉、价格的态度。

（四）广告社会效果的评估

1. 对广告社会效果的理解

广告对特定社会经济的协调发展、社会道德、价值观念及生活方式的养成具有重要的影响力。一则广告有可能立即产生轰动的社会效果，也可能潜移默化地影响社会的各种道德规范或行为规范，所以测定广告效果，除了要衡量其经济效果、传播效果和心理效果外，还需要考察广告的社会效果。

2. 广告社会效果评估的依据

测定广告所产生的社会效果，应进行综合考察评估。其基本依据是一定社会意识条件下的政治观点、法律规范、伦理道德和文化艺术标准。不同的社会意识形态，调整、制约的标准也是不一样的。

（1）真实性。广告所传达的信息内容必须真实，这是测定广告社会效果的首要方面。广告产生的影响和发挥的作用应该建立在真实的基础上，向目标消费者实事求是地诉求企业和产品（劳务）的有关信息。企业的经营状况、产品（劳务）的功效性能等都要符合事实的原貌，不能虚假、误导。广告诉求的内容如果造假，那所形成的社会影响将是非常恶劣的。这不仅是对消费者利益的侵害，而且反映了社会伦理道德和精神文明的水平。而真实的广告，既是经济发展、社会进步的再现，也体现了高尚的社会风尚和道德情操。所以，检测广告的真实性，是考察广告社会效果的最重要内容。

（2）法规政策。广告必须符合国家和政府的各种法规政策的规定和要求。以广告法规来加强对广告活动的管理，确保广告活动在正常有序的轨道上运行，是世界各国通行的做法。法规管理和制约，具有权威性、规范性、概括性和强制性的特点。一般来说，各个国家的广告法规只适用于特定的国家范畴，如我国于 1995 年 2 月 1 日开始实施的《中华人民共和国广告法》，就是适用于我国一切广告活动的最具权威的专门法律。而有一些属于国际公约性质的规则条令等，如《国际商业广告从业准则》就是世界各个国家和地区都要遵从的。

（3）伦理道德。在一定时期、一定社会意识形态和经济基础之下，人们要受到相应的伦理道德规范方面的约束。广告传递的内容及所采用的形式，也要符合伦理道德标准。符合社会规范的广告也应是符合道德规范的广告。一则广告即使合法属实，但也可能给社会带来负面影响，给消费者造成这样或那样的包括心理和生理上的损害，这样的广告就不符合道德规范的要求。如暗示消费者盲目追求物质享受、误导儿童攀比摆阔等。广告的社会效果要从能建设社会精神文明的高度来认识，从有利于净化社会环境、有益于人们的身心健康的标准来衡量。

（4）文化艺术。广告活动也是一种创作活动，广告作品实际上是文化和艺术的结晶。从这方面对广告进行测评，由于各种因素的影响，不同地区、民族所体现的文化特征、风俗习惯、风土人情、价值观念等会有差异，因而也有着不同的评判标准。总的来看，广告应该对社会文化产生积极的促进作用，推动艺术创新，一方面要根据人类共同遵从的一些艺术标准，一方面要从本地区、本民族的实际出发，考虑其特殊性，进行衡量评估。在我国，要看广告诉求内容和表现形式能否有机统一，要看能否继承和弘扬民族文化、体现民族特色、尊重民族习惯等；要看所运用的艺术手段和方法是否有助于文化建设，如语言、画面、图像、文字等表现要素是否健康、高雅；同时也要看能否科学、合理地吸收、借鉴国外先进的创作方法和表现形式。

3. 广告社会效果评估的方法

（1）广告短期社会效果评估。采用事前或事后测量法，通过接触广告前后消费者在认知、记忆、理解及态度方面的差异比较，测量广告短期社会效应。比如在广告发布前，邀请相关专家学者、消费者代表等，从有关法律、法规、道德文化等方面，对即将发布的广告可能产生的社会影响作出预测，在广告发布一段时间后，可采用回函、访谈、问卷调查等方法，搜集整理消费者的反馈意见，研究社会公众对广告态度的看法，通过这种方式来了解广告的社会影响程度。

（2）广告长期社会效果评估。广告长期社会效果需要运用更宏观、综合、长期的调查方法来进行评估。同时要考虑到广告所产生的社会效果在复杂多变的社会环境中是无法进行量化的。

4. 广告社会效果评估注意事项

广告对社会道德、文化、教育、伦理、环境等社会环境产生的影响也是复合性和累积性的。在测定广告的社会效果时，一般要把握以下几个主要方向。

（1）树立正确的社会道德规范。广告的劝服、诱导性行为容易激发消费者的注意和学习，甚至以实际行动相迎合。因此，测定广告的社会效果，要看它是否与社会的道德观念、伦理价值、文化精髓等社会道德体系的规范相悖，如果广告产生了违反社会道德规范的不良效果，就应该立即停止。

（2）培养正确的消费观念。广告的属性是取得最大利益的经济行为，广告的最终目标就是吸引消费者更多地购买或使用广告产品。但是，在达到这一目的的过程中，如果广告歪曲了正确的消费观念或者蛊惑不健康的消费理念，那么对消费者个人、对社会、对国家都会造成很大的伤害，不利于我国社会主义市场经济的建设和发展。因此，不利于培养正确消费观念的广告也应该勒令停止。

（3）有利于社会市场环境的良性竞争。同类广告之间的商家竞争是非常激烈的，即使是在这种情况下，广告也要维护市场的良性竞争。类似于发布假信息、模糊信息压制对方或完全不顾市场规范的广告行为都将产生恶劣的社会效应，理应禁止。

★案 例

动感地带广告效果调研报告

"动感地带"是国内第一个以 15～25 岁年轻人群体为目标客户的移动通信业务品牌，是中国移动提升市场竞争层次、开发业务品牌营销的重要举措。该举措在移动通信市场引起普遍关注，并受到学生和年轻白领的高度认同。

"动感地带"以"我的地盘，听我的"广告语明确地表达了业务个性色彩，并以多种优惠的资费套餐和个性化的自助服务成为移动市场的亮点。本报告主要针对动感地带推出一系列广告，评估其广告效果，洞察其广告在大学校园中的影响，了解顾客的需求与期望，检验移动投放的广告是否符合顾客需求、期望，从而更好地为下一步的广告提供参考，为公司制定切实有效的广告投放战略并提高广告传播的效度，提供客观有效的建议。

一、测评背景及目的

"动感地带"是中国移动通信公司继"全球通""神州行"之后推出的第三大移动通信品牌，2003 年 3 月份正式推出。它定位为"新奇"，"时尚、好玩、探索"是其主要的品牌属性。"动感地带"不仅资费灵活，同时还提供多种创新性的个性化服务，给用户带来前所未有的移动通信生活。"动感地带"这一全新的客户品牌采用新颖的短信包月形式，以 SIM 卡为载体，可以容纳更多的时尚娱乐功能。动感地带将为年轻一族创造一种崭新的、即时的、方便的、快乐的生活方式。它代表一种新的流行文化，用不断更新变化的信息服务和更加灵活多变的沟通方式来演绎移动通信领域的"新文化运动"。

二、测评内容

测评内容包括动感地带的广告传播效果、广告销售效果、广告社会效果，以及传媒的宣传效果。

三、测评结果与分析

1. 广告传播效果

广告传播效果是指广告发布后对目标受众所产生的心理反应。下面将从这些方面针对调研情况逐个进行分析。

（1）到达度。在测量到达度时主要采用四类媒体，即网络、电视、报纸杂志、逛街购物（主要指户外媒体）。从数据分析中发现网络媒体在高校校园中的到达度是最高的，达到了 98%；接下来是户外广告，达到了 88%；报纸杂志是 65%；最低到达度的是电视媒体，仅为 31%。经过调查发现在高校宿舍中的电视拥有率很低，这大大区别于居民生活中电视强势媒体的地位。

（2）注意率。调查结果显示，有82%的调查对象接触过动感地带的广告和宣传，仅有18%的人没看过类似的广告宣传。可见，在高校中动感地带的广告还是具有较大的覆盖规模，基本上涵盖了大部分的目标受众，达到了较好的宣传效果。

（3）记忆率。调研结果显示，调查中有69%的人记得动感地带广告的形象代言人——周杰伦的名字，其中有86%的人表示对周杰伦印象深刻；另外有85%的人能够准确记住至少一个动感地带的广告词，比如"我的地盘，听我的"。这样经过累积的广告记忆率高达89%，这说明动感地带的广告推广是十分成功的。

（4）理解度。在理解度方面，有54%的人能准确理解动感地带广告的含义，完全领会其意图；12%的人只能对广告的内涵作出片面的解释；剩下的34%则认为广告十分含糊，不能领会其意图。这从侧面说明了动感地带的广告在深入推广方面还有待挖掘，在广告设计方面继续改进，使更多的大学生能够体会广告的含义。

（5）喜爱程度。调查结果显示，有83%的人由于种种原因表示喜欢动感地带的广告，只有16%的人不喜欢，其余1%的人则没有作出表态。在喜欢动感地带广告的人群中，94%表示喜欢广告的风格；90%喜欢形象代言人，认为周杰伦充分表现了年轻人个性化的一面；也有69%喜欢广告词。不喜欢动感地带广告的人群中，96%的人认为其广告过于张扬。

2. 广告促销效果

广告促销效果是指广告发布后对产品销售额和利润额增减的影响度。其测度有很多方法，本文主要是采用广告效果指数法。

广告效果指数（AEI）$= [a - (a + c) X b/(b + d)]/N \times 100\% = 6.93\%$

其广告促销效果还是比较明显的。

3. 广告社会效果

广告社会效果是指广告信息传播后，对受众产生的社会影响，包括法律规范、伦理道德、文化艺术等方面。在日常生活中，动感地带广告对社会受众所产生的影响是随处可见的，动感地带的广告强调个性化，突出一种张扬的性格，从某种程度上迎合了年轻的大学生消费群体，因此可能导致某些受众去模仿广告行为，如模仿形象代言人的动作，以及把动感地带的广告语当作口头禅的行为。

案例分析： 该案例为动感地带广告效果调研报告，评估其广告效果，洞察其广告在大学校园中的影响，了解顾客的需求与期望。

（资料来源：张燕玲的《中国广告》）

二、广告效果评估的流程

（一）确定广告效果测定的具体问题

广告效果测定人员要把广告宣传活动中存在的最关键和最迫切需要了解的效果问题作为测定的重点，设立正式的测定目标，选定测定课题。

广告效果测定课题的确定方法一般有两种：一种是归纳法，即了解广告主广告促销的现状，根据广告主的要求确定分析研究的目标；另一种是演绎法，其基本思路是根据广告主的发展目标来衡量企业广告促销的现状，即广告主发展目标—企业广告促销现状—企业广告效果测定课题。

（二）搜集有关资料

这一阶段主要包括制订计划、组建调查研究组、搜集资料等内容。

1. 制订计划

根据广告主与测定研究人员双方的洽谈协商，广告公司应该委派课题负责人，写出与实际情况相符的广告效果测定工作计划。该计划内容包括课题进行步骤、调查范围与内容、人员组织等。如果广告效果测定小组与广告主不存在隶属关系，就有必要签订有关协议。按照测定要求，双方应在协商的基础上就广告效果测定研究的开始时间、目的、范围、内容、质量要求、完成时间、费用酬金、双方应承担的权利与责任等内容订立正式的广告效果测定调查研究合同。

2. 组建调查研究组

在确定广告效果测定课题并签订测定合同之后，测定研究部门应根据广告主所提课题的要求和测定调查研究人员的构成情况，综合考虑，组建测定研究组。测定研究组应是由各类调查研究人员组成的优化组合群体，做到综合、专业测定人员相结合，高、中、低层次测定人员相结合，理论部门、实践部门专家相结合，老、中、青年相结合。这种测定研究组织，有利于理论与实际的统一，使课题分析比较全面，论证质量较高。在课题组的组建中，应选择好课题负责人，然后根据课题的要求分工负责、群策群力地进行课题研究，才能产生高质量的测定成果。

3. 搜集资料

广告效果测定研究组成立之后，要按照测定课题的要求搜集相关资料。企业外部资料主要是与企业广告促销活动有联系的政策、法规、计划及部分统计资料，企业所在地的经济状况，市场供求变化状况，主要媒体状况，目标市场上消费者的媒体习惯及竞争企业的广告促销状况。企业内部资料包括企业近年来的销售、利润状况，广告预算状况，广告媒体选择情况等。

（三）整理和分析资料

整理和分析资料，即对通过调查和其他方法所搜集到的大量资料进行分类整理，在分类整理资料的基础上进行初步分析，摘出可以用于广告效果测定的资料。

分析方法有综合分析和专题分析两类。综合分析是从企业的整体出发，综合分析企业的广告效果。例如，广告主的市场占有率分析、市场扩大率分析、企业知名度提高率分析等。专题分析是根据广告效果测定课题的要求，在对调查资料汇总以后，对企业广告效果的某一方面进行详尽的分析。

（四）论证分析结果

论证分析结果，即召开分析结果论证会。论证会应由广告效果测定研究组负责召开，邀请社会上有关专家、学者参加。广告主有关负责人出席，运用科学方法，对广播效果的测定结果进行全方位的评议论证，使测定结果进一步科学、合理。常用的论证评议方法有以下两种。

1. 判断分析法

由测定研究组召集课题组成员，邀请专家和广告主负责人员参加，对提供的分析结果进行研究和论证，然后由主持人集中起来，并根据参加讨论人员的身份、工作性质、发表意见的权威程度等因素确定一个综合权数，提出分析效果的改进意见。

2. 集体思考法

由测定研究组邀请专家、学者参加，对广告效果测定的结果进行讨论研究，发表独创性意见，尽量使会议参加者畅所欲言，集体修正，综合分析，以便会后进行整理。

（五）撰写测定分析报告

广告策划者要对经过分析讨论并征得广告主同意的分析结果进行认真的文字加工，写成分析报告。企业广告效果测定分析报告的内容主要包括：绪言，阐明测定广告效果的背景、目的与意义；广告主概况，说明广告主的人、财、物等资源状况，广告主广告促销的规模、范围和方法等；广告效果测定的调查内容、范围和基本方法；广告效果测定的实际步骤；广告效果测定的具体结果；改善广告促销的具体意见。

本章小结

广告效果有狭义和广义之分，狭义的广告效果是指广告所获得的经济效益，即广告传播促进产品销售的增加程度，也就是广告带来的销售效果。广义的广告效果是指广告活动目的的实现程度，广告信息在传播过程中所引起的直接或间接的变化的总和，包括广告的经济效益、心理效益和社会效益等。

广告活动是一项复杂的系统工程，广告效果的取得具有多方面的影响因素，决定了广告效果具有复杂的特性。广告效果的特性表现在：广告效果的迟效性、广告效果的复合性、广告效果的累积性、广告效果的间接性和广告效果的两面性。

广告评估过程中还必须遵循一定的原则：目标性原则、综合性原则、可靠性原则、经常性原则和经济性原则。

广告效果的事前评估发生在广告投放传播之前，主要是指对广告中的文案、广播电视广告脚本及其他广告形式信息内容的检验与评估。常用的广告效果事前测评方法主要有专家意见综合法、广告受众意见法、仪器测试法。

广告效果的事中评估主要测评广告作品在定稿阶段所取得的效果与反应。常用的广告效果事中测评方法有市场试验法、函索测定法、分割测定法。

广告效果的事后评估，是在整个广告活动进行完之后所做的效果评估，是对整个广告活动达成预定计划与目标的测定。常用的广告心理效果的事后评估主要有认知评估法、回忆评估法、迪纳广告效果评价法（DAEE）模型。

广告经济效果评估，主要测定广告发布前后是否扩大了销量，增加了企业利润。广告经济效果评估方法主要有店头调查法、销售区域调查法、广告费用比率法等。

广告传播效果评估是指具有说服动机的广告信息对受众心理、态度和行为的影响。广告传播效果的方法有直接反应法、室内测定法及对印刷媒体和电子媒体的评估。

广告心理效果评估，主要评估广告经特定媒介传播后，对消费者心理活动产生的影响及其程度，主要测量方法是态度量表法、投射法。

广告社会效果的评估主要表现在广告对消费者产生的社会影响，评估的依据主要是真实性、法律法规、伦理道德和文化艺术。

复习思考题

1. 试述广告效果的含义及特征。
2. 简述广告效果测定的原则。
3. 广告效果的事前评估应该注意哪些问题？
4. 广告效果事中评估的主要方法有哪些？
5. 广告效果事后评估的主要方法有哪些？

【实训演练】

实训名称：广告效果测评。

实训内容：选择一组商业广告，对广告的传播效果进行测评。

实训要求：

1. 各小组先结合自己确定的项目进行讨论，各自拟订方案，然后小组再进行讨论，确定出小组的最后方案。

2. 老师组织小组之间进行交流，由各小组结合实际项目设计的方案进行相互讨论和交流，老师负责说明和决策。

3. 学习小组将完善好的设计方案提交老师进行评定。

【案例分析】

IBM "关键时刻"：广告效果测评的神奇力量

"我的广告费哪儿去了呢？""我的广告有效吗？""做广告难道真的只能是雾里看花、凭直觉、靠运气？"——我们经常听到这样充满迷惑的追问。其实，如果在广告运作过程中遵循科学性原则，进行理性的数据分析，完全可以减少许多不必要的广告浪费现象。

来自美国费城的商人约翰·沃纳梅克曾说过这样一句话："我知道我的广告费有一半被浪费掉了，但我不知道是哪一半。"冷静地审视身边的企业，浪费掉的广告费何止一半！但如果能对广告效果进行经常性的评估，就会发现，这种浪费并非不可避免。

在广告效果评估这一方面，IBM 为此作出了很好的榜样。

随着电子商务的快速发展，经理们渐渐发现，企业的"后台"，即网上业务及公司处理客户订单所需要的硬件或软件非常容易影响自己业务的成功。事实上，管理这种信息基础设施是个非常复杂的过程，不仅要关心客户的业务，还要让现有的许多系统协同运行并共享信息，这样才能获取成功。

互联网的出现为企业缔造了一个充满商机的新世界，这使得 IBM 必须不断地去构建和完善自己的信息基础设施。IBM 的电子商务基础设施广告是由奥美广告公司设计的，着重向公众强调他们所面临的电子商务问题及其解决方案。这系列广告的主题被命名为"关键时刻"，旨在对解决顾客的信息基础设施问题产生最大的作用和影响。

在 IBM 公司有这样一条原则——广告在播出或印刷之前，必须经过广告效果的事前测定和评估来证明其效果，并且测定值要达到一定标准之后才能面世。而"关键时刻"系列广告的效果测定就交由位于美国新墨西哥州最大的城市——阿尔布开克的 Ameritest 调查公司来执行。Ameritest 公司要做的就是对电视广告和印刷广告进行调查，诊断其中存在的问题，并估计它对战略的潜在影响。

Ameritest 公司具体是怎么做的呢？奥美广告公司曾为这项基础设施广告活动开发了一个名为"坠落地点"的广告原型，而 Ameritest 调查公司使用了两种调查方法——注意力流量法和情感流量法，对这则广告进行瞬间相互分析，从而实现对"坠落地点"广告原型的诊断，并揭示了如何使用这些调查方法来解析这则商业广告。

对这则"坠落地点"广告原型诊断后，IBM 另外 16 则商业广告应运而生。这 16 则广告根据 Ameritest 调查公司的标准进行了 9 次测试，这远远超过了 IBM 公司的历史平均水平，而这些诊断结果被用于对那些得分值低的广告进行改进上，直到得分值达到标准后才予以投放。

这项效果测评活动对 IBM 产生了巨大的影响，经过 Ameritest 调查公司测试后的广告相较 IBM 以往的广告，总体增加了 6 点动机（说服）得分。在品牌跟踪调查中，IBM 品牌与"电子商务基础设施"这一关键词的直接联系程度分值上升到 113 分（高出平均水平 13 分）。而这项活动在 9 个月内，使得营业收入比 IBM 的销售目标高出了 354%。

鉴于广告效果测评调查在这次成功的"关键时刻"广告活动中所扮演的重要角色，广告研究基金（Advertising Research Foundation）授予 IBM 公司以大卫奥格威奖的全场奖。

问题：

1. 广告效果测定有何意义？

2. Ameritest 调查公司为 IBM 做的是哪种类型的评估？

3. 在进行广告效果评估时，除了用销售结果来衡量广告的表现，还可用哪些指标来评价该广告？

 【广告巨擘】日本广告鬼才——吉田秀雄

新媒体广告

▰▰\ **知识目标** ----

- 了解新媒体广告的概念；
- 掌握新媒体广告的分类；
- 掌握新媒体广告的特征；
- 掌握新媒体广告创意的原则；
- 熟悉新媒体广告的融合传播。

▰▰\ **技能目标** ----

- 能够运用新媒体广告中所学知识分析和解决实际问题。

▰▰\ **关键词** ----

新媒体　新媒体广告　互联网广告　微信广告　新媒体融合

▰▰\ **任务导入** ----

制订大众高尔夫传播推广计划

1. 产品名称：大众高尔夫。
2. 产品信息：大众高尔夫有以下四个产品特色。

（1）开创两厢车时代的传奇品牌。1974年大众高尔夫正式面市，截至2020年已经更新到第八代（第八代已在欧洲上市）。全球销量高达4 000万辆，是世界销量前3的车型。自第六代高尔夫引入我国后，销量连续72个月领跑细分市场。

（2）性能钢炮。作为对性能有着极致追求的两厢掀背车，高尔夫每一次改款换代，都将性能放在首位进行考量。而随着车型的不断迭代，性能提升，高尔夫也把握住了充沛动力、舒适驾乘和燃油经济性的绝佳平衡。

（3）全民之车，粉丝天团。高尔夫作为大众品牌的"明星"车型，在全球拥有众多粉丝。德国前总理格哈德·施罗德、德国首位女总理默克尔、著名球星贝克汉姆都拥有过高尔夫；而Facebook创始人马克·扎克伯格、演员徐帆、汽车之家创始人李想等都是高尔夫的铁杆粉丝。

（4）独特的族群文化。高尔夫族群在全球形成了聚会、改装、老爷车巡游等形式多样的粉丝活动。

3. 广告主题：每个人的高尔夫都独一无二。

围绕上述主题，通过各种表现形式，三选一进行创作，诠释你心目中的高尔夫，突出高尔夫"世界之车"的地位。

4. 广告目的。

（1）通过创意、新颖的表达形式，巩固高尔夫个性、活力、激情、高能的标签，让更多年轻人爱上高尔夫，认同高尔夫品牌文化。

（2）赋予高尔夫年轻化形象，使高尔夫在当代年轻人心中焕发新的魅力，促进品牌年轻化及族群化发展。

任务要求：调研高尔夫在大学生心中的品牌形象，洞察大学生群体的消费、触媒习惯、兴趣爱好、价值态度，为高尔夫在年轻群体中确定一个清晰的产品定位，并制订基于新媒体的360°校园传播推广计划。

第一节　新媒体广告概述

各种信息技术的长足发展，使得各种借助有线或无线网络传播的媒介形式，如手机、数字电视等迅速普及开来，尤其是在一些经济相对发达的地区。在针对这些地区制订广告媒体计划时，需要及时吸纳这些新媒体的特性，创造性地为客户广告增添价值。我国新媒体广告在数字时代正处于发展阶段，新媒体具有引导社会良好风气的重要职责，其所传播的广告内容在一定程度上将影响社会的发展，引导人们的思想观念。

一、新媒体广告的概念

所谓新媒体，主要是利用数字电视技术、网络技术、多媒体技术、通信技术，通过互联网宽带局域网、无线通信网和卫星等渠道，以电视、电脑、手机为终端向用户提供视频、音频、语音、数据服务、连线游戏、远程教育等集成信息和娱乐服务的一种传播形式。与传统大众媒体相比，新媒体最大的特点就是即时交互性。同时在信息量、空间范围、时效性、多样性等方面，也比传统媒体有更大的提高。新媒体的诞生和发展除了技术上的进步以外，也引发了营销观念的变革和对受众特点的新研究。

而新媒体广告是指建立在数字化技术平台上的，区别于传统媒体的，具有多种传播形式与内容形态的，并且可以不断更新的全新媒体介质的广告。

二、新媒体广告的分类

（一）互联网广告

互联网广告，又被称作在线广告、网络广告等，它主要是指利用电子计算机联结而形成的信息通信网络为广告媒体，采用相关的多媒体技术设计制作，并通过电脑网络传播的广告形式。早期的网络广告主要是在传统的平面广告基础上，以图片文字为主要手段展开传播，后来逐渐发展出频道冠名、专题策划等新的推广形式。通过多年的发展，互联网广告已经比较成熟，成为与传统广告四大媒体（电视、广播、报纸、杂志）齐名的第五大媒体。

1. 互联网广告的基本形式

（1）旗帜广告（Banner）。旗帜广告又称为网幅广告，是互联网广告最常见的基本形式，指的是横跨网页上方或下方的小公告牌，当用户点击时，鼠标就会将他们带到广告主的网站或缓冲储存页中，如图11-1所示。网幅广告的价格差别很大，主要取决于网站浏览量和类型。

图11-1　旗帜广告

（2）按钮广告。与旗帜广告相似，按钮广告其实就是旗帜的小型版，看起来像一个图标，通常后面链接某一广告主的主页，由于按钮占用的空间横幅比横幅小，其费用也较低，如图11-2所示。

图 11-2　按钮广告

（3）全屏广告。用户打开浏览页面时，该广告将以全屏方式出现 3～5 秒，可以是静态的页面，也可以是动态的 Flash 效果，然后逐渐缩成普通的 Banner 尺寸，进入正常阅读页面，如图 11-3 所示。全屏广告能综合展示企业形象和能力，造成极大的视觉冲击，留下深刻的印象。

图 11-3　全屏广告

（4）飘浮广告。它随时出现在浏览页面屏幕中的小型广告版面，通常不会过分干扰阅读者视线。飘浮广告分随机飘浮广告和定位飘浮广告，前者会随视线随机移动，后者保持纵向位置固定，能够上下随视线移动。

（5）滚动标题字幕广告。该广告以文字链接的形式，滚动出现在网站首页或频道页的显著位置，如果单击可直接链接至广告网页中。

（6）弹出窗口广告。访问网页时，主动弹出的广告窗口，有视觉冲击感，加强了用户的视觉记忆。

（7）在线广告。在线广告能直接将广告客户提供的电视广告转成网络格式，实现在线播放。

（8）插播式广告。它是指在一个网站的两个网页出现的空间中插入的网页广告，就像电视节目中出现在两集影片中间的广告一样。广告有不同的出现方式，有的出现在浏览器主窗口，有的新开一个小窗口，有的可以创建多个广告，也有一些是尺寸比较小的、可以快速下载内容的广告。无论采用哪种显示形式，插播式广告的效果往往比一般的 Banner 效果要好，如图 11-4 所示。

图 11-4　插播式广告

2. 互联网广告的特点

（1）互联网广告是多维的，它能将文字、图像和声音有机组合在一起，传递多感官的信息，让顾客身临其境般感受商品或服务。

（2）互联网用户集中在经济较为发达的地区，相当部分用户受过高等教育。因此，互联网广告的目标群体是社会上层次较高、收入较高、消费能力较强且具有活力的消费群体。

（3）互联网广告制作周期短，可以根据客户的需求很快完成制作，制作成本低。

（5）互联网广告最大的优势是交互性，它可以实现信息的互动传播。

（6）广告主能通过 Internet 即时衡量广告的效果，通过监视广告的浏览量、点击率等指标，广告主可以统计出多少人看了广告，其中有多少人对广告感兴趣，进而了解广告的详细信息，能够进行完善的统计和广告效果的衡量。

（7）互联网广告传播范围广，不受时空的限制。通过互联网，网络广告可以 24 小时不间断地将广告信息传播到世界的各个角落，只要具备上网条件，任何人在任何地点都可以阅读。

3. 互联网广告的发展

随着信息产业的发展，网络产业经济一直呈增长的趋势，互联网广告的经营也随之进入一个新的发展阶段。

（1）互联网广告经营额持续增长。2019 年中国互联网广告总收入约 4 367 亿元，年增长率为 18.2%，增幅较上年同期下降约 5.96 个百分点。一方面，互联网技术不断迭代发展的属性持续吸引广告主的投放兴趣，"增长"一直是互联网广告行业的主旋律；另一方面，广告毕竟依附于实体经济，受宏观经济周期波动的影响，互联网广告增长表现出"放缓"迹象，这符合行业发展的正常规律。

（2）互联网广告将真正与营销全面结合。现代社会已进入个性化消费时期，许多厂商已充分认识到这点，互联网使消费者与厂商的直接对话成为可能，而互联网广告也是向个性化消费者提供信息的一个重要手段。互联网广告的优势在于它可以给用户选择的余地，一旦用户对产品或服务产生兴趣，他们就可以进一步点击以了解更多的情况，直至交易，真正实现了与营销的全面结合。

（3）移动互联网广告开始发力。随着三网融合的进一步推进，智能手机的价格下降，智能手机系统逐步完善。基于苹果的 iOS 和 Google 的安卓系统，客户端应用的移动互联网广告已开始成为新的互联网广告的战场。

（4）精准定向广告技术日益成熟。在互联网出现之前，企业从未停止过追逐精准触达用户的步伐。哪怕是一个服装小店，店员或老板也会在顾客光顾时，根据他所观察到的，比如身高、肤色、长相、以往的购衣偏好、穿衣的场合等信息，向顾客推荐一款或几款他认为适合的服装穿搭，他似乎比顾客自己更了解适合的穿衣风格，店员所推荐的或许正是顾客希望购买却一时未发现的那件。这种愉快而满意的购衣体验，会逐渐让顾客成为这家店的老主顾。而互联网的出现，丰富了这个服装店员或老板的信息量，提高了推荐商品的成功率，这是一种商业社会中常见的现象，所以互联网广告追求精准投放本身是无可厚非的，关键在于为提高投放互联网广告的精准度，所采用的获取用户信息的手段是否正当。

★ 案 例

数字营销之优衣库

深度+广度、互动性、娱乐化，这是数字营销的三元素，是所有行业面对数字营销的要点，优衣库也不例外。

深度+广度，即根据消费需求把所有东西连接在一起，这种深度和广度，"不局限于线上而一定要到线上"，完全从消费者自身需求出发，实现各个环节的设置，给消费者多种跳转的不同路径的便捷可能。

互动性方面，2014 年优衣库推出"搭出色"活动，将活动重心倾向二三线城市，以引导消费者如何搭配衣服为切入点，使消费者可以认识到"基本款"的多种可能，体会"基本款+各种配饰"也有时尚感。

娱乐化方面，优衣库大中华区首席品牌官吴品慧尝试改变微信推销商品的传播方式，采用品牌故事、设计理念、趣味互动游戏进行传播，获得意想不到的效果。在吴品慧看来，消费者为什么选择你？或者你是有用的，或者你是娱乐、开心、有趣的。优衣库据此原则设计了许多执行方案，如中秋法兰绒设计游戏、HEATTECH 热传递快跑游戏、摇粒绒拼图游戏等。然而，在娱乐化的项目中，优衣库并不加上一键购买的链接，而是只分享，不鼓励购买。也正是在这种思路下，优衣库的微信主动分享和传播效果很好，以"中秋法兰绒设计"为例，阅读量将近 10 万次，分享率达到 87%。

（案例来源：艾瑞网，引文经编者修改）

（二）楼宇媒体广告

楼宇媒体，是最近几年刚刚发展起来的一种媒体。它主要是针对高层建筑的人口密度高、群体特征明显及干扰因素少等特点，逐渐被挖掘出来的一种价值媒体。媒体集中分布在商业楼宇和社区公寓的电梯、楼梯间、地下停车场等。商务楼宇广告逐渐成为广告主青睐的主流形式，楼宇广告份额的增长带动了整个户外广告领域的增长。增长的主要原因是选对了"电梯"这个独特的传播场景。目前楼宇广告的主要表现形式有海报、框架、液晶显示屏等。目前投放的热点产品有银行理财产品、体育赛事广告、旅游产品、通信产品等。

★案　例

分众传媒的楼宇媒体广告

2003 年，江南春创办分众传媒，在全球首创电梯媒体。基于中国的商业区和住宅区具有密度高、人流集中的特点，电梯媒体在中国成为很成功的线下广告入口，也将分众传媒送上纳斯达克，但由于电梯媒体模式为中国独有，难以得到海外资本的认可，分众传媒的市值长期被低估。2013 年分众传媒以不到 240 亿元的市值退市，并于 2015 年年底借壳七喜控股回归 A 股，市值破千亿，成为中国传媒第一股。分众传媒营收超百亿的关键在于开创了"电梯"这个核心场景。电梯是城市的基础设施，电梯这个最日常的生活场景代表着四个词：主流人群、必经、高频、低干扰。

分众传媒 2017 年度营业收入约 120 亿元，同比增长 17.6%，归股东净利润 60 亿元，同比增长 34.9%。2018 年前三季度营业收入约 108.7 亿元，同比增长 24.59%，归股东净利润约 40.1 亿元，同比增长 22.81%，净利润率超过 40%。

楼宇媒体是分众传媒的核心业务，同时也是贡献最多利润的业务。2017 年楼宇媒体的营收占比 78%，毛利率高达 76.7%；2018 年上半年楼宇媒体的收入占比进一步上升至 81%。影院媒体 2017 年营收占比 19%，毛利率为 57.62%；2018 年上半年影院媒体的营收占比略下降至 17%。楼宇媒体占比的上升和影院媒体占比的下降说明了两件事情：一是公司在楼宇媒体上更进一步发力，巩固了自己的核心优势；二是影院媒体发展没有那么顺利。公司在 2018 年大幅扩张楼宇媒体数量，而影院媒体除在 2016 年大幅扩张以外，这两年扩张较慢。

（三）手机媒体广告

手机媒体因其个性化、及时互动与精确定向等传统媒体无法比拟的优势，使其越来越受到营销专家和广告主的青睐。所谓手机广告，是指借助于手机及其他的通信设备，传递产品和服务信息的活动过程。在从人际传播工具到大众传播媒体的转化过程中，手机扮演着大众传媒的信息管家，同时扮演着分众传媒、个性娱乐的角色。庞大的用户资源规模，决定了移动运营商能够较为容易地实现手机广告的送达。手机是个人专属用品，手机短信实现了用户之间的"一对一"的信息、广告传播，使传播形式由传统的"大众传播"转为"分众传播""针对传播"直至"个性传播"。

把握消费者的行为信息是广告的重要环节，由于手机与消费者个体的自然捆绑，广告商可以有选择地向目标消费者实现有效的定向推送。手机广告的定向投放分为两个方面：一是广告主通过市场细分寻找到广告投放的精确目标受众，根据不同群体用户特性和偏好实施一对一的广告投放，确保了广告信息投放的精确性和传播的有效性。二是广告主根据手机用户定制的信息需求投放其需要的广告信息，或根据不同手机用户的特点将广告信息投放给最适合的手机用户群，使广告主的广告传播更有效率。由于年轻人对手机的依赖性更强，大量的游戏公司选择通过手机投放广告。

★案　例

优衣库手机媒体广告

在智能型手机开始受到瞩目时，优衣库又再度席卷 App 的领域，各种不同 App 的设计，创意无限，在功能性及趣味性上，一个比一个要精彩。图 11-5 所示为优衣库结合天气变化所做的手机广告。

图 11-5　优衣库广告

案例分析：结合天气变化，每天让不同的背景音乐叫你起床。晴天有晴天感受的音乐，雨天则有雨天心情的音乐，而不再是虐耳的闹铃声。

（案例来源：赢商网，引文经修改）

（四）移动电视媒体广告

移动电视，顾名思义就是可在移动状态中收看的数字电视，属于地面数字电视的范畴，是全新概念的信息型户外移动数字电视传媒，是传统电视媒体的延伸。它以数字技术为支撑，通过无线数字信号发射、地面数字接收的方式播放和接收电视节目及广告。它最大的特点是在移动状态、时速 120 千米以下的交通工具上，可以保持电视信号的稳定和清晰，使观众可以在移动状态中收看电视节目及广告信息。与传统电视不同，移动电视的受众是被动强制收视，没有选择权；另外，移动电视将广播电视与平面媒体功能融合，通过画面分割、滚动字幕等手段实现静态平面边栏广告和字幕信息推送，使其呈现出信息密集、服务性强、形式灵活等特征，从而达到周期短、信息量大、生动活泼的传播效果。

目前移动电视的载体形式有公交移动电视、列车移动电视、地铁移动电视、出租车移动电视等。由于移动电视可以在公交车、出租车、长途车、私家车等载体上广泛使用，庞大的流动人群是移动电视媒体广告的最大优势。同时，移动受众人群呈现流动频繁、接触移动媒体的频次较高等特征，广告可以重复播放。

★小资料

公交移动电视

从调查结果来看，公交移动电视黄金时段集中在7：00—9：00、17：00—19：00，即早晚高峰时段。从尼尔森陆续发布的对青岛、武汉、深圳、大连、南京的调查情况来看，公交移动电视媒体的总体到达率已达95%，黄金时段的收视率突破10%。

尼尔森中国区媒介领域执行总监陈丽洁表示，这一调查显示，公交移动电视媒体的收视率在2%~10%，而传统电视台2%以上可算高收视节目，这是因为车厢的封闭性造成的强制收视效果。

从广告投放的成本来看，公交移动电视成本相对较低。以南京为例，根据尼尔森公司对不同媒体的刊例价格测算，南京本地电视频道全天的每千人成本为310元，而晚间17：00—24：00的每千人成本在247元左右；以南京世通华纳公司为例，全日平均每千人成本22元，是当地电视媒体的1/15左右。

（五）微信广告

微信广告发展到现在，已不单纯局限在朋友圈。当生活被微信占领，微信营销也就走上前台。根据行业广告主的反馈，朋友圈广告、微信公众号广告、小程序广告依然是最受欢迎的社交广告投放产品。

1. 朋友圈广告

朋友圈广告分常规广告（图文、视频）、卡片广告（基础式、选择式、投票式、全幅式）和其他广告形式（@广告主互动、某某好友可见、@好友评论互动），可以在诸如重大节日等时间节点，把特定的信息传递给潜在客户。朋友圈广告一直是品牌移动投放的标配，甚至首选。

朋友圈广告首条评论功能为许多品牌的春节广告起到了画龙点睛的效果。通过首条评论，品牌商主动与用户亲密互动，有效地提升评论区的活跃度和广告点击率，与明星结合效果尤为突出。"明星送祝福+视频轻互动+首条评论"成为众多品牌青睐的黄金组合，互动效果显著提升。

2. 小程序广告

超过3亿人的日活跃用户让更多广告主将小程序视作全新的投放选择。而小程序的Banner广告和小游戏视频广告是主流产品。逐步替代应用程序（App）的小程序正在让品牌商把那些过往用在App上的营销投入转移到小程序上。小程序体系更加闭环及便捷，可以更有力地支持需要转化的营销链条，是线上、线下品牌进行效果转化的必要选择。

3. 公众号广告

通过公众号互选广告，品牌商联合自媒体打造营销创意，将最匹配的内容送到最合适的人指尖，这对品牌、自媒体及用户都是理想的方式。经过微信数据和技术的搭配，看到最想看到的内容，用户不会感到反感，品牌商收获的流量也能真正变成品牌价值。例如，雪佛兰通过公众号互选广告，在最适合的公众号投放，利用科技、汽车、影音、娱乐等行业 KOL（关键意见领袖）的精准"粉丝"效应，为品牌赢得了更多用户好感，同时借助创意互动强化了核心产品与用户的沟通。

★ 案 例

聊天彩蛋：从天而降的祝福，场景样式双创新

除夕当天正值微信拜年高峰，耐克品牌定制"聊天彩蛋"上线。春节期间，只要用户在微信对话框中发出"耐克""NIKE"等品牌关键词，就会触发 NIKE"新年不承让"彩蛋，随机掉落新年祝福和实惠福利，如图 11-6 所示。

图 11-6　耐克微信广告

案例分析： 全新的品牌曝光场景和互动形式，使聊天彩蛋不仅为用户之间的聊天拜年增添了惊喜趣味，也让品牌收获大量曝光和用户好感，加强了品牌与用户的情感沟通。

三、新媒体广告的特征

（一）交互性

交互性是新媒体广告的最大特点，新媒体不同于其他媒体的单向传播，而使信息具有了双向交互的特点。当受众获取他们认为有用的信息时，厂商也可以相应得到受众信息的反馈。作为强调双向沟通的新媒体广告，不再是广告公司和广告媒体成为主导方，而是让位于消费者受众。以出租车内的触动媒体为例，其最大的优势在于互动，出租车内的乘客可以根据自身的需求与爱好触摸屏幕，选择信息，参与喜爱的活动。这种传播媒体的方式摆脱了广告的隐性弱点，由强制性的被动接受变为亲自体验和主动参与。触动媒体这种通过讲话、说故事、玩游戏的方式，让消费者愿意从这个平台中获得信息，从而接受这种信息平台成为日常的一种生活方式。

（二）跨时空

传统媒体广告易受到时间和地域限制，传播范围小，传播效果较差。新媒体广告则不受时间和空间的限制，在全球范围内，只要具备齐全的上网条件，在任何地方都可以在互联网上阅读各种广告信息。如果想阅读某则广告，还可在互联网上搜索浏览。

（三）感官性强

新媒体广告通过各种先进技术的运用，使消费者亲身体验产品、服务与品牌，这种以图、文、声、像的方式，传送多感官的信息，让顾客如身临其境般感受商品或服务。

★小资料

隧道酷媒

很多乘客在乘坐地铁的时候，透过侧车门和车窗都看见过地铁隧道里的高清大屏动态视频广告——这就是隧道酷媒。隧道酷媒广告应用的是视觉暂留原理，跟电影、动画类似，只不过电影和动画片是人眼不动，画面在变动；而隧道酷媒广告则是画面固定不动，地铁载着人在高速移动。

2005 年 6 月，隧道酷媒的第一则广告出现在北京地铁 2 号线的建国门和朝阳门两站之间。短短十几秒的广告不仅打破了长久以来地铁隧道里的黑暗沉闷，也意味着我国自主研发的地铁隧道广告系统成功投入使用。在封闭的车厢中，隧道酷媒是唯一的路径伴随式媒体，其高清、丰富、炫酷的画面和天马行空十分有趣的创意内容，以及超近距离让乘客欣赏的广告大片使隧道酷媒也成了广告主们的最优选之一。

★案　例

优酷《三生三世十里桃花》：类 3D 效果，恍若置身桃花林

上下班路上乘坐地铁，忽然闯入"十里桃林"，车外桃花撒落纷纷的花瓣雨，仿佛顷刻之间就会飘过车窗落在你的肩头。百米的银屏漫醉春风，纯黑背景下桃花飞旋，类 3D 效果仿佛让乘客来到电视剧那十里桃花林之中，如图 11-7 所示。

图 11-7　优酷广告

案例分析：隧道酷媒版的优酷广告不仅让乘客赏心悦目，有身临其境的感官体验，更及时有效地给奔波在通勤路上的白领们推荐了新鲜有趣的新剧。优酷在隧道酷媒平台上的广告投放可谓精准高效。

（四）受众数量统计精确

利用传统媒体投放广告，很难精确地知道有多少人接收到广告信息，而在互联网上可通过权威、公正的访客流量统计系统，可以精确统计出广告的受众数，以及这些受众查阅的时间和地域分布，直至广告行为收益。受众数量的精确统计，有助于广告主正确评估广告效果，制定广告投放策略，对广告目标更有把握。

第二节　新媒体广告创意

在新媒体环境下，广告主创人员从消费者的需求出发，洞悉消费者心理活动，探寻最好的广告设计创意，开展视觉化设计，融入一定的情感，达到以情动人，将商业动机与美好情愫进行融合，满足广大消费者的心理需要与生理需求，打造满足消费者消费心理的广告设计创意佳作。

一、新媒体广告创意的原则

新媒体广告创意带有一定的艺术创造性，但同时，新媒体广告活动也讲究商业的时效性，最终目的是要引起人们对产品或服务的兴趣和购买欲望，并能够带来销售量的提高。

（一）独创性原则

独创性是指与众不同、不墨守成规、善于标新立异、出人意料。独创性是广告人在广告运作过程中，赋予广告作品独特的吸引力和生命力的与众不同的力量。独创性原则可以是所传递的信息内容上的独创，也可以是表现形式上的独创。在广告产品同质化越来越严重的今天，新媒体广告只有寻找到独特的信息内容进行表现，才能让自己在同类产品中脱颖而出，吸引目标对象的注意。

★案　例

招商银行抛出漂流瓶

使用微信"漂流瓶"的用户，每捡十次，就有可能捡到一个招商银行的漂流瓶，回复之后招商银行便会通过"小积分，微慈善"平台为自闭症儿童提供帮助。既做了慈善，又提升企业品牌形象，一举两得，如图11-8所示。

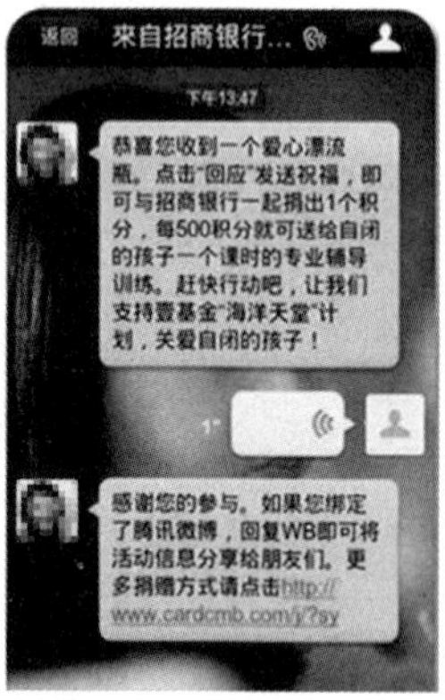

案例分析：招商银行的漂流瓶活动，和之前的广告风格相比，与众不同、不墨守成规、标新立异。所传递的信息内容独创，表现形式有一定的独创性。

图11-8　招商银行广告

（二）互动性原则

新媒体广告的创意要重视互动性原则。对于广告主来说，仅仅让受众看到这个广告和点击这个广告还是不够的，广告的目的是吸引、说服目标人群产生购买行动。因此，受众要与广告主形成信息的交流。新媒体广告创意的互动性原则体现在两个方面：一是实现广告主与广告对象之间的即时、双向沟通，广告不再是劝服式的，而是以交谈、对话的方式进行，因此沟通的效率和效果就会提高。二是新媒体广告在进行创意表现时，可以充分体现互动性，吸引受众注意，并使受众对广告信息产生深刻的印象。

★案例

限量红米：抢不到，急死你

小米一直以擅长营销著称，红米手机的发布渠道和之前的小米1S和小米2S不同，没有选择小米官方微博、微信平台，而是在官方认证QQ空间上发布。在红米发布预热的两天时间里，小米公司通过腾讯广点通系统精准定位人群，QQ认证空间聚拢人气，社交平台开展竞猜活动，预热页面上线当天，认证空间人数增长破百万。接下来预约阶段，红米手机整合小米全网资源及QQ空间平台资源进行精准投放，半小时预约人数过百万，第一天达350万人，13天总预约人数745万人。正式发售当天，小米运用限量、限时的饥饿营销策略，结合QQ提醒功能为预约人群自动设置抢购提醒，为最后的井喷埋下伏笔。结果，发售开启90秒内10万台红米被一抢而空。

案例分析：红米手机的发布，选择官方认证QQ空间，充分体现了互动性，吸引受众注意。

（案例来源：百度文库，引文经整理、修改）

（三）简单性原则

一个好的广告创意要体现简洁、单纯、突出的原则。对受众来说，新媒体比以往任何媒体所带来的信息浪潮更强烈，它们时刻要接受各种信息的轰炸。因此，争取到受众的注意力和记忆量更是十分不容易的，每一个广告能展示的时间和空间也是有限的。简单性原则，对于新媒体广告创意来说显得更为重要，只有简单、明了的广告，才会让人在接触的一瞬间就有感知，并且印象深刻。广告创意的简单性还可以从表现形式上提炼，平中见奇、意料之外、情理之中，往往是广告人在创意时追求的目标。

★案例

奥美"地球一小时"公益广告

奥美公司以"地球一小时"为主题制作的网络公益广告，号召大家节约能源，减缓地球变暖。广告投放在新浪网新闻频道，在网页的右下角可以看到非常醒目的电灯开关。简单的4个字"关上看看"及示意点击该开关的手指图形，广告创意新颖独特、简单明了地传递了主题信息。当网民点击页面上的电灯开关后，整个网页黑屏，大约5秒后，页面中央出现广告文案"今晚请别忘了关灯"，广告页面充满整个屏幕，之后再次出现一个页面，文案内容:"地球一小时,3月28日8:30—21:30,全球数亿人将一起关灯一小时,减缓气候变暖,快来加入吧!"

案例分析: 看似一则非常简单的广告,却号召了如此广大的人群加入,让受众投入其中。

(案例来源:引文作者"广告门的伙伴们",引文经整理、修改)

(四)实效性原则

广告创意的实效性是新媒体广告得以产生和发展的根本动力,也是广告主花费金钱做广告的合理要求。要做到实效性原则,需要广告人在追求独特的广告创意的同时,注意新媒体广告所传达的信息内容能否被目标对象正确理解,广告表现是否与企业的产品和服务的利益密切相关,新媒体广告一旦缺乏了可理解性和相关性,再新奇独特的广告创意都会失去意义。值得注意的是,广告的实效性原则既包含了经济效益,也包含了社会效益,如果仅考虑经济效益而忽略了社会效益,甚至违反广告道德,同样是不符合新媒体广告的实效性原则的。

二、新媒体广告文案的写作

(一)发挥网络广告的互动性优势

互动性是新媒体广告的突出优势和魅力所在,在新媒体广告中,用户不再是信息的被动接收者,他们可以主动地选择信息、发布信息,及时地反馈信息。新媒体广告的互动性,可以带给用户丰富的体验和意外的惊喜,同时也能够提升企业和产品的形象,为企业带来更多的商机。当新媒体广告对受众有足够的吸引力,或受众本身有对产品相关的需求时,受众才会愿意点击广告,并通过广告产生进一步的交流和互动。

(二)文案与其他表现要素合理搭配

广告文案是指广告作品中的语言和文字部分,新媒体广告常常是集合了语言、文字、音乐、音响、图片、图像等多种表现元素,共同组成的广告作品。在新媒体广告文案的写作过程中,不应该只关注文案自身的创作,还要考虑文案创作如何与画面设计相互配合,文案创作如何与音乐创作和谐统一。新媒体广告作品中的各种表现要素是为传递同一广告信息服务的,只有做到相互配合、和谐一致,才能让受众在接受广告信息时获得愉悦的体验和舒心的感受,受众才会对企业和产品留下美好的印象,使广告达到理想的传播效果。

(三)语言风格要精练、简洁

网络文化是典型的快餐文化,受众在浏览广告信息时,眼光停留的时间非常短,往往很难保持长时间的耐性。因此太长的广告文案,很难让网络受众在一瞥之间就了解到完整的广告信息。在创作新媒体广告文案时,要用非常简短的语言将主要信息传递出去,要善于使用短标题,写短文案,即使是分类广告,最好也不要超过100个字。实际上,精练、简洁的语言风格反而会获得用户的关注,进而关注企业,从而实现对用户进行深入信息传播的目的。

(四)不必刻意追求文案结构的完整性

广告文案从结构上划分,可分为四个部分,即广告标题、广告正文、广告口号和广告随文。然而在实际创作中，这四部分的结构是根据创意的具体需要来定的。威廉·伯恩巴克认为，广告文案的创作，特别是在结构和形式上不应该有教条，而应该是无教条、无规律的。在新媒体广告文案创作过程中，广告文案无所谓稳定的结构，要考虑到受众的阅读习惯和引发兴趣点的需要，所以不必刻意追求文案结构的完整性。

第三节　新媒体广告的融合传播

一、新媒体融合的内涵

媒介融合这一概念是国外学者首先提出的，美国加州理工大学的普尔教授认为，媒介融合是媒体传播发展到一定阶段的必然产物。

现阶段，主要的媒介形式有报纸、电视、网络、广播、手机、电脑等。而所谓的新媒体广告融合就是将不同的新媒体广告联系起来，让它们相互作用，促进彼此发挥最大的效用。媒介融合能够促进各媒介全方面地发挥出自身的优势，推动不同的媒介进行深度合作，让新媒体的整体传播收益最大化，也能够让新闻等相关信息以最快的速度进行广泛的传播。媒介融合能实现许多传统媒体不能实现的目标，因此，媒介融合在新媒体环境下具有积极的作用。

二、新媒体广告终端融合

新媒体广告终端融合形态有很多种，这里重点介绍下面两类。

（一）新媒体广告的便携终端

随着芯片技术及移动通信技术的快速发展，终端的业务承载能力在逐步增强，手机从单一的通信功能向集通信、娱乐和计算功能于一体发展。在移动互联网时代，越来越多的用户通过手机等移动终端接受信息、传播信息。在我国 9 亿多网民中，手机网民占比超过 99%。"终端随人走、信息围人转"已经成为信息传播的新态势。稍稍往前看一步，随着 5G、物联网、人工智能等技术的不断演进，移动传播必将进入加速发展的新阶段。主流媒体的优势显而易见，比如，专业采编优势、信息资源优势、媒体品牌优势等，关键是要强化用户意识，优化使用体验，实现精准推送，最大限度地吸引用户。

移动优先，就要优先建设移动媒体，形成载体多样、渠道丰富、覆盖广泛的移动传播矩阵。移动优先，还要优先创新移动新闻产品。移动互联网时代一般性信息铺天盖地，但思想深刻、权威准确、对用户具有"定心丸"价值的优质内容不多。传统主流媒体可以大显身手，用好自身的优势，实现华丽再造，成为新型主流媒体。这就要坚守做好内容的初心，坚持内容为王，专注内容质量，不断创新推出更多更好的移动新闻产品。比如，短视频当前广受群众特别是青少年欢迎，主流媒体要主动进场，提高短视频生产和传播能力，开展可视化传播，在主题宣传、形势宣传、成就宣传中，制作推出更多群众喜爱、热传的精品。

（二）新媒体广告的电视终端

新媒体广告的电视终端受到国家相关政策法规及数字技术和网络技术的影响，目前以

IPTV 为代表。IPTV 即交互式网络电视，是一种利用宽带网，集互联网、多媒体、通信等技术于一体，向家庭用户提供包括数字电视在内的多种交互式服务的崭新技术。它能够很好地适应当今网络飞速发展的趋势，充分有效地利用网络资源。

IPTV 利用计算机或机顶盒+电视完成接收视频点播节目、视频广播及网上冲浪等功能，它采用高效的视频压缩技术，使视频流传输带宽在 800 千字节/秒时可以有接近 DVD 的收视效果（通常 DVD 的视频流传输带宽需要 3 兆字节/秒），对今后开展视频类业务，如互联网视频直播、远距离真视频点播、节目源制作等来讲，有很强的优势，是一个全新的技术概念。根据工信部发布的数据，2017 年 1—4 月，国内净增 1 115 万户 IPTV 用户，用户总数达到 9 788 万户（其中并不包括尚未获得 IPTV 牌照的中国移动魔百盒用户）。计算下来，2017 前四个月平均月增 278.75 万户。

电视终端融合有两个途径：一是有线电视网络的互联网改造，实现终端开放，融入更多的互联网服务，形成"渠道+服务"的产业链。融合业务平台既提供传统广播电视业务，也提供互联网业务（OTT）。广播电视业务通过广播通道传输，互联网业务通过宽带通道传输。终端与前述环节联动实现融合业务的最终接收与呈现。二是以优质内容对接终端应用，形成"内容+服务"的传播链，如"摇一摇""扫一扫"等 T2O（TV to Online）或 O2O 模式。目前，不少电视节目已在做这样的尝试，让观众在收看节目的时候用手机来进行互动，实际上是把电视终端与移动终端进行融合，把观众变成用户，把内容变成服务。终端融合的背后其实是服务融合、观念创新，是把传播渠道互联网化，把播出终端接入用户。

三、新媒体广告的融合服务

在当今时代，新媒体广告对于企业而言，可以说是一种特殊的融合服务，因此，对新媒体广告的融合服务必须进行细致的分析。

（一）品牌信息的新媒体发布

在传统媒体中，广告主针对消费者接触报纸、杂志、电视，广播、路牌等大众媒体的机缘，使品牌信息与消费者不期而遇，产生记忆。而在新媒体条件下，则需要广告主发布新媒体品牌信息。从具体渠道来看，广告主提供的新媒体信息，包括普通信息网站、销售商网站等在内的其他一些互联网信息渠道，应利用大部分人都有的个人媒体（手机），对品牌信息进行传播。

新媒体广告的受众对于品牌信息的接触，相对于传统广告模式来说，更多的是有意识、主动的接触。

★ 案 例

清晰频道打包销售新媒体广告和广播广告

洛杉矶的清晰频道公司把新媒体广告与广播广告打包销售，通过附赠品的方式让客户体验新媒体的传播效果。它的网站除了设置广告标版、重大事件广告，还设计了有奖刮刮看等互动游戏式的广告，来吸引受众点击广告信息，网上的广告客户 90% 来自广播广告客户。

案例分析：清晰频道的这种广告经营，其实是将传统媒体的广告经营改造性地移植到互联网上，这种方式对传统媒体来说，简单易行。

（二）品牌信息的整合性反馈

除传统的反馈渠道，新媒体受众的反馈渠道越来越多。例如，受众看到品牌广告后，可以登录该品牌的网站查阅及评价，同样可以直接运用搜索引擎，寻找该品牌的任何信息，从而作出反馈；受众也可以利用身边的媒体，随时随地对品牌信息进行反馈。因此在媒体融合趋势下，新媒体互动性功能不断深化，品牌信息的反馈已完全进化为"双向的、互动的、参与式的"沟通行为。

在新媒体条件下，受众可以获得海量的品牌信息内容，消费者的品牌反馈范围从单个商品的局部特征扩大到整个商品的完整形态，进而延伸到整个品牌的形象及相关品牌的信息。因此，新媒体广告会极大地拓宽受众对品牌的反馈范围。

（三）新媒体的多屏融合

随着互联网广告的深入，媒体行业的营销方式也在发生变化。最初的传统媒体曾一统天下；之后的网络媒体崭露头角；随之，门户、搜索、视频的出现满足了更多用户及广告主的需求；现在，微博、微信等社交类产品的兴起又引爆了社会化媒体时代的来临。

新媒体营销的兴起，挖掘了个性化用户，满足了社会化需求。在这个过程中，多屏全网数字媒体时代已经全部展开，用户需求变化也通过多屏幕、多网络、多终端得以满足。与此同时，硬件设施也在发生改变。以屏幕为例，2001 年用户使用电视屏幕比例接近 90%，视频用户寥寥。2012 年，用户使用电视屏幕占比下降到 40%，视频用户占比上升为 60%，其中移动视频用户占比接近 30%。并且，营销方式也由之前的电视屏幕独占用户，到后来电视与在线视频用户重合，再到现在电视、在线视频与移动视频用户重合。广告主们更倾向于同时采用两个及以上媒体渠道投放广告，据统计，有 84% 以上的广告主愿意投放两个以上媒体渠道。

★小资料

《四视同堂》

2014 年 1 月，央视市场研究公司（CTR）发布了一份题为《四视同堂》的跨屏研究报告，将电视、电脑、智能手机和平板电脑列为当下并存的四块主流屏幕。在被调查网民中使用两块及以上屏幕观看电视或视频节目的占比达到了 72%，使用三块以上屏幕的比例为69%，多屏及跨屏观影已成为网民日常生活的习惯。

融合发展在交错发展的媒体市场当中价值突出，中国媒体市场的发展经历了以往传统媒体与新媒体的对立和抗争之后，终于走到了融合发展的阶段。传统媒体优势资源嫁接新媒体表现形式，形成了多渠道媒体平台，不仅能够满足媒体受众信息获取的立体化通路需求，也能够迎合企业在推广过程当中对整合营销、互动营销的需求，这也是未来媒体发展的重要方向。与此同时，用户接收互联网广告不再集中于某一个屏幕或媒体，而是完成了多屏流转的转变。用户购买产品的流程发生改变——他可能在电视上获知信息，同时通过手机得到推送信息，通过电脑了解产品情况，在实体店线下体验，最后用平板电脑选择付款……这些改变使得互联网广告的边界在消失，营销方式也更加多样。

本章小结

新媒体广告是指建立在数字化技术平台上的，区别于传统媒体的，具有多种传播形式与内容形态的，并且可以不断更新的全新媒体介质的广告。

互联网广告，又被称作在线广告、网络广告等，它主要是指利用电子计算机联结而形成的信息通信网络为广告媒体，采用相关的多媒体技术设计制作，并通过电脑网络传播的广告形式。

互联网广告的基本形式有旗帜广告（Banner）、按钮广告、全屏广告、漂浮广告、滚动标题字幕广告、弹出窗口广告、在线广告、插播式广告。

互联网广告的特点：互联网广告是多维的，它能将文字、图像和声音有机地组合在一起；用户集中在经济较为发达的地区；制作周期短；实现信息的互动传播；即时衡量广告的效果；不受时空的限制。

楼宇媒体主要是针对高层建筑的人口密度高、群体特征明显及干扰因素少等特点，逐渐被挖掘出来的一种价值媒体。

手机广告，是指借助于手机及其他的通信设备，传递产品和服务信息的活动过程。

数字移动电视广告，是以数字技术为支撑，通过无线数字信号发射，地面数字接收的方式播放和接收电视节目及广告。

微信广告的表现方式主要是朋友圈广告、微信公众号广告、小程序广告。

新媒体广告的特征：交互性、跨时空、感官性强、受众数量统计精确。

新媒体广告创意的原则：独创性原则、互动性原则、简单原则、实效性原则。

新媒体广告文案的写作注意事项：发挥网络广告的互动性优势；文案与其他表现要素合理搭配；语言风格要精练、简洁；不必刻意追求文案结构的完整性。

媒介融合是媒体传播发展到一定阶段的必然产物，能够将多种媒体联系在一起，从而实现不同的功能，能够将优势最大化，减少单一媒介的缺点。新媒体广告融合就是将不同的新媒体广告联系起来，让它们相互作用，促进彼此发挥最大的效用。

新媒体广告终端融合形态：新媒体广告的便携终端和新媒体广告的电视终端。

新媒体广告的融合服务：品牌信息的新媒体发布、品牌信息的整合性反馈和新媒体的多屏融合。

复习思考题

1. 互联网广告的特点有哪些？

2. 新媒体广告的特征有哪些？

3. 阐述新媒体广告创意的原则。

4. 如何看待互联网广告的发展前景？

【实训演练】

实训名称：H5 互动广告活动策划方案。

实训内容：结合所选项目，制作线上 H5 互动广告活动策划方案。方案应包括活动目的、活动主题、活动方式。

实训要求：

1. 结合所选项目的背景资料，运用所学的新媒体广告的相关知识，设计一份具有可行性的活动策划方案。

2. 老师组织小组之间进行交流，由各小组结合实际项目设计的方案进行讨论和交流，老师负责说明和决策。

3. 小组将完善好的设计方案提交老师进行评定。

【案例分析】

宝马——越是期待已久，悦是如期而至

微信朋友圈因三条广告的闯入，一时间掀起热烈的讨论。人们相互间的问候也变成了："我收到的是宝马，你呢？"宝马广告突降朋友圈，迅速蔓延，瞬间登上热门话题排行榜。不少人晒出自己所获得的宝马图标，有的还把原来的头像改为了宝马公司 LOGO。而没有在朋友圈刷出宝马广告的，却"很不开心"。在微信朋友圈中，用户可以点赞或者评论，还能看到自己的好友的点赞和评论，这能够让你看到自己的朋友中谁和自己看到了同样的广告，因此迅速引爆了朋友圈。

1. 营销背景

2015 年 1 月，微信拥有 11 亿人的注册用户，4.4 亿人的活跃用户。62.7%的微信用户好友超过 50 人，40%以上微信用户的好友超过 100 人。每天平均打开微信 10 次以上的用户占比 55.2%，微信重度用户占比例 25%（平均每天打开微信 30 次以上）。微信朋友圈已经成为一个可以满足用户社交、情感、生活等需求的地方。

微信朋友圈广告采用了在 Feed 信息流中内嵌广告形式，与正常的单条朋友圈完全一样，由文字和图片构成，点击之后进入广告的完整 H5 界面。

2. 营销目标

加强用户对宝马品牌的认识和好感，扩大品牌"悦"的影响力。

3. 营销策略

借微信首次开放朋友圈合作契机，腾讯协助宝马运用腾讯大数据，精选出第一批种子用户，通过种子用户辐射亿万好友；引发社会话题，实现二次传播，最终实现品牌亿级曝光。

4. 创意和媒介表现

从形式上看，宝马广告和普通好友的图文朋友圈接近，都是文字配图片，只是附加了"推广"标识，以及"查看详情"的 H5 链接，可点击进入。

此次宝马广告采用"越是期待已久，悦是如期而至"，外加 6 张图片的整体设计。6 张图片白底黑字，以拼图的形式展现出一个"悦"字，如图 11-9 所示。在图片使用及文字搭

配上简洁而具有视觉冲击力。提到"悦"，中国人很容易联想到"心悦诚服""赏心悦目""心悦神怡"等成语。宝马之"悦"，以中华文明为灵感，将全新的方式，将全球统一形象和中国元素完美融合。

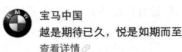

图 11-9　宝马"悦"微信广告

从 2009 年年底开始，宝马逐步在全球范围内重树并强化其全新的品牌形象——"BMW 之悦"，借着 2010 年全年项目在中国的推广，宝马将"宝马之悦——BMW JOY"这一品牌号召的知名度在国内确立并扩大。

此次宝马的广告极为简洁而引人瞩目，用六张图拼成"悦"字，这也是品牌近年来一贯力推的品牌主张。而在宝马的 H5 页面，内容较为丰富，有便捷的滑动操作，有震撼的音乐元素。后面则是部分宝马车型的展示，包括 3 系、5 系、X1、X5、M3、i8，同时讲述了宝马故事。在 H5 页面的最后，鼓励用户进行互动和分享。除了紧扣"悦"的主题外，在字体和设计上也彰显了一种炫酷的感觉。

5. 营销效果与市场反馈

宝马对本轮广告投放的目标客户群，只作了三个要求：第一是 IOS 系统的用户群，也就是说，如果消费者使用的是苹果手机和 iPod，就可能会看到宝马的广告；第二，这些用户要生活在一、二线城市，如北京、上海、广州、深圳及成都等；第三，年龄集中在 19~50 岁的消费者。

本次合作引发了事件性效应，实现品牌亿级曝光——投放后一周，百度指数达到历史峰值，指数高达 22 827，"宝马，朋友圈"百度搜索相关结果约 215 万条，Google 相关搜索结果约 146 万条，宝马的广告上线 17 小时，广告总曝光量接近 4 600 万次（曝光量是直接收到广告的用户数量，不包括用户转发的广告）。用户点赞或者评论数量为 700 万次，宝马微信账号新增粉丝 20 万人。

宝马广告创意在微博、微信等社交媒体被网友广泛讨论、调侃、模仿，各种段子的涌现也成了微信朋友圈广告引发的现象级事件。网友不但没有对广告产生反感，反而出现了狂热的晒广告热潮，还有用户将微信昵称、头像修改成宝马中国等品牌，来发布朋友圈信息，形成了一次互动"狂欢"。根据宝马中国的数据统计，只有 4% 的用户对宝马的微信朋友圈广告持负面态度。

问题：

1. 结合宝马"悦"微信朋友圈广告，探讨我国汽车品牌的塑造。
2. 新媒体广告营销的途径有哪些？在选择新媒体传播途径时应考虑的因素有哪些？

【广告巨擘】乔治·葛里宾

第十二章

数字化时代广告观念的变革

▰▰／＼ 导入语 ----

　　有件事是肯定不会变的，创作人员若能洞察人类的本性，以艺术的手法去感动人，他便能成功。没有这些，他一定失败。

——威廉·伯恩巴克

▰▰／＼ 知识目标 ----

- 了解数字化时代受众接收信息的模式；
- 理解数字化时代受众的特征；
- 掌握数字化时代受众的心理行为特征；
- 掌握广告主观念的变革；
- 掌握数字化时代广告企业观念的变革。

▰▰／＼ 技能目标 ----

- 能够在数字化时代形成良好的广告观念；
- 能够利用数字化技术帮助企业进行广告信息的传播。

▰▰／＼ 关键词 ----

　　数字化时代　受众　广告观念　情感化　变革

▰▰▰ \ 任务导入

云闪付 App 创意命题：支付先看云闪付

1. 品牌背景

中国银联是经国务院同意，中国人民银行批准的银行卡联合组织，目标是成为"具有全球影响力的开放式平台型综合支付服务商"。

中国银联制定银行卡跨行交易业务规范和技术标准，通过银联跨行交易清算系统，实现商业银行系统间的互联互通和资源共享，保证银行卡跨行、跨地区和跨境的使用。中国银联已与境内外 2 000 多家机构展开广泛合作，银联网络遍布中国城乡，并已延伸至亚洲、欧洲、美洲、大洋洲、非洲等 170 个国家和地区。

中国银联开启移动支付新格局，坚定不移地推动业务向移动端迁移，联合产业各方加快推进公交地铁、餐饮、商超便利、菜场、校园食堂、医疗、自助售货、交通罚款等 10 大移动支付场景和 100 个移动支付示范城市建设，大力推广银联移动支付产品。

2. 产品介绍

银联目前主推面向 C 端的个人移动支付产品——云闪付 App，同时也在配套推广面向 B 端的两类支付通道品牌——银联二维码、银联手机闪付。

云闪付 App 于 2017 年 12 月 11 日正式发布，是由各商业银行、各产业方与中国银联共建共享的移动支付战略产品，旨在给广大持卡人提供更便利、快捷、安全好用的移动支付服务，以及丰富的银行卡优惠、全面的银行卡管理服务。云闪付 App 支持二维码支付（包括主扫及被扫）、远程在线支付等支付方式，适用于各消费、转账场景，注册用户超过 8 000 万人，合作商户超过 200 万个。

银联二维码支付产品是成员机构 App 的跨行转接交换产品，银联手机闪付是以非接技术为核心实现手机等移动设备的线下非接触支付，并支持远程在线支付。

3. 产品特色

（1）快捷支付。线上远程支付：在 12306、1 号店、小米商城、本来生活、唯品会、苏宁易购、中国南方航空、聚美优品、中粮我买网、家乐福商城、天天果园、国通石油、丰趣海淘等合作商户 App 内完成线上消费进行结算时，可选择云闪付 App 进行快速付款。线下支付：线下支付场景中，在收付款界面滑动标签，可转换付款码和收款码，向上滑动，就能进入扫码界面，支付过程快捷方便。

（2）场景覆盖广。智慧生活场景：公交地铁、餐饮、商超便利、菜场、校园食堂、医疗、自助售货、公共缴费（包含水、电、燃气、手机充值）、交通罚款、App 内精选商城等便民移动支付场景，认准红色受理标，一个 App 全搞定。

（3）超多优惠。银行卡权益：汇集境内百家银行优惠及重点银行卡权益，让选择变得简单；周边优惠：基于用户位置智能展示周边优惠信息，即时更新，支持按卡、地理位置等多维度查询。

（4）跨行卡管理。银行卡管理：从绑卡（支持国内所有银行卡）到交易查询、动账通知、转账（0 手续费）、余额查询（支持 52 家银行）、信用卡账单查询（特色功能，支持 69

家银行)、信用卡(0 手续费)还款、银行卡收支管理等全流程覆盖,一站式跨行服务;一站式申请:支持一键申请各类银行账户(如各行特色信用卡及小额账户)。

　　任务要求:结合案例,基于云闪付 App 的市场现状、产品功能优势和用户体验,进行构思和创意,让人们在各类移动支付场景下首先想到的支付工具就是云闪付 App,即"支付先看云闪付"。

第一节　数字化时代广告受众观念的变革

　　随着新媒体的兴起,传播者和受众的界限也越发模糊,受众这一概念正在悄然发生变化。技术发展所提供的潜能,更多地表现在拓展而不是取代旧的受众行为模式上。新媒体的交互性、复合性不仅拓展了受众的行为模式,在认知方式、沟通方式等方面也使受众呈现出不同于传统媒体环境下的新表征。

一、受众接收信息的模式发生改变

　　数字化时代,消费者被各种信息围绕,他们接收信息的方式发生了十分重大的变化,一方面消费者的主要信息来源从传统媒体转向了新媒体,另一方面消费者从被动的受众变成了主动的接收者。

(一)广告受众实现了"个人媒介化"

　　在数字化时代,受众不再是简单的信息接收者,而转变为信息的接收者与传播者这样的双重身份。可见,传统媒体的信息传播模式被打破了,受众和传播者之间失去了清晰的界限。受众在信息传播过程中,按照自己的意愿对接收到的信息进行选择处理,然后向周围的媒介环境发布,促成了"个人化媒体"的实现。在传统媒体环境下,受众总是被动地接收大众传媒的信息,只能在媒体为之设置好的内容中进行有限的挑选。随着微博、微信等新媒体的出现,受众开始尝试主动地与媒介进行互动,即主动发布信息、回复信息或是将信息转发至自己的微博、微信中以表明观点。在这个过程中,受众的角色开始发生巨大的变化,即由单一的接收者转变为受传合一的综合体。

(二)受众线下真实身份和线上虚拟身份同一化

　　在早期网络媒体时代,受众的线下身份与线上身份往往是分离的,随着电子商务及社交新媒体的兴起,受众线下真实身份与线上虚拟身份呈现出同一性。受众开始在一定的新媒体平台上寻求一个相对真实的自我,并以真实身份实现与他人的交流和沟通。从受众心理层面分析,应当看作是受众自我实现的途径,越是普通受众,在这一环境中自我实现和展示的愿望就会越强烈,受众希望以自己"真实"的身份表达自我。在微博上,信息呈现裂变式传播。在这样浩大的平台上,普通受众想通过自己的力量发声,每一次的点击也都成为一次自我观点的表达。对普通受众来说,这种表达,犹如在一个社团当中有人在倾听自己的声音,自我实现的感觉尤为真实。

数字化时代，受众身份的整合性，微信体现得最为典型，它以 QQ 用户为基础，用手机号码注册与交友，明确了微信是近于"实名"的真实关系属性。此外，LBS（基于位置的社交）与语音对讲功能中的感应设置，实时对讲功能与群聊功能，二维码名片与"搜索号码""附近的人"等更是使现实的人际关系在虚拟世界中得以展开。

（三）"草根"公众也可引发社会舆论

任何流行文化产品，如果要真正在全社会范围内得到推广，必须不惜代价以高额资本设法在社会上层少数精英圈中推销，并被他们所确认和采用。但随着新媒体的普及，往往这些社会"精英"才有的话语权，正在被众多"草根"受众占有。受众在表达意愿的同时，他们的身份也在发生转变，即由普通"受众"开始向具有社会意识的"公众"角色转变。他们不仅将自身的隐私、个人的观点鲜明地暴露在新媒体上，还行使着监督他人、评议社会的权利。他们紧跟时代脉搏，成为舆论领袖，他们的话语权得到了前所未有的提升。这些"草根公众"也许并不是位高权重的政治领域的精英，也非社会上的知名人士，他们是各行各业的普通人，他们用自己的一举一动、一言一行牵动着社会舆论。

★ 案　例

网红博主——李子柒

"李家有女，人称子柒"，这是李子柒的微博个人简介。微博拥有超过 2 000 万个粉丝，YouTube 上订阅者达 746 万人，单条视频播放量几乎都在 500 万次以上……这粉丝量是 CCTV 军事、CCTV 纪录片、CCTV 财经、CCTV 电视剧、CCTV 科教 5 个频道加起来粉丝总量的 5 倍。

李子柒把对家乡的热爱、对中国文化的热爱，都记录在了一帧一帧的画面里，通过视频传播到了全世界。伊朗、美国、俄罗斯、巴西……这些国外粉丝虽然看不懂中文，但丝毫不吝于在评论区留下自己对李子柒的喜爱！

案例分析：李子柒把平常生活、传统文化拍成如诗如画的短视频，是名副其实的网红博主。

（案例来源：中国经济网）

二、数字化时代受众的特征

（一）信息精准化传递与受众碎片化信息接收并存

新媒体传播的及时性、粉丝的忠诚性及社交特性让信息的传递更为精准。微博账号的信息推送是针对其所有粉丝的一种有效传播，由于这些微博往往是用户自己根据兴趣订阅的，所以较为精准，即便不是该账号的微博粉丝，也可以通过别人的转发获得该信息。信息传递更精准的新媒体是微信，微信推送的信息往往更具针对性。如果双方并非好友，最多只能浏览对方 10 张照片，也就是说，其信息的推送主要是存在于公共账号及好友一对一的沟通之中。以订阅号为主的微信公众账号为例，其信息推送都是经过筛选的，因此推送的时间、信息数量和受众都是基本固定的。此外，由于其推送信息多以标题式展现，受众往往需要点击才能继续阅读，进而选择是否分享，因此，微信的信息更具针对性，传播者所推送的信息也更加精准。

新媒体的信息实现精准化传递，如微博 140 个字的字数限制，使表达变得简洁、凝练，也实现了信息传播的便捷、快速，但随之出现的是"信息碎片化"现象。对同一事件反映的非连续性和多版本呈现，使受众产生信息判断的不准确性。"碎片化信息"的随意性也让受众养成了处理信息的惰性，受众迅速地接收大量的信息，却来不及将信息进行整理，从而形成了缺乏逻辑思维的定式和梳理碎片化信息的习惯。要明白一个事件的来龙去脉，单靠一百字左右的叙述显然是不够的。

（二）受众个性化与群体化并存

流行文化专家瓦尔德指出，现代社会的一个重要特点是人们往往以某种物体中介向他人传送的信息和个人实际表现来界定其身份、确定其社会地位，即通过玩弄和操作其外表形态或其他中介（如随身携带品、装饰品等）建构自身身份的独特性，以维持其"自我同一性"。相对于传统媒体，受众在新媒体环境下，对新事物的猎奇心理或对自我个性的标榜更为明显。

数字化时代，受众个性化的属性还隐藏着对群体的"屈从"。受众更倾向于通过使用同种物品或采用同种方式交流，以期获得"圈子"的认可，以此获得身份认同。随着分享的深入及转发量的增加，受众的传播行为越来越体现出从属性，微信朋友圈集"赞"等行为正是这种从属性的最突出体现。

三、数字化时代受众的心理行为特征

广告受众不仅是信息的受众，更重要的是商品的消费者。因此，数字化时代考虑消费者的心理行为特征是很重要的。

（一）个性化

消费者个性化是指消费者由于自身收入水平、知识水平的提高和商品与劳务的丰富而使消费者的行为更加成熟、消费需求更加复杂和消费心理更加稳定。消费者购买商品不再只是满足对物的需求，而主要是看重商品的个性特征，希望通过购物来展示自我，达到精神上的满足。根据马斯洛需求理论，人类的消费需求自下而上分为生理上的需求、安全上的需求、认知上（情感和归属）的需求、尊重的需求、自我实现的需求。有关调查表明，数字时代的消费者以年轻化、知识化群体为主，他们在购物消费的同时，也在追求较高层次的心理需求满足，更加重视商品的象征意义，更加注重通过消费来获取精神的愉悦、舒适及优越感。数字时代的新消费主义者，所注重的不仅包括消费的数量和质量，而且包括商品与自身形象和个性关系的密切程度，购买的往往是经由理性判断和心理认同的个性化商品，乃至要求完全个性化的定制服务。

消费需求已经从大众化进入个性化时代，未来的个性化即大众化，个性化的起点是建立跟客户的持续互动。在个性化即大众化的消费时代，最有价值也最需要的是一张协同的网络，协同网络的全局动态优化可以实时生产按需定制的一条供应链，来满足任何一个节点当时的个性化需求。网络时代的消费者尤其是年轻消费者，购买的是能实现心理需求的东西，可以创造自己、了解自己、成就自己的东西。一些品牌商敏锐地意识到消费者对新的个性化消费品牌的渴望，在网络技术的辅助下，他们主动与消费者建立起个性化的联系。

★案例

故宫淘宝

2017年年初，有网友用故宫纸胶带给口红外壳"贴膜"，让口红呈现出与原有外壳截然不同的典雅风貌，在社交媒体上引起了一番模仿潮。随后，公众号"故宫淘宝"借此创意发布一篇文章《假如故宫进军彩妆界》。这本是故宫胶带的软文，但其中天马行空的创意引起了广泛好评，网友纷纷呼吁将其变成现实。2018年年底，故宫文创和故宫淘宝先后推出彩妆产品，预售启动后仅4天，故宫淘宝口红这一类商品的销量就超过9万支。故宫口红广告如图12-1所示。

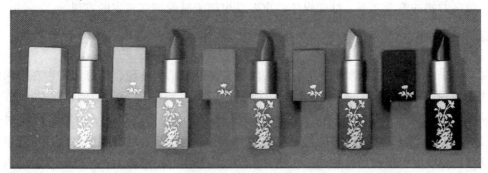

图 12-1　故宫口红广告

案例分析：故宫淘宝有一种完整而独特的内容体系，实现了 IP 的符号化、多元化，非常符合消费者个性化的需求。

（资料来源：符视文化，引文经整理、修改）

（二）情感化

与消费者个性化密切相关的是消费者对情感的体验，它是一种追求精神上的心理满足。这种体验体现出来的是一种"我喜欢""我愿意"的话语，这种心理的满足要求产品要有个性、有情感。移动互联网时代，人们获取消费资讯的便捷性增强，信息越来越透明，消费者已经不简单地停留在对一个产品信息的"知晓"层面，对于原材料、工艺、品质、包装等都越来越关注，市场已进入"消费者主权"时代。

★小资料

生活用纸革命

以生活用纸为例，过去很多人家里只有一种纸巾，现在却有了抽纸、卷筒纸、手帕纸、厨房用纸等，规格、大小、纸张厚薄程度等都成为关注点，生活用纸也迎来了消费升级的革命。在知萌咨询机构每年推出的针对中国引领消费的精英人群的调研中发现，这股趋势正在愈演愈烈。数据显示，82.7%的精英人群想购买高品质产品，但有六成消费者对很多领域的产品和服务存在不满，期待有更具品质的体验和服务。同时，这些处于潮流前端的人群，也在引领着整个消费品营销的方向。

相关数据显示，中国生活用纸市场的年增速约5%，人均生活用纸量仅6千克，对比欧美30千克的用量，生活用纸行业还有很大的增长空间。而通过研究发现，生活用纸对于消费者的消费意义正在发生变化，消费场景在不断被拓展，纸巾不只是满足功能需求，更代表着精致的日常和品质生活的主张。生活用纸的竞争也从功能层面进入情感价值的竞争，赋予纸巾更多的情感体验，成为品牌提升溢价和增强消费者黏性的关键点。

（资料来源：搜狐网）

第二节 数字化时代广告主观念的变革

在数字营销的浪潮之下，社交媒体的重要性也越来越受到广告主的重视。

一、广告主重视社交媒体的力量

随着快手、抖音等社交短视频平台成为广告主品牌营销新阵地，信息流广告在中国网络广告市场的份额不断攀升。越来越低的影像创作门槛、趋于多元化的创作主体，如 Vlog（Video Blog）的兴起，对内容平台生态及品牌营销产生了巨大的影响。消费者已经对套路化的品牌广告片产生审美疲劳，他们更期待看到不一样的东西。随着用户对内容与营销审美的提高，需要引发深层次的情感共鸣。而真实的人生经历与情感体悟，恰恰具备触动内心的力量。

★案 例

短视频营销时代，蒙牛借势抖音上演病毒式营销案例

2019 年，伴随蒙牛纯甄黄桃燕麦酸奶新品上市的重大节点，蒙牛纯甄借势抖音平台发起"品牌伙伴选拔大赛"活动，以#你的元气撩到我#作为演绎主题，形成品牌圈层信任，催生 UGC（互联网原创内容）优秀作品创作。通过短视频话题的持续发酵，实现病毒式营销效果。

1. 认"甄"吃早餐成为时代风潮

随着社会经济的发展，年轻人的生活节奏越来越快，而来自工作、家庭等各方面的压力，让吃早餐这件事越来越被年轻人忽视。结合这一洞察和纯甄黄桃燕麦酸奶的产品特点，本次活动将纯甄黄桃燕麦酸奶和早餐场景深度结合起来，将吃早餐变成一件认"甄"的事情。

在 KOL（关键意见领袖）的选择上，也优先选择具有明显身份特质的头部 KOL，例如，办公室小野、牙医长晟，主打办公室白领人群，KOL 花式演绎丧气的早晨来一口纯甄黄桃燕麦酸奶，立刻元气满满，深度诠释纯甄黄桃燕麦的早餐能量，再配合优质网红达人，结合抖音神曲和创新贴纸进行演绎，激发普通用户创作欲望，引发大家树立认"甄"吃早餐的观念。

2. 寻找最 IN 视频创作者

蒙牛纯甄承诺通过本次活动评选出的 TOP3 优秀视频创作者将成为蒙牛纯甄品牌伙伴，助他们上抖音热搜，将其作品进行全网传播。这一全新玩法成功引爆 UGC 热情，成为活动上线后关注度和参与度都较高的热点。

同时，根据点赞数排名，蒙牛纯甄设置了区间合理、搭配新颖的奖品激励：排名第 1 ～ 5 名的创作者将获得"酸奶+Kindle"的清晨伴读包。排名第 6 ～ 10 名的创作者将获得"酸奶+运动耳机"的晨跑加油包——既关注身体健康，营造了良好生活习惯口碑，又关注心灵成长，促进求知正能量氛围。另外，蒙牛纯甄还设置了 18 位幸运宝贝可获得元气奶卡，让广大视频创作者在"以实力说话"的前提下，增添了一丝幸运成分，促进活动的整体参与量。

3. 开启电商营销新思路

蒙牛纯甄在本次品牌伙伴选拔大赛中另辟蹊径，选用了"达人视频+Link"的组合拳形式，开启了电商营销新思路。

作为年度抖音视频营销三大新计划之一，Link 计划一经推出就成为场景营销的新宠。通过为视频添加的 Link 标签，无论是 PGC（专业生产内容）、UGC 还是 OGC（职业生产内容），广告主都可以让所有参与者成为品牌代言人，借助其自然内容带来的流量，使品牌或产品与优质内容串联协同，连接更多场景，促成更多曝光。

4. 火爆玩法促成更多参与

在本次品牌伙伴选拔大赛中，不仅吸引了众多抖音达人的自发参与，而且还有来自明星、红人、街拍大咖的积极助阵。

5. 构建营销强闭环

此外，在电商联动方面，蒙牛纯甄还协调发起了 3 月 24 日京东新品首发活动，形成站内站外的强效联动，打造了牢固的营销闭环。

6. 打造品牌营销现象

作为 2019 年蒙牛纯甄首个在抖音平台上发起的大型线上活动，最终，凭借合力，蒙牛纯甄品牌伙伴选拔大赛收获了傲人成绩，并创造两项破纪录的成就。

（1）首日视频播放量突破 7 亿，增长速度创历史最快纪录。

（2）上线仅 7 天，#你的元气撩到我#话题相关视频已获得 37.2 亿次播放，创造历史第一。

截至 3 月 26 日，项目总参与人数达 47.7 万人，收获投稿视频数 67.1 万条，贴纸投稿量达 20 万人次，蒙牛纯甄抖音蓝 V 账号粉丝量也增长 6 倍。

案例分析：从品牌到效果，从参与到口碑，重视社交媒体的力量，蒙牛纯甄凭借精准的营销洞察力和合理的创新产品搭配，注重与消费者的互动，最终在抖音平台上大获成功。

（案例来源：品牌与销售公众号，引文经整理、修改）

二、广告主注重与消费者的互动

在数字传播环境中，企业在社会化平台上的传播已经具有明显的互动特性，在大数据和相应的技术系统的支持下，企业或代理公司可以与消费者进行大规模的人际传播性的互动。

（一）直播全面崛起，带来品牌的临场体验感

"品牌就是产品"，这句话出自美国品牌大师大卫·爱格（David Aaker），他认为品牌就是产品的代表。如果要给 2019 年的营销行业贴上一个年度标签的话，"直播"应该是最合适的一个词了。相比广告和代言，直播平台让明星和观众实时面对面交流、互动，平台的直播带货多了一些可供深入了解的真实感和交互感，更深层次地消解了空间和时间的距离。直播平台把带货现场从机场、秀场移到了直播间，用一种更接地气、更真实的方式赋予品牌效应。在注重媒体和渠道所带来的用户价值、功能价值和服务价值的今天，只有好产品才能保证品牌建设这条路走得长远。

直播之所以备受欢迎，可以用美国知名咨询公司麦肯锡在 2017 年提出的品牌忠诚度相关理论进行阐释：在一般情况下，消费者往往需要按照"考虑–评估–购买"的路径在相当漫长的时间之后最终完成购买；但如果企业能与消费者间建立良好的互动关系，并将消费者转化为忠诚客户，那么就能在"互信–互粉–喜爱"的短链路上快速完成购买。

直播带货的参与者一般分为两类：具有公信力和影响力的意见领袖，或是包括高管在内的企业内部人员。由于拥有主播信誉背书、能展示更详细的产品信息及易于创建集体购买氛围等优势，直播快速在企业客户和普通用户两侧收获大量拥趸。

★ 案 例

公益直播

2019 年被称为"直播电商元年"，各大平台纷纷推出直播带货模式。从双 11 全天带动成交近 200 亿元的淘宝直播，到短视频平台入局电商直播；京东红人孵化计划；拼多多直播首秀；小红书也被传将加入电商直播。

2019 年 12 月 12 日晚，高晓松、李佳琦首次在淘宝公益同台直播，为贫困县农产品带货。在直播中高晓松首次涂起了口红，#高晓松涂口红#微博话题阅读量高达 2.5 亿次。当晚，40 万斤大米 5 秒售空，5 万罐核桃 5 秒售空，12 万袋燕麦面 7 秒售空，预计带动三地 1 114 户贫困户共计增收 439 万元。

除了明星主播，在广袤的乡村，还有不少农民走在直播脱贫的路上。截至 2019 年 11 月底，淘宝公益直播超过 120 万场，带动农产品成交 40 亿元，农民主播已超过 5 万名。"公益+直播"成为直播电商一条崭新的路径。

案例分析：高晓松和李佳琦属于具有公信力和影响力的意见领袖，和观众实时面对面交流、互动，有很强的真实感和交互感。

（资料来源：公益时报）

（二）朋友圈广告首条评论助力互动

为了帮助品牌更好地与用户亲密互动，朋友圈广告开放评论区首条评论功能。用户收到广告的同时即能看到品牌发布的首条评论，让品牌在广告曝光的第一时间开始与用户建立更直接、更具亲和力的互动。同时，用户可以回复品牌的首条评论，品牌也可以选择回复用户。你来我往的亲密互动，进一步拉近品牌与用户的距离。根据平台测试数据显示，前面用户的留言点赞可大大加强广告互动表现，对广告点击率有显著提升。首条评论功能给予品牌机会，像朋友一样主动发起一场与用户的对话，从而带动后续更多用户参与评论互动的意愿，有效提升了评论区活跃度和广告点击率。除了可以搭配一般朋友圈广告形态，首条评论功能同时支持叠加"明星送祝福"。明星"亲自"发的评论和回复，势必点燃评论区的粉丝热情，更好地发挥明星效应，获得更高的互动率、话题性和社交分享。

★案　例

伊利"活力冬奥学院"

伊利为推广活力冬奥学院，联合伊利品牌代言人、学院学员李现投放全幅式卡片广告，并采用了首条评论功能。看到"现男友"身着滑雪装备，在朋友圈中出现，仿佛圈中好友一样亲切自然，令人忍不住想回复他说："我可以！"

在李现首条评论的邀请下，用户的评论互动热情被大大激发，该广告评论率高达行业均值 19 倍，点赞率高达行业均值 11 倍，为品牌带来巨大社交声量。

案例分析：李现的首条评论，像朋友一样主动发起一场与用户的对话，从而带动后续更多用户参与评论互动的意愿，有效提升评论区活跃度和广告点击率。

（案例来源：新华网，引文经整理、修改）

三、企业自主进行品牌传播

数字化时代，广告主可以自主、便捷地传播广告信息，不仅包括直接、功利性的产品信息，还包括突出广告主良好形象的品牌信息。因产品信息归属于商标品牌，因此数字化时代催生了品牌传播。厂商自主生产广告主要采取故事营销、借势营销和危机公关等形式。

（一）故事营销

故事营销，指在品牌塑造时采用故事的形式为品牌注入情感，增加品牌的核心文化，并在产品营销的过程当中，通过释放品牌的核心情感能量，辅以产品的功能性及概念性需求，进而打动消费者。消费者有着个性化、情感化的消费特征，这种无形的情感体现，往往需要故事来承载，好的故事会使品牌变得有性格，使品牌内涵变得形象生动，从而拉近消费者与品牌的距离。

而随着移动互联网的发展和 5G 时代的到来，直播兴起，短视频依靠短小精悍的特点突出重围，"快"成为这个时代一大特点，这就要求品牌不仅要讲好故事，更要会传播故事。在用户时间碎片化及消费者需求个性化的挑战下，对品牌故事如何吸引消费者眼球、如何存续与创新都提出了更高的要求。

故事营销是营销运用上的最高境界之一，如果能够善用故事营销，则广告主所促销的内容，可由实际的"物品"提升为更高境界的"情感"，物品有价，而情感无价。一旦诉诸情感，除了有其不可取代性之外，其所产生的价值，更能以数倍甚至百倍计。这也是为什么耐克不以卖鞋者自居，而会投资数亿美元请迈克尔·乔丹宣扬"Just do it"（尽管去做）的运动精神，其目的也在提升自己的营销策略，由营销运动鞋提升为营销运动精神与情感。而阿迪达斯的"Impossible is nothing"（没有不可能），同样将其营销运动用品的策略升华为营销"没有不可能"的运动精神与生命情怀。耐克和阿迪达斯都采用同样的"故事营销"策略，将运动鞋、运动用品的营销提升到更高的境界。国内的谭木匠木梳店门上的"千年木梳，万丝情缘"，以及诉求"有女人的地方就有梳子，没有女人的地方也要有梳子，那是男人买来送给女人的"的营销策略，也是成功地将原本属于梳子的营销策略，提升为男女之间彼此关怀、爱慕之情的营销策略——木梳有价，关怀与爱慕无价。从谭木匠在短短的 18 年内，在全国开设了 1 089 家分店的规模来看，关怀与爱慕的情感营销策略，应该已经成功地掳获了国人的心。

★ 案 例

星巴克自制动画片

2017 年 2 月 6 号，星巴克推出了一则名为《比格犬的爱》的情人节动画片，故事发生在星巴克咖啡店里，作家 Alexa 想为自己的小说来一个完美结尾，一时却找不到写作灵感。正在这时，古灵精怪的比格犬 Chet 突然捧着一块木头，唱起情歌，向美丽善良的棕熊店长 Julie 告白了：虽然我非常普通，但是你看，我能把木头都削成爱你的形状。今天我要给你我的小心心，请给我一次机会吧！如图 11-2 所示。

图 12-2　星巴克广告

案例分析：这段动画是星巴克自制动画片 *1st & Main* 系列的收尾篇。这则系列动画片是星巴克试水自制动画短视频的首秀。从商业效果看，很难说这则系列动画短片对星巴克的实际销售会有多大促进作用，但是，这些故事带给消费者的却是长期的价值回馈。星巴克讲述的这些故事细碎而温暖，在引发人们共鸣的同时传达出自己的品牌价值观，这恐怕才是星巴克的最终目的。

（二）借势营销

借势营销，是将销售的目的隐藏于营销活动之中，将产品的推广融入一个消费者喜闻乐见的环境里，使消费者在这个环境中了解产品并接受产品的营销手段。具体表现为，通过媒体争夺消费者眼球、借助消费者自身的传播力、依靠轻松娱乐的方式等潜移默化地引导市场消费。换言之，便是通过顺势、造势、借势等方式，以求提高企业或产品的知名度、美誉度，树立良好的品牌形象，并最终促成产品或服务销售的营销策略。

★案　例

宝洁携手京东母亲节广告

每一年母亲节来临之际，都是各大品牌借势营销的时间点，不管是通过 H5、海报，还是广告视频等方式，受众感受到的都是品牌们越来越走心。母亲节是最能触发情感的节日。

宝洁公司借母亲节之势，携京东围绕"陪伴"这一广告策略，推出了《让爱，不只在朋友圈》和《我们很远，但爱很近》的广告视频："锦鲤"再神奇，也代替不了守护妈妈的你；纵然名牌包让她微笑，可她更想你在身边说说最近过得好不好。

宝洁旗下牌子配合着视频，推出"爱在日常"平面海报，在这次母亲节的整体营销中，他们成功入心，不仅勾起很多人的回忆，也让很多人更懂母亲，珍惜陪伴她的时间。

（a）海飞丝广告　　　　　（b）汰渍广告

图 12-3　宝洁携手京东母亲节视频广告

案例分析： 母亲节，人们都在表达"爱"时，宝洁和京东认为，母亲需要的也许是近距离的日常陪伴，激发人们的共鸣。

（案例来源：搜狐网，编者根据视频内容整理、改编）

（三）让消费者参与广告

互联网和移动互联网的参与主体都是以虚拟符号进行的，营销中商家与消费者的交流也是一种符号化的互动。也就是说，在互联网营销当中，消费者是缺席的，并没有真正参与进来。很多企业的营销并没有从以消费者为中心的场景出发，忽视了消费者的主体作用。随着消费者的文化水平越来越高，在新的网络技术的支持下，消费者与厂商间可以建立直接的关系。在这种情况下，消费者有能力也有条件参与企业广告的生产制作。

互联网时代的到来将人们的生存空间分割成现实和虚拟两个维度，消费者无疑是共存于这两个维度的。在现实生存空间与虚拟生存空间的互换中又形成了相应的生活场景，即现实场景和虚拟场景。场景营销将消费者带入某种情景，使其产生亲临其境的感觉，消费者的主体地位由此进一步提升，参与感得到极大提升。

双向性的观念是场景营销的核心，即商家以消费者为主体进行观念互动，并最终以消费者的意愿进行信息推送。场景营销已经成为涉及线下和线上领域的立体化营销模式，以数字技术为支撑，使得现场与在场的融合度大幅提升。场景营销最大的特点就在于令消费者的角色回归本体，以视觉在场、听觉在场、身体在场直到观念在场为核心，最大限度地激发消费者的参与。

★案例

淘宝搜"白夜追凶"体验场景营销

在网剧《白夜追凶》大热时，很多人在微博、朋友圈、豆瓣等社交平台看到了这句话："淘宝搜'白夜追凶'，有惊喜。"当人们打开手机淘宝搜索"白夜追凶"后，弹出了电话来电的 H5 页面。《白夜追凶》因为这次彩蛋式广告，曝光量得以大幅提升，不过不少用户对这次"惊吓"并无好感。

案例分析：从场景营销的角度来看，"打电话"这个情境与《白夜追凶》进行了结合，虽然这不是品牌第一次采用"打电话"的场景化表现形式，但这支 H5 创新地选择了淘宝这样一个购物环境作为投放渠道，而非朋友圈或其他社交环境，达到了广泛传播的效果。

四、广告营销费用直接支付给消费者

传统媒体时代，企业与大多数消费者无法直接接触，只能依靠报纸、杂志、电视、广播等大众媒介发布信息，为此企业会向这些大众媒介支付大量的费用。数字化时代为企业提供了一个直接接触众多消费者的机会，企业可以绕过大众媒介，将原本支付给大众媒介的费用直接支付给消费者，将大量的广告费用直接回馈消费者，从而在双方之间建立良好的互动。企业通过直接补贴消费者的方式锁住了海量客户。例如，名为 Locket 的公司推出 Android 应用时，它们把广告做成锁屏界面，消费者每次解锁时都能看到广告，而 Locket 也会支付一定费用给消费者作为广告补贴。在解锁时，Locket 会有和用户交互的广告方式：如向右滑是解锁，向左滑则是进入品牌页面或关注品牌账号。

★案例

拼多多的"百亿补贴"

2019 年 11 月 20 日晚间，拼多多发布了截至 2019 年 9 月 30 日的 2018 财年第三季度财报。财报显示，拼多多三季度营收 75.139 亿元，同比增长 123%；截至 9 月 30 日的 12 个月期间，拼多多平台 GMV（成交总额）达 8 402 亿元，同比增长 144%。平台年活跃买家数达

5.363 亿家，较去年同期净增 1.508 亿家，较上一季度净增 5 310 万家，创上市以来最大单季增长。App 平均月活用户达到 4.296 亿人，较去年同期增长 1.979 亿人。可以看到，在电商行业淡季的三季度，拼多多的用户、营收、GMV 仍然保持了极快的增速。在移动互联网大盘增速放缓、下沉市场竞争加剧的背景下，拼多多从 6 月开始的"百亿补贴"计划对其增长起到了极为关键的作用。

1. 真金白银补贴

2019 年 6 月开始，拼多多启动"百亿补贴"大促计划，前期甄选了 10 000 款最受全国消费者欢迎的商品进行精准补贴，后期这一补贴计划升级至了 20 000 款商品，保证消费者能够直接以低价买到心仪产品。拼多多财报显示，三季度拼多多平台经营亏损为 27.92 亿元，较去年同期的 12.695 亿元有所扩大。平台用于销售与市场推广费用为 69.088 亿元，较去年同期的 32.296 亿元同比增长 114%，较上季度的 61.037 亿元增加 8.051 亿元。这些亏损都补贴在了消费者身上。

从拼多多的销售数据来看，整个"618"期间，拼多多平台售出了 30 万台苹果手机，整个 2019 年，拼多多平台卖出了超过 200 万台苹果手机。据透露，平均每台手机至少补贴 300 元。

除了苹果手机外，拼多多还补贴了戴森系列产品、游戏机、运动鞋、农产品、美妆日化等，"全网最低价"的承诺背后，都是拼多多的亏损在"燃烧"。据介绍，拼多多内部成立了专门的"百亿补贴小组"，基于用户数据实时调整补贴产品，保证上万款产品是多数消费者所需。同时，24 小时比对线上线下所有渠道的商品价格，保持产品价格全网最低。近几年，电商平台的优惠规则越来越复杂，现在的"双十一"，越来越考验消费者的数学和耐性，付定立减、满减满折、店铺优惠券、品类购物券等绕晕不少人。虽然不少平台都提出了"百亿补贴"，但是补贴背后，平台反而赚得更多了。

与之相比，拼多多延续了简单粗暴的补贴形式，直接表示"无套路不怕比，无定金不用等"，直接呼应群众的内心呐喊，成为行业的一股清流。不少用户在"双十一"期间货比三家，最后在拼多多下单。

权威数据公司 QuestMobile 发布《2019 双 11 洞察报告》显示，"双十一"当天，共有 6.6 亿消费者在移动购物行业中"剁手"，各大电商平台 DAU（日活跃用户数）激增，其中手机淘宝 DAU4.6 亿人、拼多多 2.2 亿人。拼多多微信小程序、每日必抢支付宝小程序和京东购物微信小程序分列综合电商双十一当天小程序 DAU 前三位，DAU 分别是 2 930 万元、2 360 万元和 1 805 万元。

2. 与其投广告，不如送给消费者

除了百亿补贴外，拼多多平台还有多项回馈消费者的活动。拼多多的"天天领现金""砍价免费得"等促销活动，都是将真金白银或者是电动平衡车甚至手机直接送给符合规则的用户。

此前拼多多曾披露，通过多多果园的入口，平台每天从贫困地区采购 500 吨水果送给全国用户。多多果园之后，拼多多还投入重金做了多多农园，将消费端"最后一公里"和原产地"最初一公里"直连，让城市居民更便捷地获取低价、优质农产品。首期"多多农园"于云南逐步进行，分别涉及茶叶、核桃、雪莲果、花椒，以及特色菌菇等农产品。与此同时，拼多多的"新品牌计划"也在推进。"新品牌计划"意在为消费者提供高性价比的产品。拼多多将用户的画像和数据向上游优质厂商开放，双方联合研发满足最广大用户需求的产品。计划推出后，已经为消费者提供了 288 元扫地机器人、39 元加厚平底锅等爆款产品。

拼多多不投框架广告，也没有做美轮美奂的广告片。"双十一"期间，拼多多只是罕见地在地铁上投放了几张广告，海报上还都是平台的卖家和买家。用省下投广告的钱来送给消费者，才是拼多多的补贴逻辑。

3. 拼多多花了很多，很在乎用户的感受

在"双十一"结束后发布的公开信中，拼多多表达了让消费者满意的出发点。信中，拼多多表示，"这一天，拼多多最为关注的是消费者是否在拼多多买得放心，红包雨和补贴降临的那一瞬间是否开心。""比起数字，我们更在意我们的消费者有没有享受到真正的实惠和乐趣。"同时，信中也强调了"双十一"过去，拼多多的"百亿补贴"仍在继续，以期持续吸引消费者。

对于拼多多来说，持续高额补贴的目的，是通过满足消费者的性价比需求，来获得消费者对平台的认可。例如，加上优惠券，单台 iPhone11 补贴近 1 000 元。在微博上，甚至有不少网友高呼，过去的"拼多多"如今变成了"拼爹爹"。名称变化折射出来的，正是拼多多在百亿补贴中的亏损，终于收获了回报。

案例分析： 数字化时代，拼多多绕过大众媒介，将原本支付给大众媒介的费用直接支付给消费者，将大量的广告费用直接回馈消费者，从而在双方之间建立良好的互动。

（数据来源：亿欧智库）

第三节　数字化时代广告企业观念的变革

一、广告企业创意观念的变化

数字技术的进步，缩短了广告与大众的距离，大众对广告传播的免疫力在不断增强，快速的生活节奏也使那些平铺直叙、反复轰炸的枯燥广告逐渐失去了生存余地。因为大众看广告都是从自己的角度出发，他们可以根据自身喜好自由地选择关掉或是转发。因此，作出好看的广告，而不只是迎合商业的"正确"广告，是广告创意的真正挑战。

（一）互联网技术进步为创意提供了条件

面对日趋复杂的营销环境与消费者越来越碎片的注意力，创意的本质却未曾改变，甚至变得越来越重要。在营销预算不断缩减的压力下，很多企业在考虑如何利用技术的进步来控制成本，提高效率，生产出更贴合消费者心理的创意内容，来实现更深入、更广泛的覆盖与互动。

在存量市场的竞争中，营销创意的生产更加需要往规模化、精细化方向发展。互联网新技术的运用，能够大幅提升创意生产的效率，在更短的时间内，高效生产出更多适配各类投放终端的全新创意。强大的互联网技术能够根据广告主产品的卖点和营销目标，派生出足够多的创意，且组合不同创意并匹配到不同的人，讲述不同的品牌信息，满足不同用户的需求，从而实现精准与规模共存的个性化投放。同时，随着互联网新技术的运用，能够从各个环节提升创意生产的效率与效果，强化创意生产对品牌增长的驱动。

★案　例

奥迪 Q5L——一万平方米裸眼 3D 崖壁投影

奥迪 Q5L 的崖壁投影是全世界最大的裸眼 3D 崖壁投影，其面积、特效、创意、技术难度都是国际罕见的。10 天时间在 1 万平方米的崖壁上完成 3D 投影，几乎是不可能完成的任务。当第一次将画面投影到巨大的崖壁时，团队是崩溃的。因为崖壁的每一层岩石形状各异，奥迪用 60 台千万元级的高清投影仪，在不破坏自然景观的前提下进行投射，成就了一次大传播。图 12-4 所示为奥迪 Q5L 崖壁投影广告的效果。

图 12-4　奥迪 Q5L 崖壁投影广告

案例分析：奥迪 Q5L 崖壁投影广告的实现，正是得益于互联网新技术的运用，能够从各个环节提升创意生产的效率与效果，强化创意生产对品牌增长的驱动。

（资料来源：搜狐网，引文经整理、修改）

（二）搭建参与式创意平台

网络使得人与人之间的联系变得更为便利，这种便利也被广告企业利用。具体表现以下两个方面。

（1）广告企业从单纯营造故事转向搭建参与式创意平台，吸引消费者参与。传统的广告创意方法是先设置一个主题，然后再围绕主题营造故事情节，再聘请明星作为代言人演绎故事。通过精美的画面吸引受众的注意，再灌输一个购买理由。这是一种自上而下的传播模式，受众较为被动地接收信息。而在媒体技术平民化的数字时代，普通人也可以通过网络平台参与品牌信息的制定，邀请消费者共同创意，一起完成品牌塑造。

（2）广告企业可以利用网络技术，使得自己分布在各地的资源得到有效的利用，创意力量得到整合，广告创意方式得以拓展。

★案例

麦当劳"一见中薯"活动

2013 年 9 月初，Tribal Worldwide 上海为麦当劳打造的以手机为首、多渠道数字移动营销方案"一见中薯"正式上线，并在中国最大的智能手机照片 App——美图秀秀上推出，广告效果如图 12-5 所示。此次广告方案充分发挥了移动网络平台的作用。它鼓励美图秀秀的用户在日常生活中将与薯条相似的物品"放"进虚拟的"薯条纸盒"之中。当最终的图片被活动的参与者们在社交媒体上分享之后，他们将有机会获得由麦当劳送出的免费薯条。此次的"一见中薯"，意在鼓励消费者以全新眼光看待麦当劳的标志产品——麦当劳薯条。

图 12-5　麦当劳"一见中薯"广告

"一见中薯"的核心创意来自 Tribal Worldwide 上海与 DDB 悉尼的共同智慧结晶。之后，该创意通过麦当劳的其他合作代理商拓展使用至众多媒体平台，覆盖移动手机、电视广告、户外广告、室内 POP 和社交媒体等众多渠道。

通过鼓励消费者在日常的生活物件中常常"看见"薯条，"一见中薯"希望能激发人们对薯条的食欲，从而形成长期的消费习惯，最终推动薯条产品的销量。薯条是麦当劳的代表产品之一，通过这个方案，麦当劳希望能够赢得中国消费者对薯条产品的喜爱。活动期间，麦当劳中国同时提供大薯条"买一送一"的促销优惠以进一步吸引消费者。

案例分析："一见中薯"是一个能够真正带来社会效应的创意，人们可以体验，参与其中，是一种社群创意。

（案例来源：数英网）

二、大数据时代广告创意变化

维克托·迈尔·舍恩伯格阐述了大数据价值链的三大构成：基于数据本身的公司、基于技能的公司和基于思维的公司。也就是说，大数据是否发挥价值，需要在收集、分析和创意方面投入更多的关注。而对于广告创意来讲，它的变化趋势也是遵循收集、分析和创新这样的思路。

（一）更注重数据的收集与运用

大数据时代，企业的竞争是对数据的争夺，因此更多企业将目光瞄准数据库这一资源，以期在大数据时代创造更好的业绩。这些数据的搜集，并不是简单地在现有的 IT 系统或者数据平台上布点取回数据。而是要做到以下几点：第一，首先要建立起一个数据驱动业务的战略框架，根据这个框架，再发现哪些重要的数据目前没有搜集的渠道和方法；第二，针对性地设计搜集这部分数据的机制，这些机制包括有针对性的营销活动、广告投放和设计得当的调研问卷；第三，当数据不断流入的时候，再通过这个数据驱动系统来调整企业相关的其他策略，以及继续不断地加深对核心消费者数据的获取和理解。

★小资料

亚马逊 AMS 服务

收集数据→处理数据→分析数据→向用户推荐商品，这套模式让电商巨头亚马逊尝到甜头。当时亚马逊网站上已经有第三方商家，亚马逊的初衷是让这群第三方商家也享受到数字化福利。这项被命名为 AWS（Amazon Web Services）的服务，就是云计算行业的滥觞。

（二）沉浸式广告下的体验感

随着移动设备功能的不断提升，VR、AR 技术的出现，虚拟现实化和增强现实的创新广告体验成为现实。在这两项技术的助推之下，广告也迎来了新的机遇。线上和线下的体验感融合，创新地弥补了广告单一传播模式的缺陷。这种模拟现实、虚拟显示的场景化广告体验模式，建立了媒介平台与广告主与受众的情感体系，使得广告更加具有情感共鸣。

★案　例

网易云音乐线下成立的音乐主题餐厅

为强化自身的社交属性，网易云音乐联合海底捞，将火锅与音乐结合的新型"火锅社交"玩法，通过推出小纸条虚拟留言墙，以及海底捞智慧餐厅 360 度投影乐评等线下互动，让年轻人在社交场景中提升对网易云音乐的忠诚度。

案例分析：网易云音乐作为一款音乐软件，与其他的竞争产品没有本质上的差别，但是来源于用户的高品质乐评成了其相较于其他竞品的独特优势。在营销上，网易云音乐也是充分利用这一优势，持续强化在消费者心中的个性化形象。

（案例来源：品牌与策划公众号，经编者删减、整理、修改）

（三）依托大数据技术产生更好的创意

在当今社会，各类广告技术发展迅速。谷歌（Google）也推出了自己的广告工具。然而，无论时代如何变迁，真正能够打动人心的永远在于创意本身。2012 年，Google 启动了"Project Re：Brief"，同广告商及代理商合作，一起重新思索各大品牌如何在互联网上进行宣传推广。通过利用最新的技术工具，Google 将广告行业最经典、最具标志性的广告活动予以重现。

★ 案 例

博柏利：向全世界传递亲吻

2013 年，博柏利（Burberry）向消费者推出了"Burberry 之吻"活动。通过"Burberry 之吻"，用户可以向全世界任何一个人发送自己的亲吻。

当消费者访问 kisses. burberry. com，对着网络摄像头撅起嘴，网站的独特亲吻检测技术便可以检测出嘴唇轮廓，如果用户使用的是触屏手机或平板电脑，可以直接亲吻屏幕来记录自己的嘴唇轮廓，如图 12-6 所示。在镜头成功捕捉唇形后，用户可以选择 5 种不同颜色的 Burberry 新品唇膏来完善自己的唇印，男士还可以选择无口红选项。接下来填写发送对象的邮件或是 Google 联系人。在点击发送之前奉上一些"悄悄话"，就可以点击"发送"，将吻传递出去。这个吻借助 Google Earth 与 Google Street View 在用户的所在地点（城市）飞舞。Web GL 和 CSS 3D 技术则会在电脑桌面和手机上实现 3D 城市天际线与全景图的结合，创造视觉上极度震撼的 3D 体验。此外，用户在屏幕上捕捉自己的亲吻和传递亲吻时，会有音乐响起，产生情感共鸣。喜欢分享的消费者还能将吻上传至 Facebook 或 Twitter 等社交平台，与更多朋友分享这一惊喜。

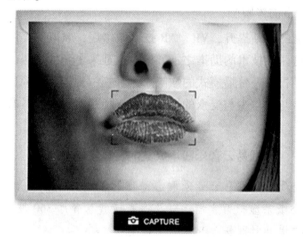

图 12-6　Burberry：向全世界传递亲吻

在这一项目中，Google 对设计中的每一环节都给予了高度重视。用户为什么及何时会点击应用程序、广告、网站，或者何时会对文字引起注意，这在很大程度上取决于设计语言的情感共鸣。同时，通过打造兼容各种尺寸屏幕的美好体验，Google 帮助用户同身处世界各地的重要人物进行联络。

案例分析：Burberry 通过数字技术将真实世界的情感感受转化到数字空间里，无疑走在了信息技术发展的前沿。

（案例来源：时尚品牌，引文经整理、修改）

三、广告投放观念的变化

在网络时代，大数据、自媒体等技术和媒介手段使得媒介投放发生了巨大变化。个性化技术能够从历史数据中进行客户画像，挖掘每位消费者独特的偏好和需求，在网站上向消费者呈现与其需求高度吻合的广告。个性化广告可以实现精准营销，对消费者来说，看到的都是喜欢和需要的产品广告；而对广告主来说，每条广告都能够到达需要这个产品的人，广告主再也不用担心付出的广告费会有太多浪费。

★案　例

蜜丝佛陀的 SCRM 系统

面对线下专柜会员活跃度低、流失用户较多的情况，蜜丝佛陀对已有会员数据进行分析发现：用户必须来到线下专柜，才能进行互动。于是便对其会员积分系统和忠诚度计划进行了升级。同时，借助从线上和线下渠道收集到的注册信息和购买数据形成完整的用户画像，并对潜在客户、高忠诚会员和流失用户进行分层。不仅如此，在算法模型的帮助下，蜜丝佛陀还针对不同用户采用不同的创意为其推送个性化的信息，从而实现一千个人的一千种创意形式，满足千人千面的精准沟通。这得益于蜜丝佛陀和时趣合作打造的整套 SCRM（社会化客户关系管理）系统，经过精细化的会员体系运营后，品牌会员的二次复购率足足提升了20% ~ 30%。

案例分析：品牌商应选择合适的方案，当然，转变广告的投放观念也很重要。

（案例来源：SocialBeta 数字化媒体，引文经整理、修改）

本章小结

受众接收信息的模式发生改变，表现为：受众实现了"个人媒介化"，受众线下真实身份和线上虚拟身份同一化，"草根"公众也可引发社会舆论。

数字化时代受众的特征：信息精准化传递与受众碎片化信息接收并存，受众个性化与群体化并存。

数字化时代受众的心理行为特征表现为个性化和情感化。

数字化时代广告主观念的变革：广告主重视社交媒体的力量，广告主注重与消费者的互动，企业自主进行品牌传播。

广告主注重与消费者的互动的主要方式：直播全面崛起，带来品牌的临场体验感；朋友圈广告首条评论助力互动。

企业自主进行品牌传播的途径：故事营销，借势营销，让消费者参与广告。

数字化时代广告企业观念的变革主要表现为广告企业创意观念的变化、大数据时代广告创意的变化、广告投放观念的变化。

复习思考题

1. 简述数字化时代受众的心理行为特征。
2. 企业自主品牌传播的途径有哪些？

3. 谈谈你对数字化时代广告发展趋势的看法。

4. 举一个你印象深刻的情感化的数字广告，说说你印象深刻的原因。

【实训演练】

实训名称：数字化时代广告创意的产生。

实训目的：通过对所选项目的商品进行创意定位分析，运用数字化技术说明不同商品广告宣传中的不同侧重点，并能用图形、符号等视觉化的形式予以准确的表达。

实训内容：

1. 围绕不同的商品特性进行深入的创意分析。

2. 充分发挥创造性的思维，探寻上述商品广告创意的表现手法及形式。

实训要求：

1. 在对不同商品定位分析的基础上，以商品销售现场招贴或产品样本（单页）的形式将创意内涵表现出来，力争使别人看后对某一种商品或服务能产生新奇的感觉并有较大的兴趣。

2. 每位同学至少上交一种商品的创意表现图稿。

作业步骤：草图→讨论→师生或学生之间进行点评→确定表现形式→制作创意表现正稿。

【案例分析】

雀巢咖啡：如何在全新的数字时代与消费者互动

1. 品牌面临的挑战

雀巢咖啡是全球知名的咖啡生产商，拥有悠久的历史与传承。作为全球最受喜爱的咖啡品牌之一，雀巢咖啡销售遍及全球 180 个国家，引领超高端咖啡品牌市场。2017 年的"食品—消费产品"榜单中只有 5 家企业上榜，而雀巢排名较 2016 年上升至 64 位，蝉联食品饮料行业第一位。

雀巢咖啡业务大中华区高级副总裁葛文先生指出：现在的品牌变得异常的脆弱，在数字化的时代，消费者正处于体验生态的中心，能获取很多信息，有一些信息是正面的，有一些信息是负面的；有一些信息是客观的，也有一些信息是不客观的，所以在这样的情况下，怎么样打造一个品牌就是一个挑战了。

2. 塑造品牌使命

进一步看一下品牌营销的历史，这么多年是怎么进化及怎么演化的？

第一阶段，1850 年到 1950 年。那时候是商标的品牌，在那个时候品牌只有商标和 LOGO，品牌主要的目的是宣传产品的质量，在这个时候品牌营销就是这样做的。

第二阶段，理性的品牌营销。在这个阶段，不同的广告主、不同的品牌，他们想要让自己与众不同，想要让自己脱颖而出，所以他们会谈到与众不同的因素，而且他们有理由认为消费者会吃这一套。

第三个阶段，情感品牌营销。在这个阶段，品牌的形象变得越来越重要，品牌的性格也变得越来越重要，还有，它们的特性变得也非常重要。只有这样，才能够跟关键的客户打造一个紧密的联系。

第四个阶段，文化品牌营销。在这个时候细分市场扮演了非常重大的作用，对客户来说更加具有针对性。对于雀巢咖啡来说，他们认为更重要的就是品牌的目标和品牌的体验。在数字化时代中有这么多的信息，消费者寻找的是这个品牌的使命和目标，品牌的目标和使命是不是跟自己的生活方式相符？这个品牌能不能够给他们创造有价值的体验？概括来说，品牌营销就是要创造价值。如果有了使命及体验，消费者又非常在乎品牌的使命和体验，就可以说企业在数字时代成功了。

3. 品牌永远紧贴消费者

雀巢咖啡品牌和传播负责人寇琼（Coco Kou）提到，"与很多其他的品牌一样，数字化时代的雀巢咖啡也打造了自己的网站，有微信、微博这样的平台去传播内容。很重要的一点就是知识，我们给消费者灌输咖啡的知识——什么是轻度烘焙、重度烘焙的咖啡豆？消费者真的需要这些东西吗？品牌总是说'我们，我们'，我们总是说我们想听到什么、想读什么。所以2016年在做媒体内容的时候，我们把专注点转换到了顾客，看一下顾客想要什么，比如说一些配饰、音乐或者是电影，他们对这些东西感兴趣，我们如何把这些东西与我们的信息相结合，把消费者感兴趣的内容和产品以及服务相结合，才会是品牌有效的、需要提供的服务。雀巢咖啡并不是在孤军奋战，想自己徒手创造所有的内容是不可能的，我们没有这个实力，所以要找到对的合作伙伴，因为他们是在各行各业，是音乐、视频、电影的专家，所以能够将你的内容作出有针对性、高水平的输出，这对品牌的帮助毋庸置疑"。

4. 积极在线下与消费者建立连接

而事实上，雀巢咖啡在线下零售也作出了大胆的尝试，在中国选择了北京的地标性地点，在三里屯建立了雀巢咖啡"感 CAFE"快闪店（见图12-7），根据一个特定的主题，以"感"这个中文字去彰显跟消费者的连接，这是一个非常创新的方式，"而且我们聘用了我们的特约雀巢咖啡师去作出五款特别的咖啡饮料给予我们顾客，同时大家可以在我们的微商店去购买雀巢咖啡。"寇琼这样介绍道。

图12-7　"感 CAFE"于亮相北京三里屯

"每个人都需要连接，与人、与世界、与各种微妙的事。建筑是实现连接的一种方式，咖啡也是"，"感 CAFE"设计者这样阐释他的创作理念，"这次与雀巢咖啡一起建造的这间咖啡馆，是一座小镇的样子。黑色咖啡吧台将5个形态各异的'盒子'串联起来，如同小镇上的街道和广场。希望每一个来到这里的人都可以找到与喜欢的人和物心灵相连的感觉。"雀巢邀请演员李易峰作为"感CAFE"的馆主，使得在线的报名率很高，每一天都排着很长的队，等着进入雀巢咖啡馆。

寇琼表示："这使得这次快闪营销活动成了现象级的事件，大家认为'感CAFE'更加摩登，年轻的一代更加喜欢这样的一种能够与人相连的生活方式，我们希望用现代、年轻的生活方式，激活消费者内心的感受及与美好事物的连接，这样的营销活动也使我们自身备受启发，给我们品牌带来了很大的助推力。"

最后葛文先生也指出："数字化让我们变得更脆弱，它看起来非常可怕，它带来了很多的不确定性，人们有这样、那样的评论，我们处在非常脆弱、非常波动、不断变化的环境当中。如果说广告主能够非常专注于消费者，我们就可以知道顾客在线上线下的行为，这样就能够把我们的创意和活动整合起来。更重要的是，通过这样的做法，我们可以凭借内容和服务来创造独特的用户体验，最终可以使得消费者去帮品牌推广，这才是更高的境界。"

问题：结合案例，分析雀巢咖啡是如何与消费者实现线上和线下的连接的。

（案例来源：数知网，引文经整理、修改）

【广告巨擘】威廉·伯恩巴克

参 考 文 献

[1] 陈培爱. 广告学概论 [M]. 北京：高等教育出版社，2018.

[2] 段轩如，李晓冬. 广告学 [M]. 北京：清华大学出版社，2016.

[3] 乔辉. 广告理论与实务 [M]. 北京：机械工业出版社，2016.

[4] 吴伯林. 广告策划 [M]. 北京：机械工业出版社，2013.

[5] 钟静. 广告策划 [M]. 北京：人民邮电出版社，2018.

[6] 陶应虎. 广告理论与策划 [M]. 北京：清华大学出版社，2014.

[7] 郭斌. 新媒体广告营销案例 [M]. 北京：经济管理出版社，2016.

[8] 舒咏平，鲍立泉. 新媒体广告 [M]. 北京：高等教育出版社，2016.

[9] 严学军，汪涛. 广告策划与管理 [M]. 北京：高等教育出版社，2017.

[10] 苗杰，蒋晶. 广告学：整合营销沟通视角 [M]. 北京：中国人民大学出版社，2019.

[11] [美] 约瑞姆·杰瑞·温德，[美] 凯瑟琳·芬迪森·海斯. 广告的未来：全接触点价值创造 [M]. 粟志敏，译. 北京：中国人民大学出版社，2020.

[12] 刘建萍，陈思达. 广告创意概论 [M]. 北京：中国人民大学出版社，2018.

[13] 娄炳林，廖洪元. 广告理论与实务 [M]. 北京：高等教育出版社，2010.

[14] 王宏伟. 广告原理与实务 [M]. 北京：高等教育出版社，2011.

[15] 陈爱国. 广告原理与实务 [M]. 北京：冶金工业出版社，2008.

[16] 赵兴元，金立其，刘红一. 广告原理与实务 [M]. 大连：东北财经大学出版社，2009.

[17] 余明阳，陈先红. 广告学 [M]. 合肥：安徽人民出版社，2006.

[18] 周峰，袁长明. 广告原理与策划 [M]. 北京：中国经济出版社，2008.

[19] 刘瑞武. 应用广告原理 [M]. 北京：北京大学出版社，2005.

[20] 杨立川，杨栋杰. 广告媒体概论 [M]. 郑州：河南大学出版社，2009.

[21] 苗杰. 现代广告学 [M]. 3 版. 北京：中国人民大学出版社，2004.

[22] 王亚炜. 广告学概论 [M]. 兰州：甘肃教育出版社，2007.

[23] 雷鸣. 现代广告学 [M]. 广州：广东高等教育出版社，2007.

[24] 苏徐. 广告学 [M]. 北京：北京理工大学出版社，2007.

[25] 程瑶等. 广告效果评估 [M]. 合肥：合肥工业大学出版社，2009.

［26］郭庆然，吴磊. 广告理论与实务 ［M］. 北京：对外经济贸易大学出版社，2008.

［27］李惊雷. 广告调查 ［M］. 郑州：郑州大学出版社，2008.

［28］史历峰. 广播电视广告 ［M］. 郑州：郑州大学出版社，2007.